從來就沒有救世主

六四 30 週年祭

王超華 著

1989年5月4日，約7000北師大學生遊行前往天安門廣場。（網刊《華夏文摘》「中國 '89紀念館：群情激憤，民主示威」）

獻給
六四亡靈

目錄

1989 年 5 月 4 日，學生領袖王丹帶領北京大學學生隊伍走出北大校園南大門參加五四遊行。（網刊《華夏文摘》「中國 '89 紀念館：群情激憤，民主示威」）

王丹序

我們需要瞭解，更需要理解

　　關於 1989 年中國的民主運動和"六四"鎮壓，我經常被問到一個問題：如果我們想知道這個事件的真相，你是否有推薦的文字材料？有。我當然有推薦名單。

　　如果，你是想從史實出發，瞭解當年具體發生了什麼事情？那我會推薦你去看吳仁華的三本書：《天安門血腥清場內幕》，《六四事件中的戒嚴部隊》和《六四事件全程實錄》。吳仁華考證嚴謹，資料詳細，堪稱"六四"研究的權威。他的著作會讓你很好地瞭解"六四"。但是，瞭解不是理解。如果你是想更深入地對這個不僅影響了中國，而且在世界史上都具有重要意義的歷史事件有更深入的認識，從理論層面上去理解事件的前因後果，去掌握圍繞著這一事件出現的各種討論的脈絡，那麼，我會推薦你閱讀王超華集三十年思考編著的本書。我認為，在理論反思這個層次上，目前我還看不到能夠超越超華的著作。

　　這不僅僅是因為超華在寒窗多年拿到博士學位的過程中，受到過嚴格的學術訓練；也不僅僅是因為她本人被公認治學嚴謹，擅長深入思辯；更不是因為她當年名列"二十一個學生通緝令"，是學生運動的主要組織者之一的身分。在我看來，本書最值得推薦的原因，在於：第一，她的思考視野廣闊，能夠把 30 年前的事件，與三十年來中國的發展結合在一起，做全景式的考察；其中也不乏國際社會的大背景作為分析的依託，這在眾多的回顧與反思中是罕見的；第二，我們不缺乏當事人對於八九六四的回憶與反思，但是大多難以擺脫"當事人"這個身分對於歷史敘事的影響，更有甚者，有些人帶著針對性成見，不是從事實出發，而是從個人好惡出發去進行所謂的歷史"研究"，在很大程度上片面地展現和詮釋了歷史。超華是我見過的少數能夠把個人經歷和情感，從理論分析中抽離出來的研究者，這使得她的分析具有高度的客觀性和專業性。我相信讀者在閱讀本書的過程中，會認同我的這個評價。

前不久，一位從國內出來不久的著名知識份子，在一次關於六四問題的內部研討會上，直言不諱地質疑當年的學運組織者，是否在 30 年後的今天，對於當年的那場運動，有深刻的回顧與反思。我沒有在現場，不過我可以在這裡回答他：當然有。本書就是對他的疑問的回答，也是對很多希望理解這場運動的關心者的回答。

　　作為智庫"對話中國"的負責人，我也要在這裡謝謝王超華，願意把她的這本重要的思考成果， 授權"對話中國"作為智庫出版文集的第一本出版發行。我們未來還將針對中國的過去，現在與未來，出版一系列的相關研究，算是對於 30 年前我們的共同理想的一種堅持，一種延續。

　　　　　王丹（智庫"對話中國"創辦人兼所長）

天安門抗議的歌聲
—— 在臺北「六四」二十二週年紀念晚會上的講話

　　剛才我們看到了精彩的演出。事實上，以青年學生為主體的抗議運動，從來都伴隨著音樂和歌聲。1989 年的天安門民主運動也不例外。

　　2009 年六四二十週年的時候，每年都參與組織北美幾大城市同步紀念六四活動的洛杉磯香港論壇的朋友們決定，在往年的燭光悼念之外，還要舉辦從洛杉磯市中心的中國城到中華人民共和國駐洛杉磯領事館的示威遊行。

　　遊行前一天，負責音響的男生問說要準備哪些節目。大家說，當年廣場上唱過的歌都可以用呵，沒有多想。第二天遊行時，美國員警沿線設置了車輛和人員，以保證安全。行進在市中心居民區的路上，我們唱了《血染的風采》，也唱了《歷史的傷口》，還唱了《自由花》。忽然，不經意間，《國際歌》的音樂飄出來。我們一樣跟著唱起來。一曲高歌完畢，有朋友疑惑，美國員警怎麼沒有管我們？這不是國際共產主義運動的主題歌嗎？

　　自從網絡視頻流行，我常常會上網觀看與六四相關的影像，重溫當年天安門廣場的情景。不過，一直到今年，我才開始查看台灣學運的影像資料。令我吃驚的是，在台灣 1990 年的三月學運中，也聽到了《國際歌》的歌聲。原來，二十一年前，當全台數千名大學生聚集到我們今天在這裡集會紀念六四的這一片廣場的時候，也曾有同學站出來，在情緒激昂中唱起《國際歌》。那時解嚴還不到三年，而且對岸那個叫做「共產黨」的執政集團又在半年多前剛剛在全世界媒體的高度關注下動用機槍坦克，對和平示威者大開殺戒。當時也有同學問，唱這首歌合適嗎？可是，在學生運動的感召下，國民政府的警備力量居然就沒有出面阻止，而且事後也沒有追查。

事實上，2010 年三月學運二十週年的時候，電視台製作的專題節目，幾乎自始至終伴隨著《國際歌》的樂聲。

　　我講這兩個故事，是想說，《國際歌》的中文歌詞裡表達的理想是，「英特納雄奈爾，就一定要實現」，它唱的是「從來就沒有什麼救世主，也不靠神仙皇帝；要創造人類的幸福，全靠我們自己」；是「不要說我們一無所有，我們要做天下的主人。」《國際歌》表達了那樣一種團結起來、追求自由與解放的情懷，激發了青年學生對創造美好未來的嚮往，也激勵了六四時學生和普通市民英勇反對軍事鎮壓的勇氣。

　　如今中共當局提倡唱紅歌，可能大家不知道，他們並不喜歡聽到《國際歌》，尤其害怕青年工人和青年學生唱《國際歌》。我們已經聽說過這樣的案例，在河南鄭州的廣場上，有人因為高唱《國際歌》而受到員警騷擾。

　　如果不考慮《國際歌》與實際執政的共產黨的關係，這首歌表達的正是歷史上那些激動人心改變世界的青年和社會運動所共同擁有的一種精神。青年運動，既要有獨立自主的創造精神和原則立場，又要有指向未來的願景。這正是《國際歌》傳達的資訊。英特納雄耐爾，就是 internationale，這是國際主義的願景。今天我們面臨的問題，無論是貧富懸殊，還是環境議題，全球暖化，都已經是跨越國家、族群、地域界限的，全球性的問題。腳踏實地的青年運動，要有全球的視野和關懷，正是我們今天要在臺北紀念六四的根本原因。

　　今天下午，我走過台大校園。那裡是彩球和鮮花的世界。畢業生們正在接受父母和親友的祝賀。他們將成為台灣社會明日的菁英。

　　因為台大不但有日據時期的傳統，也有國民政府播遷來台帶來的，以及那以後艱辛積累下來的歷史和傳統，又因為今天是這樣一個特殊的日子，看著那些天之驕子，我不禁想到，即使不談 1989 年天安門學潮和紀念六四，也不談當年的「民主歌聲獻中華」和後來「三月學運」促成的台灣民主化轉型，在今天的台大畢業生當中，有多少人清楚五四，這個中國現代史上最重要的學生運動和台大有什麼關係？他們是否知道台大老校長傅斯年當面頂撞蔣中正的事蹟？他們又是否瞭解馬英九先生在今天發表的六四聲明中提到的殷海光先生？

青年既要腳踏實地服務當下，又要關注世界，關注人類的共同命運。「從來就沒有什麼救世主，也不靠神仙皇帝」，「滿腔的熱血已經沸騰，要為真理而鬥爭」。要為明天構建願景，不能依賴老謀深算的政客或是官僚。明天願景的建設者，一定是有理想、有激情的青年；一定是嚮往新知、努力奮鬥的青年；也一定是對世界有瞭解、對苦難有同情的青年。

　　六四時的學生和市民，是這樣的青年；今天在這裡紀念六四的學生，也是這樣的青年。我希望我這個老學生，能夠和台灣的青年學生一起，每年都來紀念六四。即使在未來，六四可能在大陸平反之後，也來共同紀念這樣一種可貴的精神。

　　謝謝大家！

　　──臺北，2011.6.4.
　　（實際發言與此文本略有出入）

1989 年 5 月中旬，本書作者王超華在天安門廣場一輛平板三輪車上講話。（本書作者供稿）

引言

　　這是一本文集，收錄了筆者 1990 年逃亡抵達美國後，歷年為紀念六四所寫文章的大部分。之所以沒有收錄「全部」，一是有些內容重複，二是部分原稿流失。不過，擇要收錄的主要考量，則是認為這本書的基本內容，可以持續參與目前有關「中國」政治的各種討論——從中共政權大力鼓吹其所謂「人類命運共同體」的外交路線不難看出，這種討論早已超出「中國」的地理範圍或世界各地的華人社群，正在成為全球關注的課題，影響著各國人民對人類未來共同命運的想像方式和致力方向。

　　著眼於事關歷史趨勢的大哉問，筆者的基本認識是：中國當代政治，建基於六四屠城；中國民主自由的未來，有賴於重振 1989 年天安門抗爭的精神。這也是本書編輯的基本思路，尤其是全書四個部分裡作為主要部分的第一輯和第二輯。這兩輯各收錄 11 篇文章，前者著重於歷史大背景和整體論述，後者關注若干有爭議的具體問題。這 22 篇文章寫於不同時期，由於本人將近三十年來論述八九六四時有某些內在的連貫和持續，其中難免有重複的段落或文字。好在當初每次寫作時都曾盡力集中於特定議題，最後檢視，仍能大致梳理出宏觀論述和具體問題兩大門類，遂分別編入這兩輯中。為突出其中的問題意識，這次編輯沒有按時間順序，只在文後註明寫作時間，並重擬了若干篇目的標題（第一輯有五篇，第二輯有六篇，是新擬的標題）。不過，除了個別文字更正，編輯時並沒有做內容改動或更新，基本屬於原文照登。第三、第四輯的情況則略有不同。下面依編排順序，對各輯的主要內容做一些說明和補充，以為讀者略作導引。

一、

　　第一輯整體論述，沒有局限在八九六四。其中第一篇《鄧小平與改

革開放》，在考察鄧小平的歷史功過時，並沒有引入他在 1989 年六四鎮壓中的決策角色，其主旨是從歷史脈絡出發來評價人物，同時也是和第二篇《不以人們意志為轉移的衝突》呼應，為有關六四的討論提供一個歷史大背景。這一輯裡後面幾篇都是從 1989 年的經歷入手，探討與今日政治實踐相關的一些基本理念，著力於釐清模糊有歧義的認識，並批駁混淆是非、為害公義的輿論導向和官方管控實踐。其中，第三篇第四篇分別寫於 2011 年和 2018 年，都是反駁今天官方及其支持者聲稱的「主權在黨」觀點，為「人民主權」立場辯護。同時，基於「人民主權」立場，堅持公民參政議政正當性，又是第二輯裡各篇文章論述的底色。在六四 30 週年即將到來的今天，有必要對這方面的基本理解作進一步申述。

在我看來，六四鎮壓在中國政治生態中造成的重大轉折至少表現在三個方面，這三個方面都和此前毛澤東發動的「文化大革命」有關。首先，從中共統治集團的角度看，改革的初始動機來自否定文革，毛澤東時代以拒絕回到 1949 年以前去「吃二茬苦、受二茬罪」的動員話語轉變為拒絕回到「十年動亂」。文革作為恐嚇式參照系一直持續到胡耀邦逝世後的「4.26 社論」，黨內高層則直到有中學生聲援天安門絕食時，還將其比附為紅衛兵造反式的「娃娃上街」。六四之後，終於可以擱置文革這個參照系，也不再爭論「姓『社』姓『資』」。「穩定壓倒一切」和「發展是硬道理」成為新指南。需要動員社會恐懼「動亂」的心理時，可以直接指涉國際上正導致冷戰結束的「蘇東波」和各種「顏色革命」，以及後來阿拉伯世界的「茉莉花革命」。2008 年的京奧成功和金融海嘯，奠定中國大國崛起新姿態，維穩和發展主義的結合終於完善為「主權在黨」言說。換言之，今天中共一黨「定於一尊」的地位是靠六四坦克機槍殺戮平民打開的出路。

其次，文革作為參照系，對於 1989 年參加抗議示威的學生和市民來說，卻有著截然不同的涵義。早在胡耀邦被迫下臺的 1987 年 1 月，社會上已經逐漸形成公眾反響與官媒分離的輿論場，思想言論和文藝作品常常會有越挨官方批判越受公眾歡迎的景況。公眾勇於表達自己的不滿，在「4.26 社論」出爐後傾城而出，參加聲勢浩大的「4.27 大遊行」，

以自下而上的群眾運動，表達自己堅決反對回歸到文革後期「四人幫」式自上而下操弄輿論的「運動群眾」。這樣的公共場域，在六四鎮壓後受到威嚇，但並未全然消失。在當局焦頭爛額多方拯救經濟的1990年代和新世紀的最初幾年，各個領域仍有勇敢的知識人做出不凡表現。但在中共當局方面，一旦經濟壓力減輕，首要對付的就是公共空間和公共議題。沿著這個邏輯思路，到了習近平當政第二任期，公共空間已被擠壓至幾近於無。人們也許可以對很多事情發言，但是常常被限定為「私人」意見，很難以「公共事務」的名義提出自己的意見而不被指為「煽動顛覆」。只有中共一家有權代表「公共」，所謂的「大道為公」，成為中共霸道為「公」。例如，公款辦學的大專院校，被視為是中共在出錢養活教職工，並藉口意識形態「錯誤」而隨意以停職開除等措施懲治就公共事務發言的教職員工。這類作為在六四三十週年前夕變本加厲。

這又關係到第三個方面，即，文革經驗與習近平統治術的關係。北京市民對文革腔調的最大反感是針對「四人幫」，而鄧小平激將老一代同事時，主要是影射而不明言的「紅衛兵」。這大概是因為在鄧小平需要擺平的高層政治中，不再有「四人幫」那樣藉毛澤東狐假虎威的對手，同時陳雲等人又傾向保護曾為紅衛兵頭頭的自家子女。六四後社會上和知識界的文革反思，繼續了這個官方造成的趨勢，多聚焦在文革前三年的毛澤東操弄和個體受害人遭遇，較少注意另外兩點：其一，文革期間異端思潮在青年中的興起；其二，「四人幫」統治的社會機制。這兩點中，前者經過1976年「四五」天安門運動和1978-79年民主牆放大，又有諸如遇羅克、張志新等大案翻轉的加持，雖有「清除精神污染」和「反自由化」等運動狙擊，仍成為八十年代公共輿論孕育發展的重要背景；而後者儘管招致八九民眾反彈，鄧小平卻堅決不認帳，終於在消聲匿跡多年後，在習近平統治下借屍還魂。習近平和王岐山響往的天下大治，正是他們年輕時在「四人幫」治下當基層幹部時曾經歷的，哪怕農田裡只長草不長苗，黨中央對基層黨幹仍享有「一言九鼎」的那種借助意識形態教條實施的威權。與「四人幫」時期不同的是，當今高度市場化的社會生活條件下，中共不再直接組織也不去負擔社會成員的經濟生活。不斷膨脹的官僚體制和日益發達的監控科技作為實施社會管控的主

要手段，與形態誇張實質保守隱密的意識形態互為表裡，成為習皇帝統治向傳統王朝「儒表法裡」政治模式回歸的 21 世紀新版本。

　　除了這三個與文革和八九同時相關的側面外，自習近平登上大位以來，中共輿論工具還在另一點上與八九年的政治重新建立起聯繫。這就是 2014 年前後，官方重提「摸著石頭過河」。這是曾在八十年代流行的說法，為什麼再次浮現？一種可能是，習近平確定使用「新常態」一詞之前，這個說法曾經作為備用，強調不單要準備經濟放緩，還要對政策的反覆有心理準備；後來「一帶一路」搶風頭，這個說法沒有再出現在現實政策中。問題是不少經歷過八十年代的知識分子，反倒接過這一棒，在紀念改革開放四十週年時為鄧小平招魂。其實，這個說法在八十年代末主要是由趙紫陽主政時的官方向公眾傳布，用意在舒緩大眾對改革政策特別是 1988 年夏天價格闖關受挫的不滿。但當時的實際效果與官方期望相反。宣傳口公認的「左王」鄧力群，在其回憶錄《十二個春秋》談到 1988 年時雖然沒點鄧小平的名字，但表示：「『兩個基本點』和『四項基本原則』成為了陪襯和口頭禪，究竟『堅持四項基本原則』是一個什麼意思，胡、趙不清楚，我看許多人也不清楚。」（該書頁 487）那時北京人會借用蘇芮的歌名譏諷，這個政府只會「跟著感覺走」。這是八九年民眾反響強烈的重要背景：假如你們只是摸索道路，方向在哪裡？既然沒方向，為什麼只能你們說了算？參政議政權的意識，在這些質疑中覺醒。本書大部分篇章都致力於論證八九年民眾大示威的政治理念基礎，這是其中重要的組成部分。

二、

　　本書收錄的文章，除了分析六四和中共政治的關係外，還有很大部分是和不同意見的論辯。其中主要爭議對象之一是八九年時社會普遍公認的某些「自由派知識分子」（主要指當時致力於擴大言論範圍者，不同於後來的「自由主義知識分子」），爭議圍繞如何評價天安門抗爭和如何「解決」六四遺留問題等等，焦點則膠著在學生的責任問題。為此，我寫作了《我的「學生有錯，政府有罪」立場》、《抗拒無形的黑名單》、《有真相才有和解》等多篇文章。除了堅持認為不能因六四鎮壓造成的傷亡而將

學生入罪以外，我長期著力爭辯的另一點是，在回顧評價八九民運時，絕不應該只盯著中共和學生而忽略乃至忘記全國千百萬抗議民眾。

與此有關的包括「六四政變說」。我在本書第三輯《胡耀邦逝世初期若干史實辨析》裡有一定分析，但尚未觸及到最關鍵的動用正規軍的問題。簡單說，如果說鄧小平調動數十萬正規軍，遠遠超出針對學生清場所需，這裡牽涉的「政變」，應該並非針對趙紫陽個人。五月十九日晚間發布戒嚴令之前，距離六月三日夜間開槍還有整整兩個星期，趙紫陽已經失去與鄧小平聯繫的管道，也失去召集其他常委開會的實際權力；至遲到五月二十八日，趙的秘書鮑彤遭綁架羈押，趙的權力網絡已經可以比較容易地置於鄧小平控制之下，為什麼還要動用坦克機槍？也許有人會說這是針對趙紫陽在軍隊中和各省市潛在的支持勢力，但趙紫陽和軍隊的直接聯繫十分有限，遠不如 2012 年春天的薄熙來。我以為，有說服力的解釋，只能說，這是一場針對「人民」的政變。開槍殺戮的威懾對象，不是黨內政敵，也不僅僅是那些聲稱要「保持學生運動純潔性」的廣場靜坐學生，而是更廣泛意義上的公眾和人民，是人民群眾參政議政的願望和要求。我是在這個理解的基礎上，展開如上文那種關於中共政治的各種討論的，也是在這個理解的基礎上，曾經持續與那些揪著學生不放的議論展開論辯的。討論這類問題的文章，作為全面評價六四的內容，也收在第一輯裡面。

關於八九民運具體問題的爭論文章，收錄在本書第二輯。從題目大致就可以看出各篇的重點。在這裡以及在第一輯部分文章當中，讀者會注意到，有兩個議題反覆，二者都關係到對八九民運期間學生策略的批評。其一是胡平提出的「見壞就上，見好就收」，除了《見好如何收，民心如何興》一文，我在其他若干篇裡也曾對這個問題有稍帶的討論，讀者可以參照閱讀。另一個議題，是五月中下旬的絕食和靜坐學生是否應該從廣場撤離，以及當時關於撤與不撤的意見是如何表達、如何衝突的，事後當事人又是如何回憶和陳述的，等等。對這個問題談得最多的，是也在政府通緝名單上的封從德，而他連續多年舉的一個例子，是五月十四日十二位著名作家學者到廣場。由於這件事最早的公開回憶來自戴晴和我 1993 年年初發表於香港《百姓》雜誌的文章（見本書《我和

十二學者上廣場》一文），封從德一直以我為例，說有錄音可以證明我也曾公開主張「堅決不撤」。在本書多篇文章中，讀者都可以看到，我認為爭論「撤與不撤」屬於「假問題」。我以為，與「見好如何收」類似，是否主張「撤」並不是一個可以絕對化的問題，而是必須要和「如何才能撤」的問題聯繫在一起。在我記憶中，當年廣場上的學生和知識分子諸多人裡，能把「如何撤」想清楚的似乎從來沒見到過；又或者，即使有人想到了如何做，恐怕也不願公開說出來，因為那只會適得其反。

其實，這個「撤與不撤」之所以會成為問題，背後的邏輯本質上還在於學生是否需要為六四屠殺負責。我們能說是因為學生堅持不撤才造成了民眾的傷亡嗎？我對這個問題最直接的回答，已經寫在《我的「學生有錯，政府有罪」立場》一文裡，讀者可以參考。

三、

第三輯「回憶與史實辨析」收錄五篇文字，第一篇《從 4.26 到 4.27》這次收錄時有大幅改寫，雖然仍是基於我 1989 年秋天在中國境內躲藏時寫的手稿完成，但和以前曾在北美《世界日報》刊載以及網絡流傳的版本已有相當大的不同。第二篇《我和十二學者上廣場》，上文已經提到，自 1993 年年初發表以來，就引起過持續爭議。所以，這次必須儘量原文照錄，只有極個別文字更正；同時，對需要回應的史實方面問題，只能以加註方式說明。第三第四兩篇，寫於 1990 年代中後期，有部分內容相互呼應，特放在一起。不過，經過最近二十年來當事人和學者的研究，對當時事態的廣景展現和細節還原都已大大超出我原來依賴個人記憶寫出的廣場情狀。雖然我個人回憶在有關事件上仍是獨特不可替代的，但我的經歷對整體事態發展的權重影響，卻有必要調整。這兩篇因此也分別增加了註解，第三篇還做了一些不影響原有內容的文字改動。這一輯裡的最後一篇寫於半年前，內容涵蓋的事件我本人沒有任何參與，寫作時完全依賴已出版的各種文獻來推敲史實。其中的核心問題在於上文已經涉及到的「六四政變說」，但這篇辨析考察的還只是胡耀邦逝世後的第一個星期，距離大規模軍隊調動入京還有相當一段時間。這個問題在理論上和實際政治意義上，都極為重要，需要進一步細

緻探討。囿於目前條件限制，相關研討暫時難以收入本書。

關於第三輯的主要內容，需要稍微說明一下我個人參與八九民運的幾個問題。首先，我是在胡耀邦逝世一週後，官方舉行胡耀邦追悼會之前，於 1989 年 4 月 21 日夜追隨遊行學生到天安門廣場靜坐時，才開始捲入學運，比起王丹、吾爾開希等人都晚了好幾天。參加學運後，因緣際會，很快進入學生組織「北京高校學生自治聯會」（「北高聯」或「高自聯」）的核心層，參與各種完善機構和組織抗議活動的決策，特別是「4.27 大遊行」（見《從 4.26 到 4.27》一文）。5 月 13 日絕食開始，而我當時曾堅決反對絕食。5 月 13 日至 5 月 19 日夜的絕食期間，我的活動主要在絕食學生外圍，主觀意識上一直希望將學生帶出廣場（參見《八九民運大事紀》和第三輯相關回憶文章），而且除了這個目標之外，並沒有怎麼考慮別的事情。絕食結束後，5 月 20 日至 6 月 3 日，學生組織洗牌重整，我仍依賴高自聯的組織，先是在廣場，然後在 5 月 23 日撤回西北郊的北京大學校園，再次努力完善學生組織。我沒有參與 5 月 25 日晚成立的「保衛天安門廣場指揮部」的活動。雖然我每天還是會在廣場停留十來個小時，但這一時期我的活動對廣場事態並沒有什麼影響力，直到 6 月 3 日傍晚因病住進醫院，之後就開始了逃亡。

這樣的活動軌跡決定了我的個人回憶中，比較鮮活且比較有歷史價值的部分，主要是絕食開始之前和開始之初。其中一個尚未回答的問題是：為什麼我要反對絕食？事實上，到天安門廣場去絕食的方案於 5 月 12 日正式提出時，不光是高自聯的常委會一致反對，參加絕食學生人數最多的北大籌委會，一樣決議反對絕食。還記得在北大籌委會辦公室裡，我和同樣反對絕食的北大國際政治系學生謝建，有相當類似的觀點。我們認為，絕食是手段，必須服從於目的。目前形勢並沒有發展到十分絕望的決戰時刻，完全可以把絕食保留為最後衝突的鬥爭手段。另一方面，我們都相信，選在蘇共首腦戈爾巴喬夫抵京訪問之前發起絕食，是一種不可取的投機主義；一國的政治變革不能寄希望於國際因素的作用，而只能建立在本國內部的變革要素和要求上。這麼雄辯的理由，居然被打敗下來，高聯和北大籌委會都不得不轉而投入全力去做支持絕食的後勤和糾察工作，也是很耐人尋味的事情。這些理由在策略層

面的一個潛在出發點是，學生和政府已經進入一種類似於拳擊比賽的競爭狀態，學生選擇策略時，必須隨時考慮如何打出有力的一擊，然後能立即收回手臂，隨時準備下一次的擊出同樣有力。只有能放能收，才有可能認真觀察考慮對手的姿態和各種資訊，也才能論及策略和妥協。當時如果真的這麼明確地去爭辯，也許會更有效地說服主張絕食的學生，暫緩他們的行動。問題是，從我的相關回憶以及關於「見好就收」和「撤與不撤」的各種討論中可以看出，從絕食開始到流亡美國多年之後，我都很少回到當初和謝建等同學一起爭論為什麼此時絕食不合適的那些理由上，更別說去挖掘其背後的理據了。

事實是，當我意識到高聯在絕食行動面前威信受到重挫後，我幾乎本能地將終止絕食的希望寄託在中共政府及其高官身上，幾次表示願與官方合作將學生帶出廣場。可是在當時的混亂疲倦中，這其實也只是我行為邏輯的一個方面而已。另一方面，當有機會和政府官員進行公開半公開的面對面交涉時，從 5 月 13 日晚在統戰部，到第二天下午叫停對話，再到 5 月 18 日在人民大會堂與李鵬對話，每一次我的發言都屬於學生中態度比較強硬的，似乎生怕學生在公開對壘中失分。另一方面，絕食團一旦在天安門廣場紮營，就迅速帶來了滾雪球效應。到 5 月 16 日和 17 日，已經成為全北京市人民的盛大動員，態勢變化已經大大超出僅僅說服幾位絕食學生的問題。

這是八九年學運和民運交互激盪的情景之一，值得注意，也需要進一步深入探討。1990 年以來，我曾多次在訪談或寫作中提及「4.27 大遊行」，稱其為「人民的大遊行」，以區別於純粹是學生參與的行動。在準備把相關文字收入本書時，我甚至為這篇回憶重擬了「學運到民運的轉折點：從 4.26 到 4.27」的題目。但我隨之意識到其中的問題。如果抗議活動在 4 月 27 日已經轉入民運，那又如何解釋從那天到 5 月 13 日絕食開始之前一段時間裡，民眾幾乎沒有任何動作的情況呢？八九年北京市民第二次表現出與 4.27 類似的反響，是在戒嚴令宣佈後的 5 月 20 日上午，傾城出動在各個路口堵軍車。而最後一次同樣勇於承擔的義舉，就是從 6 月 3 日到 6 月 4 日那個難忘之夜。在這一系列大規模行動之間，很顯然，學生的絕食行動起到相當重要的社會動員功能，雖

然我們必須承認，最關鍵的動員，總是毫無意外地來自政府的傲慢與蠻橫。可以說，民眾主動積極的廣泛參與，是八九民運最重要的基礎；但八九學運在其中形成某種核心，學運動作常常影響到大的走勢，也是不爭的事實。

多年來，學者、當事人、支持者積極從事於收集八九六四相關史料的工作，已經積累了相當豐富的成果，使我們有可能通過比對，更準確地瞭解當時多頭並進互相糾纏的繁雜線索和極為繁富的細節背後，更加深層的關聯和邏輯。這方面的工作仍有待持續努力。

四、

本書第四輯與前三輯不同，這裡收集的六篇文字是按寫作時序排列的。其中，前四篇均寫於 1990 年，之後一篇略帶總結回望的文字是應香港市民支援愛國民主運動聯合會（支聯會）邀請，為其主編出版的《一百個人的心路歷程》而寫，完成於 1992 年年底。最後一篇也是應支聯會邀請，於 2007 年為其主編並出版的《回家》一書而作。這第四輯收錄的諸篇，冠名在「心路歷程」之下，其實表達傳遞的只是從六四到流亡初期的心路歷程。那是一段深陷震驚和不知所措，卻又不得不循著已經走上的道路繼續走下去的日子，那時既無法迴避順利逃生引致的對自身生命意義的質疑，又找不到現成的答案，暗夜中，常有處於溺水之人渴望援手的絕望，同時卻難以找到可以深度傾訴獲取幫助的傾聽者。從這些文字中不難看出，這種狀況大約持續一年多。在這一心理掙紮期間，我於 1991 年短期接手《新聞自由導報》編輯工作；於當年秋天入學讀書，在 UCLA 一待就是十八年；並於 1992 年年初獲當時海外聲譽日隆的電子刊物《華夏文摘》團隊接納，在那裡參與編輯工作整整十年——這幾件事切實幫助我調整了心態和生活。

這一輯裡的文章比較短，比較感性，似乎偏離了本書的主旨。這些隨感之所以包括在這裡，首先是因為這是我將自己與六四受難者聯繫在一起的重要記錄，在一本關於六四的書裡，而且是我第一本關於六四的書裡，我相信，有必要分享這些歷程，以使讀者瞭解我其他各輯那些文章的寫作動機。同時，我也想到，只要中共政權仍然不惜損害社會文化

土壤的健康培育而持續用國家暴力打壓投身社會公益的良心人士，中國就會繼續有無辜人士和他們無辜的家屬，在突然間陷入與我類似的惶然心境。拿《重讀魯迅和我的靜坐》一文來說，當時六四甫過一年有半，我決定加入吾爾開希的倡議，到舊金山中國領事館門前漏夜靜坐，本來常常表示頭一年曾熱情支持北京學生的若干友人，卻都顯得似乎頗為吃驚、難於接受，在類似話題上與我拉開了距離。這樣的情形，難道不會隨時發生在那些家人忽然被警方帶走的家庭身上嗎？

這是一本關於六四的書，是一本奉獻給天安門抗爭的書，也是一本獻給六四受難者及其家屬的書。我用這裡的文字，祭奠三十年前為那共同分享的高昂自由精神而獻身的亡靈們。

最後，向建議本書寫作並始終大力支持的王丹先生致謝，並誠摯感謝「對話中國」的支助，感謝出版社的支持和諸位編輯的辛勤工作，使這本書能夠在紀念「六四」三十週年前夕與讀者見面。

王超華

2019 年 3 月 24 日於美國洛杉磯

八九抗爭大事紀

1 月 6 日　　方勵之發表致鄧小平公開信，要求特赦魏京生。

2 月　　　　北島等 33 位知名人士發布公開信，要求在建國 40 週年之
　　　　　　際大赦政治犯。
　　　　　　美國總統老布希訪華答謝宴會，方勵之應邀前往受阻。

3 月　　　　許良英等 42 位科技界知名人士發布公開信，要求釋放政
　　　　　　治犯。
　　　　　　戴晴等 42 位文化界知名人士發布公開信，要求大赦在押
　　　　　　人員。

4 月初　　　王丹散發校園刊物《新五四》創刊號，刊發《新五四宣
　　　　　　言——代發刊詞》。

4 月 15 日　胡耀邦於清晨逝世，天安門廣場出現悼胡白花；
　　　　　　當天下午消息傳到大學校園，北京大學等校出現悼胡大小
　　　　　　字報。

4 月 17 日　八九年第一支遊行隊伍從中國政法大學出發送大型花圈到
　　　　　　廣場；
　　　　　　廣場大批悼胡花圈輓聯；
　　　　　　北京大學學生於夜間遊行至廣場，草擬有七條要求的請願
　　　　　　書。

4 月 18-20 日 天安門廣場每天下午至晚間持續聚眾達數萬人；
　　　　　　18 日學生數次向人民大會堂內官方遞交請願書；
　　　　　　18 日夜至 19 日清晨、19 日夜至 20 日清晨，學生聚在中
　　　　　　南海新華門外請願，警方兩天皆於凌晨強力清場。

4 月 21 日	北京市宣佈 22 日上午廣場周邊交通管制； 各高校數萬學生連夜遊行至廣場靜坐； 知識界有各種呼籲請願； 全國各大城市皆有悼念和請願。
4 月 22 日	胡耀邦追悼會舉行； 數萬學生在廣場隨廣播悼念； 結束後因未獲送別靈車及未獲接納請願書等緣由，遊行回校，並號召全國罷課。
4 月 23 日	各校建立學生自治組織； 北大畢業生劉剛晚間召集各校活躍學生開會成立「北京高校學生自治聯會」，政法大學周勇軍當選第一屆主席。
4 月 26 日	人民日報「4.26 社論」發表； 北京市召開萬人幹部大會佈置遏止學運； 上午「高自聯」召開記者會正式宣佈成立； 夜間在官方壓力下高自聯主席周勇軍決定取消原訂 4.27 遊行。
4 月 27 日	各校學生強行出校，北京市民傾城出動支持，成功舉行「4.27 大遊行」。
4 月 28 日	北京記者電慰遭上海整肅的《世界經濟導報》及其總編輯欽本立。
4 月 29 日	晚間電視轉播下午袁木等官員與官方指定學生代表的對話； 高自聯不承認此次對話，要求各校爭取自治會合法並公開選舉本校對話代表。

5 月 1 日　　　上午，高自聯記者會提學運目的和要求；

全國各高校皆在完善組織和要求；

北京各高校在 5 月 1-12 日期間持續組織演講會、討論會等活動。

5 月 2 日　　　高自聯向全國人大、中共中央、國務院信訪局分別遞交對話請願書。

5 月 3 日　　　袁木等官員記者會反駁高自聯請願書；

下午高自聯代表會決定「五四」遊行，發布「新五四宣言」；

學生「對話團」成立。

5 月 4 日　　　數萬學生遊行到天安門廣場集會，發布「五四宣言」並宣佈將復課；

首次有數百新聞從業者參加遊行，手持標語包括「新聞要說真話」、「不要逼我們撒謊」等；

多省市學生代表參加北京學生五四遊行；

全國各地學生舉行非官方五四遊行；。

5 月 5 日　　　人民日報報導趙紫陽亞洲銀行年會五四講話，許諾民主改革和多管道對話；

對話團開始每日工作；

大多數院校復課，僅北大、北師大決定堅持罷課。

5 月 6 日對話團向中辦、國辦信訪局遞交對話請願書；

高自聯號召繼續罷課。

5 月 8 日　　　信訪局拒絕答覆對話團；

媒體報導持續寬鬆；

高自聯發出「關於校園民主建設的聲明」；
全國各高校相對平和。

5月9日　　200多名新聞從業者到全國新聞工作者協會遞交請願書，反
　　　　　對上海整肅，要求「新聞自由」，近千名學生到場聲援。

5月10日萬餘學生自行車遊行至新華社等單位，要求民主、對話，支
　　　　持新聞界要求。

5月12日北大北師大貼出「絕食請願通知」和「絕食倡議」，至晚間
　　　　三百餘人報名；
　　　　蘇曉康、包遵信等40餘名知識分子晚間集會，議定在5
　　　　月16日舉行知識界大遊行，並擬定「5.16宣言」準備發表；
　　　　上海學生代表抵京。

5月13日　　對話團凌晨2時向信訪局請願，晨4時信訪局回覆同意對
　　　　　話；
　　　　　北師大、北大各徵集數千簽名，分別向蘇聯大使館遞交邀
　　　　　請戈爾巴喬夫演講函；
　　　　　下午數百絕食學生與數千糾察學生進入廣場，宣誓後開始
　　　　　絕食，圍觀者數萬；
　　　　　晚中央統戰部長閻明復與青年知識分子和學生代表座談爭
　　　　　取學生撤出廣場，無效；嚴家其、包遵信等知名學者張貼
　　　　　大字報聲援，號召15日遊行。

5月14日　　凌晨，李鐵映等官員到廣場勸阻絕食學生未果；
　　　　　官方醫療救護人員入場；
　　　　　自夜至明，清華等院校聲援學生人數上升；
　　　　　下午，廣場設立學生廣播站；
　　　　　聲援圍觀者眾，至晚間約達十萬以上；

晚間，李鐵映、閻明復等與對話團正式對話，但因無現場直播而半途中止；

戴晴等十二位作家學者到廣場廣播站，試勸學生停止絕食未果。

5月15日　絕食團指揮部成立並召開記者會，指絕食目標為改變官方「動亂」定性，並要求立即對話並直播；

絕食人數達 2300，暈厥送醫數十人；

下午，3 萬餘人參加中共建政後首次知識界大遊行，在廣場宣讀「5.16 聲明」，市民熱烈歡迎；

社會各界聲援，廣場人數大增，最多時十幾萬，入夜仍有 4 萬；

全國各大城市學生發起各種抗議行動。

5月16日　「北京工人自治聯合會」宣佈成立；

聲援人數繼續增加，總計數十萬，廣場人數最多時逾 30 萬；

絕食人數增至 3100，到午夜有逾千人次暈厥送醫；

12 名中央戲劇學院學生、8 名政法大學學生分別在人民大會堂北門外和新華門外絕食絕水，造成長安街交通中斷；

官方取消原定戈爾巴喬夫向紀念碑獻花圈活動；

下午，閻明復來到絕食團廣播站表示願做人質擔保，呼籲絕食學生撤離，未果；

各大城市持續抗議。

5月17日　凌晨，趙紫陽向播放政治局常委書面講話，表示絕不「秋後算賬」；

北京市「5.17 百萬人大遊行」有 120-200 萬人參與，市區 24 條主要幹道交通中斷，廣場時有高達 35 萬人群聚，出現較多針對鄧小平「老人政治」的口號；

各機構、社群、團體、單位持續發出大量聲明或公開信聲援學生；

外地赴京學生人數上昇，外地院校旗幟大量出現在遊行隊伍中；

下午，大批工人下班後隨所屬工廠參加聲援遊行，工人等聲援人數超過學生人數；嚴家其、包遵信發起連署《五一七宣言》，矛頭指向鄧小平；

下午，鄧小平家中召開政治局常委會決定實施戒嚴；

全國各大城市均有大規模遊行，且有幾處學生靜坐。

5月18日　凌晨，趙紫陽、李鵬等看望絕食就醫學生；

北京市公交公司提供70輛通道式大客車供絕食學生避雨，環衛局清理廣場垃圾；

逾百萬人遊行聲援，工廠怠工普遍，工人參加遊行，乘車遊行者眾，單位向學生捐款捐實物增多，官媒及廣場上絕食團、學運之聲兩廣播站均發出多份各界呼籲請願；

外地40多高校兩萬多人進京加入廣場請願；

自本日起，陳子明等人主持的首都各界聯席會議籌備會每日在薊門飯店召開；

上午，李鵬等與王丹、吾爾開希等學生代表在人民大會堂會面，晚間電視新聞播出錄像，第二天人民日報刊登文字記錄；

全國各大城市遊行聲勢繼續高漲，上海等城市亦有學生絕食。

5月19日　凌晨，北京工人自治會再次正式宣佈成立；

凌晨，趙紫陽、李鵬分別到廣場停放大客車看望絕食學生，事後電視新聞播放；

絕食學生就醫人次達6000以上，留醫人次4000以上；

聲援遊行繼續，人數下降；

官方統計外地進京學生人次六萬以上，約五萬留京，大部在廣場；

全國各大城市遊行聲勢有下降；

午後至晚間，戒嚴消息傳布，絕食團宣佈改絕食為靜坐，號召民眾堵截入城軍隊；

晚 10 時，中共中央與國務院召開大會，並在廣場播放李鵬宣佈戒嚴的講話。

5 月 20 日　成千上萬學生和市民攔截戒嚴部隊於三環路外各方向，部隊無法進場；

高自聯工自聯聯合聲明，要求召開全國人大緊急會議，罷免李鵬，取消軍管；

上午，李鵬正式簽發國務院戒嚴令，北京市隨後公佈三道戒嚴措施政府令；

五架直升飛機出現在廣場上空；

人民日報員工印發該報「號外」，說明趙紫陽失勢經過，拒絕戒嚴，捍衛憲法；

全國各地大規模遊行抗議反對戒嚴，多地遊行標語點名李鵬；

港澳對戒嚴令反應強烈，北美各中國使領館都前有示威反對軍管，要求民主。

歐美多國對本國公民發出赴華旅遊警告

5 月 21 日　各路口及鐵路要道均有學生和民眾聚集攔阻部隊，廣場夜間約有 30 萬人；

胡績偉發起全國人大常委成員連署（至 5 月 24 日得 57 人）要求立即召開緊急會議研討當前局勢，天安門廣場高校學生代表發布《告全國人民書》，支持連署；

一些知識分子和學生聯繫軍方高級將領，得到《軍方七位高級將領表態》反對軍隊進城，和聶榮臻、徐向前兩元帥

答覆「軍隊不會鎮壓學生」；

市民搶購日常用品以應對戒嚴，同時持續捐款捐食品衣物給廣場學生；

戒嚴部隊指揮部發表《告北京市民書》；

鐵路部門允外地學生憑學生證免費乘車離開北京，本日約7000人離去；

湖北、上海表態支持中央決定，各地持續有示威遊行。

香港百萬人大遊行支持愛國民主運動，反對軍管，「打到李鵬」，大批捐款捐物；

5 月 22 日　廣場學生人數下降，外地學生比例增加，清場威脅引發廣場緊張；

淩晨 3 時吾爾開希廣播呼籲學生撤至使館區，遭群情反彈，高自聯重申堅守廣場；

嚴家其等成立「首都知識界聯合會」，發表宣言；

下午，知識界、新聞界舉行戒嚴令發布後首次上萬人遊行，沿途受到群眾歡迎；

直升機飛臨廣場，投擲宣傳戒嚴的傳單，引起憤怒與嘲弄；

北京市政府、戒嚴部隊指揮部聯合發布《關於儘快恢復首都正常秩序的通告》，官媒製造輿論稱市民不滿運動造成生活不便，北京市並組織人力清理路障恢復交通；

晚 10 時，豐台區發生戒嚴令發布以來第一起流血衝突，軍民各有數十人受傷；

各大城市續有遊行，上海一直是京外風潮最強烈的地點；

香港輿論發酵，反對中央決定，歐美大城市續有留學生和華人抗議。

5 月 23 日　戒嚴令後高校校園的廣播和傳單印發活動重又活躍，且面向市民社區；

廣場學生人數有減少，但外地進京學生人數上升，據稱呈

現數天一輪換現象；

凌晨，廣場學生代表決議高自聯回北大整頓，48 小時內由廣場臨時指揮部代理；

上午，60 多位知識分子和學生在中國社科院集會成立「首都各界愛國維憲社會協商聯席會議」並籌備建立「保衛天安門廣場指揮部」，提名柴玲為指揮部總指揮；

下午 1 時許，戒嚴後第一次百萬人大遊行，氣氛鬆弛調侃，政治笑話流行；

下午 3 時，湖南餘志堅等三人拋擲墨汁，污染天安門城樓上毛澤東畫像，被學生糾察隊帶往指揮部，於傍晚記者會說明是個人行為後，被學生移交公安機關；

下午 4 時，風雨大作，氣溫驟降，但遊行繼續，市民踴躍捐贈熱飲及衣物；

據報戒嚴部隊有從郊區後撤跡象，部隊指揮部藉新華社訪談安撫北京市民；

新華社續報約十個省、自治區、軍兵種向中央表忠心，擁護戒嚴；

廣州與港澳同步舉行「省港澳」大遊行，約五十萬人參加，澳門有逾十萬人參加。

5 月 24 日　廣場外地學生多於北京高校學生，白天人數減少，晚上增至約十萬；

上午「保衛首都誓師大會」宣告成立「首都各界愛國維憲聯席會議」，包遵信、王丹為共同召集人，宣佈成立「保衛天安門廣場總指揮部」，柴玲任總指揮；

下午 2000 多人繞天安門廣場遊行；

各城市續有遊行抗議；臺北群眾集會並募捐支持大陸民運。

5 月 25 日　廣場續有約十萬學生市民，學生疲倦且平靜，不似此前緊

張；

下午知識界聯合會發起大遊行，逾十萬人參加，包括 200-300 人工自聯隊伍；

人民日報刊發解放軍三總部給戒嚴部隊指揮部的慰問信，戒嚴部隊再發《告北京市民書》；

高自聯未能在 48 小時後收回廣場控制，臨時指揮部已變身保衛廣場總指揮部；

晚 9 時指揮部召集廣場各地 300 多院校學生代表，稱「廣場營地會議」為最高決策機構，代表返回各校營地徵集意見決定下一步行動方案；

台港繼續聲援，香港學聯等組成赴京團體。

5 月 26 日　戒嚴部隊開放接受官方慰問，一些部隊與當地民眾聯歡；

晨，廣場營地會議宣佈近 300 院校投票，決定「堅守廣場，主動出擊」；

聯席會議在社科院開會決定靜坐到人大常委會原定開會的 6 月 20 日；

高自聯在北大決定參加 5 月 28 日「世界華人大遊行」後撤離廣場，實行「空校運動」，鼓勵學生離校分散到全國各地傳播民主；

晚，工自聯記者會發布宣言等並答問，說明不是福利組織，號召工人參政議政；

晚，指揮部舉辦廣場音樂會，中央音樂學院學生、「五月天」搖滾樂隊等演出；

續有各省市自治區政府、軍區軍兵種、各部委表態支持中央決定；

「香港市民支持愛國民主運動聯合會」計劃正式註冊，司徒華為發言人。

5 月 27 日　廣場人數明顯下降，外地學生離去人數增加，市民捐贈大

幅減少；

香港專上學聯在廣場設立物資聯絡站，並號召香港市民捐贈物資；

上午，聯席會議在社科院決議，因秩序和資金困難，定於 5 月 30 日撤離廣場；

下午，聯席會議決定在廣場廣播站宣佈後，被營地會議 300 多院校代表否決；

晚，由港學聯等協調，指揮部和高自聯主要學生骨幹合辦記者會，展示團結；

5 月 20 日後，小道消息風行，民眾熱情追蹤新聞，小型收音機斷貨，同時，人民日報等官媒記者編輯積極「打擦邊球」，報導廣場和各地資訊，銷量劇增；

官方持續統合黨政軍及民主黨派各方，續有若干省市表態支持中央；

香港支聯會主辦「民主歌聲獻中華」12 小時演唱會兼為北京募捐。

5 月 28 日　北京高校、外地來京學生和部分在京單位元元元數萬人參加「全球華人大遊行」；

外地學生反對撤離廣場，指若無北京旗幟，外地很難做事，廣場持續靜坐；

柴玲接受美國自由撰稿人金培力錄像採訪，採訪內容在數年後引起爭議；

香港物資站收到上百萬港幣捐款和數十帳篷，用於改善廣場條件；

全國各大城市學生響應「全球華人大遊行」，上海學生和知識界活躍，廣州市民和工人人數超出學生；

香港據報有 150-200 萬人參加有史以來最大規模遊行。

5 月 29 日　廣場 300 多校代表同意靜坐到 6 月 20 日，實際在場學生

不足萬人；

廣場已安放數十頂香港捐贈的大小帳篷，計劃安放更多；

晚記者會，指揮部封從德說明財政困難，坦承存在混亂疏漏，香港物資聯絡處凍結捐款，將直接採買食物，由指揮部分發；

晚間，中央美術學院學生將「民主女神」像分段運至廣場；

晚間，三位工自聯常委被警方劫持帶走，另有一人失聯；

共青團中央和中共中國社科院黨組表態支持中央決策；

各地高校學生陸續表示結束絕食和靜坐，推行「空校」；

5 月 30 日　11 名市民「飛虎隊」（摩托車隊）成員被公安局扣留；

工自聯率眾到北京市公安局索人抗議連續三天，各校學生前往聲援；

中午「民主女神」像揭幕，音樂學院學生表演，至晚間約有 40 萬人次市民圍觀；

5 月 31 日　廣場和校園廣播站呼籲學生前往市公安局抗議工人市民被抓；

北京郊縣舉辦經公安機關批准的「抗議少數人製造動亂」集會，參加者有獎金；

晚，香港學聯協調高自聯、外高聯（外地來京高校學生）和指揮部等組織，

官方宣傳口徑嚴峻，加大壓力，為清場做輿論準備；

6 月 1 日　為慶祝六一兒童節，廣場廣播站對兒童及其家長開放，

下午，三名工自聯常委獲釋；

晚，高自聯、外高聯、指揮部聯合召開記者會介紹情況，展示團結；

連續第三天，部隊出現在北京街頭，與學生無接觸後離去。

6月2日	部隊便裝多路向市區進發，有走散者被市民認出堵截；
	下午 2000 多學生遊行到北京日報社，抗議不實報導；
	下午 4 時，劉曉波等四人在紀念碑上層開始有限期絕食，
	吸引 2 萬人圍觀；

6月3日　凌晨，大批軍隊多種方式入城，各廣播站緊急呼籲，市民學生多處攔截，城區主要方向都有攔下的部隊，距廣場最近的是東長安街王府井，最嚴重的是西長安街六部口一輛載有武器的大客車，下午中南海內軍警衝出搶奪轉移車上武器，數十民眾受傷；

傍晚，官方電台、電視台、街道和廣場上的揚聲器反覆播放警告；

晚間，廣場氣氛緊張且期待，民眾圍觀民主女神像和劉曉波等絕食人士；

晚 10 時，天安門民主大學宣佈開學；

晚 10 時，西長安街公主墳一帶部隊向民眾開槍射擊，造成當晚首例因槍傷死亡；

部隊強行推進，萬千民眾冒死阻擋，軍事博物館至木樨地一公里距離，部隊走了兩小時，造成平民嚴重傷亡。

6月4日　凌晨 1 時，廣場尚有學生和民眾數萬人，最後集結到紀念碑的不足一萬；

凌晨 1 時半，從西長安街一路開槍殘殺的第 38 軍抵達廣場北面，即刻向聚集在長安街和金水橋一帶民眾開槍，造成大批傷亡；

凌晨 4 時前後，與劉曉波一同絕食的台灣歌手侯德健前往戒嚴部隊處談判，得到學生可以從廣場東南角撤離的允諾；

5 時前後，封從德主持少數服從多數的口頭表決，宣佈撤離，士兵衝上紀念碑後，數千學生在暴力追擊下撤離，未

及時離去者生死不明。【註】

6 月 9 日　　鄧小平六四後首次露面，接見戒嚴部隊並發表講話。

6 月 11 日　　公安部轉發全國北京市公安局對方勵之、李淑嫻的通緝令。

6 月 13 日　　公安部轉發全國北京市公安局對王丹等 21 名高自聯頭頭和骨幹的通緝令。

6 月 14 日　　公安部轉發全國北京市公安局對韓東方等 3 名工自聯頭頭的通緝令。

　　【說明】此大事紀基本根據吳牟人等編《八九中國民運紀實》和吳仁華編著《六四事件全程實錄》篆集。本文記事側重北京，側重抗議方，政府方只選取有限內容錄入。

【註】吳仁華編著《六四事件全程實錄》頁 470-517 對天安門清場及廣場開槍事實有極清晰的記錄和論證。

歷史・主權・立場與評價

胡耀邦於 1989 年 4 月 15 日逝世後，北京各大學學生紛紛將紀念耀邦、要求民主的花圈輓聯標語，送到天安門廣場中心的人民英雄紀念碑。（網刊《華夏文摘》「中國 '89 紀念館」）

1. 鄧小平與改革開放

　　鄧小平的去世使一度沉寂的評鄧重又活躍，並在海外不同身份的中國人團體中引起爭論。即使大陸各地的主要反應是「早就預料到了」（據英文媒體報導），北美大陸華人的反響不僅更主動，而且有更強的自發色彩和感情色彩。在洋人面前高度評價鄧小平似乎成了大陸海外華人的一種責任，一個幫助對方「全面正確」認識當代中國的前提條件。有意思的是，當這種輿論試圖為自己的立場辯護時，他們強調的是自改革開放以來，每個大陸華人都曾受惠於鄧小平主張的政策。

　　很難說這有什麼不對。耐人尋味之處並不在道德上的對錯判斷。這種辯護實際包括的至少有兩個內涵。第一，在今日中國人聚居的地方，要取得潛在的支持，首先需求助於聽眾對自我利益的認識，要他們承認偉大人物曾為每個中國人的個人利益帶來好處。毫無疑問，這不僅和周恩來主要由忠於職守而獲得的尊重（本文不是對周的綜合評價，只是就當時一半社會輿論而言）有根本不同，而且和那時首先肯定國家民族利益的一般輿論傾向有明顯不同。與毛澤東時代相同的是，這種說法仍試圖對聽眾施加道德壓力，「吃水不忘掘井人」，國家領導人是其個人意志與國家政策的綜合體，他給人民的個人利益帶來好處後，人民理當為自己的受惠而對他個人感恩。在他過世之際似乎沒有必要提到他的錯誤，何況是天安門那樣的複雜情況！

　　這種辯護中的第二層含義在於，今日中國人判斷國家領導人是否偉大時，最重要的不是看他所提倡的意識形態，而是看他的政策或政績。換言之，鄧小平的政策政績究竟如何姑且不論，在一定程度上，今日中國的國家領導人已經被還原成了政治家，而不必同時充任思想家哲學家甚至是詩人的角色。儘管很多對待領導人的習慣仍沿襲前三四十年的做法，社會反應中這種思想家與政治家的分離在短時期內應是不可逆轉的。至於訃告中說鄧小平創立了何種理論，則遠不足以為他贏得一個理論家的歷史地位和名聲。

實際上，這就談到了如何對鄧小平做「蓋棺論定」的問題。鄧小平在近年中國政治中的地位是無可質疑的。趙紫陽對戈爾巴喬夫說中共政治局的決定要經鄧拍板，這就是洩露黨內重大機密，足見鄧的重要性。但地位的崇高不能簡單等同於人品才幹的全面崇高。評價一個政治家，一方面要看他在位時執行的政策，另一方面要看的是他經歷了哪些重大挑戰、重大危機，在這些緊要關頭他是如何處理的，以及他當時採取的措施對其後的形勢有什麼影響。

　　鄧小平重上政壇前，華國鋒當主席的那兩年，用共產黨的術語講，實際是毛澤東死後權力真空時期「極左派」政治的繼續。有「左傾」保守傾向但堅決反「極左」的元老們既缺少個人政治感召力，又缺少對發展方向的共識。鄧小平藉著青年一代政治家和社會輿論的支持重新上臺，以元老中最有政治頭腦和政治經驗的身份保證了「左派」和「右派」團結一致對「極左派」的勝利。這或可算作鄧小平在文革後參與處理的第一個大挑戰、大危機。這之後的將近二十年中，中國政治經濟發展的總趨勢是向「右」而不是向「左」。如果說鄧小平還遇到過更大的挑戰或危機的話，這樣的挑戰和危機沒有一次是從反對改革的方向來的。與此同時，中國社會各個角落都感受到這個變化的大趨勢，在出現這樣的挑戰和危機時，參與者幾乎無一例外地否認自己是要發動革命反對目前的改革。在這樣的大背景下觀察，鄧小平座位一個沒有理論支持的政治家，其作用頗類似於蔣介石在一九四九年以前的大陸，他的政治智慧和政治能力主要施展於維持複雜的權力平衡。和蔣介石不同的是，鄧小平一九七六年和一九七八年的競爭者「極左派」在他充分控制權力後就不再構成他權力平衡的對象。因此，七九年以來，幾乎不存在他與其他元老既競爭又平衡的情況。他的政治智慧政治能力究竟比蔣介石高多少，在維持權力平衡這方面也還是個可玩味的問題。

　　認識到這一點之後，我們才有可能談論鄧小平的政策政績，以及他作為政治家的品格。談八十年代的「鄧小平政策」，困難之處在於其理論立場上模糊不清數不勝數的矛盾之處。猶豫許多舊的社會主義經濟政策建立在中共對馬克思列寧主義的獨特解釋上，十一屆三中全會以來每一項具體經濟政治政策的變化都引起過或大或小的困惑的阻力。鄧小平

機器領導班子在層出不窮的經濟問題壓力下和資本主義發展方式提供的種種可能性的誘惑面前，除了「摸著石頭過河」，並沒有明確的理念信仰或理論基礎（民族主義抬頭是改革體制基本穩定、社會自信心增強之後的事），這一時期理論上的重要動作，多半是在撥開左派的指控。在這「貓躲老鼠」的遊戲過程中，鄧小平輕易放過文革後以「加強法制」「健全憲政」為號召的機會，輪番打出內容含混變動的「放開」和「穩定」兩張牌來對付變化的政局。在他自己逐漸向純粹政治家形象轉變的時候，中國政壇上的機會主義傾向有增無減。

這種狀況下的改革，在經濟上是一旦放開就必須跟進，方能談及理順；在政治上則是優先考慮哪個社會集團的利益的問題。二者結合產生的政策，才是「鄧政治」的真正內涵。簡言之，八十年代中國政治的核心問題，不是在經濟上是否要改革開放的問題，而是要在優先保護何種既得利益、哪些既得「成就」的前提下進行改革。換句話也可以說，問題不在是否改革，而是在改革過程中要優先犧牲誰的問題上。在每一個關口，捨哪個「卒」，來保經濟翻山過坎這個「車」？

即使不談鄧小平所遇危機的類型及其處理危機的魄力和手段，也不談他主持下八九年對天安門事件的鎮壓，單看他以維持權力平衡為中心的政治實踐，和他在經濟改革中的收收放放，他更近於策略家的素質應當已經很清楚了。由於目標的變動不明確，我們甚至很難在戰略家的層次上考量他。不過，把他看做政治家中的策略家一派，並不就是小看他或他對中國政治的影響。重要的是，他的這種政治實踐施行於中國社會文化的轉型期。以維持權力平衡為中心的政治有一個最大的特點，這就是認可權勢階層的既得利益。在這種政治文化下，「社會穩定」取代「造福社會成員」，成為政策辯護中的核心話語，掩蓋了在社會轉型期誰是最大的犧牲者的尖銳問題。當然，同時也就掩蓋了誰是最大的獲利者。時至今日，即使流亡海外的知識精英，要麼以關心國內社會穩定為榮，要麼以預言社會潛在不穩定因素為英明，也極少有人以保護權益的名義為受到侵害的社會階層說話。另一方面，八十年代初期的中國缺少適應形勢變化的貫徹政策的機制，改革開放的過程同時是急需調整完善社會運轉機制的過程。和經濟政策中優先考慮誰的問題一樣，在完善機

制上，中國政府並非總是只有改革和不改革、開放和不開放兩個選擇。問題在於中國最終運轉起來的機制受到「鄧政治」的決定性影響，在大規模市場經濟面前，極度依賴於「關係網」這種特殊的潤滑油。特別是當我們考慮到當前機制的運轉多少得益於八九年鎮壓學生運動造成的威懾力時，如何評價鄧小平的政治實踐就更不是一個簡單的問題了。

以上的討論還很少涉及鄧小平作為政治家的品格。不像他對毛澤東和華國鋒的效忠，當他最終到了權力的頂端後，說話不算話的情況就很難被外界得知了。公平地說，而且有目共睹的是，鄧小平恰到好處地使用了自己的名聲和地位，拒絕「造神」的同時不拒絕為「糗事」出面撐腰承擔責任，為其所標榜的「社會穩定高於一切」做了最好的註腳，相當有效地約束了其他元老或年輕一代政治家的言行，保證了中共由受制於一代梟雄向權力平衡下的集體領導的過渡。

至於何時這種「黨天下」可以真正轉變為公民國家，則已超出本文範圍。

——1997 年 2 月於美國洛杉磯

2. 不以人們意志為轉移的衝突

　　一九八九年六四鎮壓硝煙甫定，鄧小平即指認春夏之交的政治動盪「是國際的大氣候和中國自己的小氣候所決定了的，是一定要來的，是不以人們的意志為轉移的，只不過是遲早的問題，大小的問題。」他並聲稱：「而現在來，對我們比較有利。」與這個判斷相對照，不少民間人士卻堅持認為，當年政治改革原本仍大有希望，可是學生運動一起來，事情就糟了；結果，中國「倒退了二十年」。天安門，究竟是中共堅持不變中的一個不幸插曲，還是決定中國命運的轉折點？我們有理由相信，當年的拼死抗爭和血腥鎮壓，既為其後二十五年的發展確立了某些基本邏輯，同時也為顛覆這些邏輯埋下了伏筆，使得當權者永遠無法淡然面對六四。親歷者的責任，正在於堅持正義，追究真相，保存記憶，維護良知，像天安門母親那樣，絕不輕言放棄。

民意的利用與背棄

　　天安門抗爭的意義，首先是反抗鄧小平等人對改革民意的背棄。這必須從八十年代政治歷程的整體來考察。現在談到改革開放的啟動，一般都會注意到「真理標準討論」，「思想解放運動」，以及十一屆三中全會等這些發生在 1978 年的大事。特別是平反 1976 年天安門事件，掃除了鄧小平翻案的最大障礙。重返權力中心後，鄧雄心勃勃，於 1979 年初出訪美國，回國後迅即發動中越邊境戰爭，緊接著抓捕了魏京生。但是，當時名義上的最高領導畢竟仍是華國鋒，林彪和四人幫的問題也還沒有結案，面對黨內的懷疑保守勢力，他仍然要借助民意，才能鞏固新到手的大權。因此才會有吳偉回憶提到的，魏京生剛剛判了 15 年，鄧卻帶頭鼓吹起政治改革，於 1980 年發表《黨和國家領導制度改革》的講話，強調集體領導原則。下半年開始審判林彪和四人幫兩案，矛頭同樣暗指毛澤東個人指定的接班人。輿論做足後，終於在 1981 年迫使華國鋒辭職下臺，鄧小平接掌中央軍委主席，胡耀邦擔任黨主席（後改

總書記）。

正是在這個背景下，1980年底的區縣人民代表大會換屆改選，引
起高校學生競選熱潮。宣言、演說、辯論，大字報、油印小報，都成為
民主實踐中的重要工具。黨也沒閒著，北京市委從一開始就試圖制止，
但北大一分校曾參與民主牆的李勝平成功當選西城區人大代表，北大
哲學系研究生胡平當選海澱區人大代表，有力促進了校園擁護改革的基
調。無怪乎1984年十一遊行時，北大學生主動打出「小平您好」的大
標語。問題在於，與安徽小崗村民的包產到戶不同，這次校園選舉遭遇
嚴格的新聞控制，無法成為改革初期指示政策方向的標竿性案例，也從
未得到官方歷史的正面記載。與其說是小平帶來新希望，不如說他在用
民意對付華國鋒的時候，已經開始精心設限，1979年提出四個堅持，
1982年憲法廢除大字報等「四大」，都指向一個經改政不改的未來。

為甚麼胡耀邦逝世引起大規模抗議示威？人們一般會說，他因為
不肯鎮壓八六學運而下臺，被認為是代學生受過，所以學生要為他討
公道。較少提及的是，八六學潮的緣起，恰好是又一次人大代表換屆選
舉，學生們的主要訴求就是開放競選。就在胡耀邦下臺後，北大學生仍
然積極助選，在巨大政治壓力下，成功將方勵之夫人，物理系教授李淑
嫻選為海澱區人民代表。六四鎮壓後，她的代表資格才被強制剝奪。瞭
解這個長程背景，才能明白，為甚麼當初主動向鄧小平致意的大學生，
八九年卻打出反對「太上皇」和「垂簾聽政」的標語，抬出抄錄憲法的
大牌子，強烈要求用法治替代人治。對鄧小平來說，民意可用但不可依
賴；而在民眾看來，鄧小平已經背叛了當初民意支持他重獲權力的根本
理念。民眾參政議政，應該是國家政治生活的基礎和常態，不是政治家
予取予奪的玩物。這是八九年慘烈衝突的深層原因。

兩種文革視角的衝突

對政治民意表達的不同看法，直接表現在八九年對文革的兩種不
同指涉方式。從毛澤東去世、四人幫被捕開始，對文革的言說和論辯就
充斥於改革新時期的政治生活。但是，權勢者和基層民眾的視角卻截然
相反。以1980年高校人大代表選舉為例，北京市委意圖阻止競選的指

示一傳達，學生們就直接聯想到文革時期慣見的管制手段。可是同時，貌似文革形態的大字報大辯論又激發著人們的政治參與積極性。確認為候選人的學生與校方會談時，學生們要求校方提供更多張貼大字報的場地，校方則承擔了保證候選人需求和選舉順利的責任。

八九年時與此類似。人民日報「4.26 社論」一出，北京全城震驚——其文辭語調，完全是文革時期扣帽子打棍子用高調掩蓋誣陷鬥爭的借屍還魂。4.27 大遊行，基本是被這篇社論動員起來的。民眾本能地拒絕接受再次回到文革式的社會管控形態。另一方面，在抗議節節升級，全世界關注天安門廣場的時候，北京市各界民眾紛紛上街，以「聲援」的方式表達自己的政治意願。據說，當鄧小平看到聲援群眾中出現中小學生甚至幼兒園小朋友時，大為震怒，認為這是文革版的娃娃上街，天下大亂，已經到了不採取果斷措施不行的關頭。很顯然，準備「4.26 社論」時，他從來沒想過，民眾會將其看作是文革又回來了。

鄧的延續，中國的轉折

暫且不談文革十年的複雜層面，八九年時，對立雙方在文革認知上的錯位，其根本在於對政權正當性（legitimacy）的不同理解。1980年的學生選民和 1989 年的抗議民眾，認為人民共和國的正當性來源於自下而上的授權，文革問題重重，其中很重要的一個，就是後期持續不斷地自上而下「運動群眾」還不允許辯論或自辯，泯滅人性泯滅個性也泯滅個體公民參政的公共性。而鄧小平及其黨內同僚卻抱持根深蒂固的列寧黨思維，不但堅持先鋒黨必須自上而下地領導國家，而且慣於「為了目的不擇手段」。六四屠殺就是將不擇手段推到了極致。這是他「貓論」和「摸石頭過河」論的邏輯延伸。其自我安慰的前提，不管是遙遙無期的共產主義還是可期實現的小康社會，都在於設置一個假定的良好目標。

但不擇手段的惡果，遠非想像中的良好目標可以抵消。目前中國遭遇的舉凡貪腐、污染諸端問題，都到了牽一髮動全身的困境，也都可以在六四鎮壓埋下的不擇手段當中找到源頭。僅以中共內部運作為例，遲至六四，黨內權力移交仍然依賴老人幫指定。從華國鋒、胡耀邦、趙紫

陽到江澤民，上臺下臺都是別人說了算。這之後，鄧小平顯然意識到，以前曾經用「集體領導」名義踢開華國鋒，現在卻自打耳光，而且還再次面臨毛澤東晚年選擇接班人的困境。這也許是為什麼鄧在 1989 年 11 月就從中央軍委主席一職退下，將其讓給有名無實的江澤民。鄧小平身後十年換屆的格局，完全仰賴江澤民的忠誠才傳至胡錦濤，並在胡任內第一次完整實現。這個制度確立了下臺的規律性，但卻無法改變指定人選才能上臺的狀況。結果，老人幫先後離世，外加經濟起飛給權力壟斷帶來的好處，阻礙了理想中的權力移交官僚化，加劇了權鬥風險。習近平接班兩年來暗中的刀光劍影，可以證知，未來的權力交接，將面臨更多惡鬥，也必將在社會上激發更迫切的民主改革要求。

壓榨農村的起飛

六四為中國命運帶來的最深刻轉折之一，發生在當時遠離天安門、甚且曾支持政府鎮壓的農村社會。事實上，改革初期的經改思路，無論老人幫還是趙紫陽，都類似於全國土改和韓戰之後，鼓勵農村休養生息，藉以刺激全國的經濟復蘇。佐趙的智囊群「三所一會」一直打著農業旗號，就是重要標識。但八九年之前遭遇的困難，是在放開農村的同時，要將城市和工業地區的計畫經濟轉變為市場經濟。缺乏稅收制度，直接威脅到政府收入；通過計劃體制二次分配提供的社會福利，牽制著政府預算的大頭；同時，市場發展迫使央行增發貨幣，造成政策性通貨膨脹風險。而民眾受到近十年改革思潮激盪，拒絕俯首聽命，使得經濟改革的瓶頸直接轉化成政治衝突。

八九年之後的經濟改革，用槍砲坦克排除了自下而上的政治表達，基本思路和宣傳口徑都是減輕政府負擔，特別是中央政府負擔。歷次稅制改革，重點都在保證中央政府收入。歷次政府預算，卻持續降低政府承擔的社會責任，教育、醫療、住房，三大福利重點，全部拋給市場。而資金流通的保障，則仰賴出口工業貿易和一次再次的中國版量化寬鬆（國企對此只有負面貢獻）。這個過程早已脫離了休養生息的思路，反而將農村和農民轉變為主要的壓榨對象。二十五年來，農村不但為沿海出口工業區持續提供剩餘勞動力資源，而且成為維持地方政府的稅基。

在二零零五年免除人頭稅之後，現在又面臨以城鎮化為名的土地掠奪大戰。一九五八年的大躍進，將戰後農村的恢復發展一舉轉變成為國家工業化做犧牲；一九八九年的血腥鎮壓，令農村再次走上為他人做祭品的道路。

但是，隨著教育普及和生活水準的提高，農業戶口的近十億民眾，也產生越來越強烈的政治意識，要求社會維持基本的平等公正原則，要求保障作為公民的基本權利。許志永博士倡導的"新公民運動"為農業戶口移民要求教育平權，卻遭到壓制判刑，凸顯八九年呼籲民權的政治遺產仍然是中共當權者的心頭大忌。

六四鎮壓的不擇手段，並沒有帶給中國一個多麼特殊的發展模式。中國的經濟起飛，在政治管控方面，正像拉美國家和亞洲四小龍當初那樣，拜託一種有中國特色的新權威主義。那些國家後來先後進入民主化進程，是中國未來走向的重要參照。關心中國前途和民族命運的年輕人，怎能忽略八九六四的重大歷史意義？只要六四真相還沒有大白於世，中國就仍然欠自己一份正義；經濟再發達，也只能是一個跛腳巨人。

——2014 年作

3. 抵制「主權在黨」，重建公民參政

　　隨著二十多年時光過去，雖然過來人仍然懷念一九八九年全國風氣雲湧的民主運動，但當時到底如何「轟轟烈烈」，在如今的年輕人心目中已經很難想像。孰料 2011 年年初，中東民主浪潮一波接一波，當中共當局在二月份還拿不定主意要如何對應時，埃及民眾的熱情和誓死堅持，已經為國人展現出社會生活和民族新生的另一種可能。實際上，2011 年的開羅解放廣場，幾乎重現了「六四」鎮壓前的天安門廣場，給我們一次寶貴機會，重溫當年種種危機下的勇氣和奮鬥，也幫助我們再次肯認，八九民運的精神和北京市民在「六四」鎮壓時冒死抗爭的勇氣，正是出於堅持公民參與和人民主權的信念。

　　面對這不同於以往東歐和中亞「顏色革命」的新一波民主浪潮，中國政府一方面出動大批國安警力，無預警也無視中國自己的法律規定，重拳打擊過去幾年來活躍維權的各界人士；另一方面，也在思想文化界加強了鼓吹「中國模式」的調門，或明或暗地為八九年「六四」鎮壓辯護。在「六四」二十二週年到來之際，我們有必要釐清其中模棱兩可乃至惑人耳目的言說，為六四死難者及其家人爭取公義，為 1989 年的抗爭正名，並在暴力強權面前堅持歷史的記憶。

一、「主權在民」還是「主權在黨」？

　　2011 年是辛亥革命一百週年，也是中共建黨九十週年，目前中共已經將自己的建黨紀念強加在全中國人民頭上。藉著經濟崛起，大中小學校和各種機關單位以政府名義展開長達數月的各種相關活動，不但強調沒有共產黨就沒有新中國、就沒有改革開放、沒有經濟成長，而且再次出現要全國公民對黨感恩的聲音。這種 "皇恩浩蕩" 的主奴思維，是今日的中共從人民手中竊據國家主權正當性的最鮮明標誌之一。

　　改革開放的緣起，在於當時針對文化大革命「十年動亂」要求「撥亂反正」的洶湧民意。從 1976 年的天安門「四五」事件開始到七十年

代末，包括魏京生、任畹町等人積極參與並因而入獄的北京西單民主牆在內，強烈的社會呼聲，為鄧小平等人從華國鋒手裡「和平政變」奪權提供了重要的政治正當性支援。由於這一關鍵的歷史背景，八十年代才會在反反覆覆的政治運動打擊下，仍然多少推動了廢除國家領導人終身制、黨政分家、村級選舉等還政於民的初步舉措。

1989 年春天，胡耀邦逝世引發大規模學生運動之後，趙紫陽等中央黨政領導在五月初曾數次表示，改革開放既要在經濟上過「市場關」，也要在政治上過「民主 關」。這時鄧小平和趙紫陽還沒有發生最後決裂，這種說法本身，既與七十年代末改革淵源的邏輯一以貫之，也是此時仍標榜改革的中共領導不能不對全國民眾保持的基本承諾。甚至在「六四」鎮壓之後，鄧小平還曾持續談論要「先」把經濟搞上去，即他所謂的「發展是硬道理」。那時對他這種言論的普遍解讀是，經濟上去之後再談政治改革也不遲。

但是歷史證明，「六四」鎮壓徹底改變了中共統治的性質。出動正規軍，真槍實彈地鎮壓和平示威民眾，並以戒嚴手段在長逾半年的時間裡將軍事恐怖推及全國主要大城市，而且在事後的二十多年裡不但拒絕獨立調查，還連坐迫害死難者家屬，並嚴格查禁相關公共言論——這一系列步驟之間並非沒有內在邏輯。這個邏輯就是，不 惜一切代價維護中共政權。可以說，「六四」之後，中國改革的政治邏輯從「主權在民」借助政權暴力轉變到了「主權在黨」。因此，無論「六四」之後的政治迫害比起毛澤東時代來要寬鬆多少，中共都是在實質上篡奪了中國公民賦予國家政權正當性的主體地位。

過去二十二年裡，這個政治邏輯並非一直明確可見，而是經歷了本身由隱到顯的過程。與鄧小平當年暗示經濟發展必然會帶來政治改革恰恰相反，中國經濟增長越快，「主權在民」的聲音越弱。江澤民時代「三個代表」的口號，還可以看作是論證中共執政正當性，即，為中共堅持掌權做理論上的辯護。到了胡錦濤治下，「科學發 展觀」和「以人為本」的提法，已經沒有了這一色彩。與此同時出現的，一方面是加入世貿組織帶來的出口主導經濟飆升，另一方面是通過釋放「群體事件」數字為武警部隊在組建和裝備上更新換代來造勢。此後北京奧運和歐美金融風

暴同時在二零零八年夏季發生，中國迅速走向國際新秩序的前沿，國內的維穩也更向體制化制度化發展。在這個意義上，很多境外觀察家將維穩看作是中共虛弱恐懼的表現，恐怕是一種誤讀。最近官方環球時報發表社評，指責受到打壓的北京守望教會不該在「敏感時期」堅持集體禱告活動。「敏感時期」和「維穩」不但成為官方採取強硬行動的公開藉口，而且已是過去兩三年和未來至少兩三年內的治理常態，都說明這是「主權在黨」浮出水面正式亮相的結果，並不是統治集團緊張心虛的反映。

從此前兩年的中共建政六十年到 2011 年建黨九十年，官方輿論上可以看出越來越明顯的從國家民族論述（「大國崛起」、「復興之路」）轉向黨的角度（「中國模式與中國共產黨」）。值得注意的是，最早明確論述「主權在黨」理念的文章，出自海內外公認為中國「新左派」領軍人物的北京清華大學汪暉教授（雖然他本人在國內一直拒絕這個標籤）。他在《文化縱橫》2010 年第 2 期發表《中國崛起的經驗及其面臨的挑戰》，延續幾年前論述「去政治化的政治」時提出中國「黨 - 國」體制與西方選舉執政黨並無根本區別的觀點，開篇就說明，中國改革三十年並非一帆風順，其中最大的政治危機就發生在一九八九年；如果認識不到「中國國家的政治性格是主權性的和高度獨立自主的」，就「很難設想中國在 1989 年後的命運」。在他對歷史的進一步解讀中，「六四」鎮壓之後，「黨政分開已經不是一個流行的口號」，隨之出現的是政黨國家化現象；因此，在今天的中國，「政黨成為主權的內核」。「主權在黨」的立場由此而獲得學理正當性，「六四」血跡被再一次以思想的名義粗暴洗刷。

事實上，無論從中華「人民」共和國建政時起草憲法的過程（從「全國人民政治協商會議」公佈「共同綱領」到「全國人民代表大會」），還是後來社會主義建設時期的經濟組織（例如：「人民」公社；「全民所有制」的「國營企業」而不是今天有國無民的「國有企業」），即使是在毛澤東統治的二十多年裡，中共也始終是以「人民」的名義建政執政。一九八九年春夏之交將近兩個月時間裡，從北京天安門蔓延到全國各省市的大規模群眾抗議示威運動，形成了中共當局和示威群眾兩方對立的局面，從根本上說，正是人民要求實現實至名歸的國家主權身份。

從發布戒嚴令到「六四」屠城，兩個星期的時間裡，北京市民不分年齡職業，夜夜警醒。只要聽說哪個方向有軍隊向城裡進發，總會有大批當地市民湧上街頭堵截軍車。六月三日夜裡軍隊以坦克機槍開出血路殺向廣場，血腥清場延續到第二天清晨，一路上都有學生和市民一次次英勇地迎著持槍列陣的軍人高叫「法西斯！」，冒死阻擋。北京「六四」鎮壓中，死傷最為慘重的正是普通市民。支持著他們與身邊的陌生人攜手同心視死如歸的，不是任何具體有限的利益保障要求，而是相當抽象的政治主權意識和民族自信，以及這種主權自信激發出的自豪感。

二、壓制參與的政治壟斷

二十二年來，以香港支聯會為首的海內外有心人士堅持紀念「六四」，保護集體記憶，向世界表明中國人民並不是「文明／文化」基因決定下的健忘的一群。國內也有各種各樣持續的努力和抗爭，致力於擴充底層公民參政議政的實績。為甚麼多年堅持下來，中共仍然能夠推出如此蠻橫的「主權在黨」言說？考慮到與這些大權獨攬的言說同時興起的，是全國推廣重慶式唱「紅歌」和向黨謝恩表忠心，當前國內的社會政治氛圍，既難以單純定義為資本主義全球化和新自由主義主導下的去政治　化，也無法看作是社會主體自下而上的重新政治化。更準確的概括，也許應當說中共官方對中國政治生活的壟斷在文革後經歷了一個從近於解禁到重整控制的過程，　如今已具有與毛澤東時代極為不同的形態，滲透到不同層次的多種面向，而且越來越公開。在這個過程中，國家暴力和市場經濟邏輯同時扮演著關鍵角色，迫使社會發生深刻的去政治化趨勢，也逼出今天讚聲沸反的表像。

「六‧四」血腥鎮壓，喚起人們對文化大革命時期人人自危的回憶，造成社會中的寒蟬效應。但由於政府和社會雙方共同承繼著八十年代以政治開放推動經濟改革的餘勢，而且當時外資抗議鎮壓而大批撤離，造成政府財政困境，也迫使中共政權盡力縮小後續打擊範圍，實際上的迫害連坐程度遠較文革時期為輕。即使在鄧小平 1992 年初「南巡講話」之後，中央政府主要壓力仍在經濟方面，地方上因循此前慣性，只要沒有直接觸及八九民運和「六四」鎮壓，不在「姓社姓資」的立場上挑戰

經濟政策，很多問題都可以公開討論爭辯。這個時期，「民主」被暫時擱置；在經濟和社會政策上，「公平」與「正義」成為重要關鍵詞；上訪仍在持續，「截訪」尚未開始。很多電視台和平面媒體深度調查、銳意探索的欄目，都出現在此時，以「打擦邊球」方式施壓，延續了社會公眾依然活躍的政治想像。鄧小平「先把經濟搞上去」政治改革以後再談的暗示，仍得以維繫。

此後的一系列發展就不那麼令人樂觀了。地方上，1994 年分稅制改革，之後以招商引資、計畫生育、「截訪」、經濟增長等項目為地方政績指標，迅速將地方政府公司化利益化，與基層民眾發生無可避免的直接利益衝突，而民眾的政治權利卻沒有明確的限定和保障。大約就是在這樣的背景下，公平正義的社會想像逐漸讓位於更緊迫的危機——「權利」話語的熱度在民眾中逐漸上升，成為社會自我保護的首選。

在中央層面，1998 年克林頓訪華前後，中國民主黨依法定程式公開申請正式註冊；1999 年發生法輪功事件。這兩次，中共當局都在短期遊移不定之後，下決心大批抓捕當事人，並針對後者發起中國社會已經久違的大規模宣傳「教育」運動。與此同時，互聯網進入中國；而2001 年底加入 WTO，加速了媒體商業化泡沫化趨勢。在「人民」與中共政權分享政治權力／權利的意義上，這些現象中最具標誌性的是，鎮壓法輪功是破壞法治、侵犯人權和公民權的惡性事件，但絕大多數社會成員或是參與配合，或是選擇迴避和沈默，很少有人公開質疑。對很多人文社會活躍人士來說，似乎「六四」鎮壓得來的主要教訓就在於，「政治」敏感地帶不妨暫時繞開，過後總有機會在社會生活中拓寬更大的活動空間。這種幻覺進一步削弱了在社會想像基礎上向統治者施加政治壓力的可能，加速了民間喪失政治話語權的進程。

從此，互聯網一波一波的活躍事件，網絡和媒體上興奮不已地宣稱的「維權元年」、「公民元年」，直到《零八憲章》，成功的案例幾乎都無法保持舉一反三的潛力。相 反，官方越來越放肆地以談論「政治」為控告「顛覆政權」罪的藉口，走法庭過場時，不允許被控者和辯護律師在具體言論基礎上分辨公民本應受到保護的政治言論自由權利。在這種情況下，民眾的政治話語權大倒退。「擦邊球」原有的擴展意義消失，

無法構成聚沙成塔的累積；「藉力使力」（或稱「倒逼」）變成一廂情願，對地方執政者並不具有原則性約束。這種變化，在海外也感覺得很清楚。2010 年崔衛平和何清漣在網絡上爭論是否應當高度肯定溫家寶關於政治改革的言談，凸顯出癥結所在——由於政治話語被單方壟斷，缺乏共用的政治基礎，在官方和民眾發生利益衝突時，民間失去施壓的槓桿。

　　「主權在黨」就是在這個過程中應時而出。上文提到環球時報就北京守望教會發表的社論，既藉「敏感時期」，也用所謂中共一向嚴格控制非官方組織規模的說詞，要脅教會就範。中央政法委秘書長周本順今年五月中發表文章，公然反對「公民社會」的提法，力圖將社會上與政治有關的言說，限制在「社會管理」和「政府能力」的範圍內。「先把經濟搞上去」仍然常常聽到，只是這種說法所暗指的已經不是任何意義上只要耐心等待就會隨之而來的政治改革，而是將許諾局限在改進社會福利，平息因收入兩極分化引起的不滿。不管是「先」搞經濟，還是以後實現福利許諾，中共及其領導下的各級政府，都拒絕與人民分享政治權力。這是最近地方人民代表大會改選時，登記參選的下崗職工竟然會遭到政法雙重迫害的根本原因。

　　在政治壟斷的基本框架和經濟管理語彙的籠罩下，政府經濟政策優先安撫城市和黨政官員，配合市場經濟和消費文化的擴展，當代中國社會確實瀰漫相當嚴重但又不同於西方社會的「政治冷漠」。年輕人、公務員以及城鎮中等收入階層多少有著很強烈的自主幻覺，也會相當主動地將與政治權益相關的場域轉讓給黨和政府。另一方　面，生活中的自由度也許確實相當寬泛，可是，這是剝奪了公共政治生活的自由，其中的「轉讓」恐怕並非如很多人想像的那麼「主動」。看一看廈門反 PX建廠，廣東撐粵語，上海悼念大樓失火喪生者，南京保護梧桐樹，在這些令人感動而且成功的群聚事件裡，參加者不得不以「散步」甚至有時要以「打醬油」的名義出現，　大家都自覺地否認這裡有任何「政治」意義，生活的「權利」是上街的主要理據。甚至海外有相當名望的民運思想家也曾撰文論述民運是「政治」，維權不是「政　治」，二者應當區分開。

因此，如果說今日中國社會存在嚴重的「去政治化的政治」（這個表述的實際義涵存在完全相反的解釋，這裡不做具體辨析），如果社會生活中的政治內涵得不到持續的審視和反思也得不到有效的大眾參與，那麼中共當局壟斷「政治」話語、剝奪民眾政治表達的權利，就正是造成這種情況的根源。在這個大背景下出現的「唱紅」，只強調對上讚頌，對下規訓，也就不足為怪了。這種所謂復活了的「革命傳統」，不包括允許民眾質疑官僚體制，甚至不接受和平的上訪，更不必說注意到缺乏生活來源的下崗工人被迫擺攤卻又遭城管欺壓時的自衛反抗了。

這是為甚麼官方一邊提倡來源於文化大革命的「唱紅」，一邊繼續以指涉文革初期政府癱瘓狀態的「中國不能亂」來挾持廣泛的社會不滿。「動亂」是以鄧小平為首的中共掌權者汙衊八九民運的關鍵詞。1989 年春天，從四月十五日胡耀邦逝世到六月一日兒童節，在一個半月的大規模群眾抗議示威過程中，北京沒有發生過一起所謂的「打砸搶燒」事件。在員警消失不見的大都市，學生和市民自發維持著和平的秩序，廣場上甚至出現小偷「罷偷」聲援學生的標語牌。可是就在這期間，中共卻以首都發生「嚴重動亂」的名義，在北京城內外佈置了幾十萬大軍，做好戰鬥部署，為了自己不丟掉統治權，不惜對人民大開殺戒。

「六四」死難者及其家屬遭遇的首先是人道災難，施害者也首先必須承擔戕害平民的罪責。但是，由於“六四”鎮壓的政治性質，為死難者及其家屬尋求正義並不僅僅是人道意義上的問題。包括那些並未參與抗爭但在路邊或居室裡無辜傷及的死難者及其家屬在內，政府對「六四」時期所有各種情況的受害人都有不可推卸的政治責任。提倡並堅持「主權在黨」的言說和強權實踐，只會拖延償還的時間，不會改變事件的性質。中國總有一天要還政於民。

三、青春激情的理想主義，理性自製的民族

1989 年遍及全國的民主運動，在當時的語境下，一般都是稱作「學潮」或者「學運」。即使後來市民人數大大超過學生，大學生還是被看作是抗議的核心和主要參與者。運動從北京向其他城市擴展時，一般情況下也是當地學生首先起來響應。青年和青春，特別是絕食學生以主動

犧牲身體生命為號召的激情和決絕，是運動轉向「沒有退路」的關鍵。另一方面，如上文所說，在長達一個半月的時間裡，激情並沒有引向暴力。當時民眾中的眾聲喧嘩，群龍無首，卻又齊心向善，恰如 2011 年二月的開羅解放廣場。

　　阿拉伯世界「茉莉花革命」浪潮顯示的，正是青年一代的理想主義精神。在埃及，有根柢的穆斯林兄弟會並未取得抗議領導權，反倒是城市青年通過網路串聯帶動了千千萬萬上街抗議的人。他們追求自由解放、追求美好前景的旺盛精力，不但推翻了穆巴拉克幾十年的統治，而且創造出社會革命的奇蹟。青年們每天打掃廣場，保持秩序和清潔。轉型開始後，曾發生醜惡的宗教衝突，引起械鬥和縱火並造成人員傷亡。此時，民主革命煥發的理想主義精神顯示出雄厚潛力，人民不再表現得一盤散沙，他們有決心克制自己，作出努力，抵制宗教仇恨，致力於推動尚未完成的民主化進程。同樣的景象已經成為世界各國民主運動的基本模式，如今並出現在深陷金融危機困境的歐洲大陸，青年們在西班牙首都馬德里聚會露營，抗議示威，要求工作和社會公平，也要求實現「真正的民主」。

　　同時，盲目的民族主義和愛國主義口號應該受到理性反思的檢驗，但民族主義和愛國主義激發出的熱情並不一定是盲目反動的，必須要在具體情境下分析檢討。從 1989 年的天安門廣場到 2011 年這一波世界民主化浪潮，各地青年的理想主義表達中，都有清晰可見的民族自豪和民族自信成份，支撐著抗議者面對重重壓力襲來時的困境。就像二百多年前的美國大革命和法國大革命時一樣，也像一百年前辛亥革命建立「亞洲第一民主共和國」時一樣（後來的道路曲折，是另一個問題），對外開放對內包容的「愛國主義」「民族主義」是這類民主化革命運動的重要組成部分。

　　二十二年前，很多囿於中國革命教科書的老一代無法理解大學生在廣場上的「政出多門」，對學生組織生出格外多的訾言，指責學生領導不力。類似的思維定勢被中共官方利用，在「六四」後的宣傳攻勢中，曾反覆氣勢洶洶地質問：這些學生上臺，就能比共產黨領導得更好嗎？！這種問法，完全無視民主化運動的推動者所要求的，是有明確民

主授權程式的政治體制，而不是要像山大王那樣取代現行統治者，改由自己坐龍床。很多同情八九民運的人，至今還會傾向於認為，主要是因為當時學生做得不夠，處理得不好，才會發生「六四」慘案。阿拉伯世界的民主化運動，特別是埃及的成功和也門、敘利亞等國人民面對持續軍事鎮壓至今仍堅持抗爭的事實，足以證明，軍事鎮壓的責任者，絕不是堅持要求民主化的民眾，而只能是戀棧不去的獨裁政權和獨裁者。那些在軍事鎮壓當前時仍堅持抗爭的民眾，無論組織多麼鬆散，策略多麼不明確，都有充分的正當性，要求「還政於民」。

在這個意義上，青年參與的街頭抗議活動，有極為廣泛的可能性，而且常常代表著一個民族的活力和創造性能量。1989 年天安門抗議和今年的阿拉伯之春先後表明，在青年的青春激情和暴力之間並沒有必然聯繫；青春激情未必和理性相對立；大規模群眾運動產生的共同命運和集體相關認同，未必對立於多元包容，也未必對立於每 個個體追求自我解放自我實現的理想。

目前校園生活值得注意的問題，恐怕並不是青春激情和暴力之間的關聯，也不是多元包容的愛國主義理想過於泛濫，導致集體壓抑個體；而是如何用求知無禁區的理性思辨豐富個體發展的潛力，也用鼓勵青年公共參與（如服務農村、邊遠地區、弱勢群體等等）提昇社群共存意識，為日漸疲軟蒼白的青春生命重新注入一種光明正大的氣象與活力。不管今天的下一代存在甚麼問題，無可質疑的是，青年學生仍然是社會中最有好奇心和求知欲，也是最有理想主義特徵的一群。說青少年有這樣那樣問題，不如說這是由於成年人和社會沒有善盡對民族共同未來的責任。政治義涵豐富的社會運動和社會服務，可以培養青年獨立、負責、公義、參與等重要的現代公民品 德，也是為社會健康成長所能做到的最好的長遠投資。

1989 年的青年學子，積極投入了當時波瀾壯闊的社會政治運動。他們之中存在許許多多不同意見和爭論，他們的決定也曾有各種各樣的誤判。但總體上，學生們勇敢地承擔了自己的政治責任。同樣勇敢地站在反對軍事鎮壓第一線的北京市民，很多人其實都是大學生的同齡人。絕大多數倒在血泊中或遭到十年以上監禁懲罰的人，當年都不到四十

歲。他們在全世界關注的凝視中，最後一次展現了中國人民自下而上爭取自由的自尊自信自強精神。因此，我們有必要再次重複："六四"鎮壓是一次嚴重的人道災難，但其內涵絕不僅止於人道災難。只有"六四"得到徹底平反，中國的青年和中國的政治才有可能重新獲得清明坦蕩的立足點。

謹以此紀念二十二年前那可歌可泣的壯烈一幕。

——2011 年 5 月 23 日草於臺北

4. 黨權無法挑戰人民主權

　　1989 年的天安門抗爭，適逢前所未有的眾多國際媒體匯聚北京，報道中蘇兩黨首腦自 1960 年代分裂後的首次會面。在尚未普及互聯網的時代，他們的文字報道和電視影像令全世界震驚於中華人民共和國歷史上最大規模的反當局示威，並在其後的「六四」血腥鎮壓中，見證了中共專制政權的殘暴和北京市民英勇無畏的抗暴犧牲。當年以北京天安門廣場為焦點，遍及全中國一百多個城市的民主抗爭運動，在社會和民眾中注入高揚的理想主義精神，最終凝聚在那位震撼世界的「坦克人」形象中——面對軍事強權和血腥的暴力鎮壓，北京市民一次再次衝上街頭，用肉身和意志力向強權宣告，他們不相信中國的人民只能屈服於恐懼，只能做強權統治下的精神奴隸。「八九 • 六四」因此成為世界歷史的重要一頁。

　　全球民主化浪潮並非始於天安門——鄰近的菲律賓、南韓在此之前已開啓民主化。特別是菲律賓以「人民力量」迫使獨裁總統馬科斯下臺，曾在中國引起廣泛關注。即便如此，天安門抗爭和「六四」屠城的世界意義仍無可比擬，對共產政權尤其有似末世預言，直接影響到幾個月後的柏林牆倒塌，間接促動了「冷戰」結束。此後二十年裡一波又一波的「顏色革命」，都有天安門的身影。面對抗議民眾聚集的中心廣場，除了死於非命的齊奧塞斯庫和卡紮菲以外，各國獨裁者沒有一個敢於效法「六四」鎮壓的鄧小平，對和平示威的民眾大開殺戒。

　　對和平抗議的肯定，對民主化要求的支持，對屠殺的譴責，是當年北京學生和民眾走向天安門和長安街的根本信念，是世界範圍巨大反響的基本態度，也是香港民眾當即站出來支持大陸民主運動的最重要原因。「平反六四，還政於民」是香港從未改變從不放棄的呼聲。每年「六四」夜，維園點點燭光，總是令我熱淚盈眶，感謝香港人，守護良知的堅持。這種良知，這種守護，如同「六四」抗暴中民眾表現出的犧牲精神，遠遠高於爭取大陸民主的具體目標，攜帶著人類尊嚴的超越意義。

這種信念其來有自。從晚清梁啟超「新民說」開啟民智，到五四提倡個性解放，近現代中國一系列革命與改革的傳統中，個體獨立與民族解放兩條思想脈絡始終齊頭並進。沒有國民個體積極參與的革命，如何能稱為「國民革命」？即使共產黨領導的「翻身解放」，也有《國際歌》高唱的「從來就沒有救世主，也不靠神仙皇帝」，與後來作為中華人民共和國國歌的《義勇軍進行曲》一樣，大聲疾呼「不願做奴隸的人們」站起來。這一脈絡到了 1989 年，就有天安門廣場上的學生，在床單做成的旗幟上，濃墨重筆錄下詩人北島的名句：「決不跪在地上，以顯出劊子手們的高大，好阻擋自由的風」。在這種信念的背後，是全世界現代國家政體變革的大趨勢，從孤家寡人「朕即國家」向人民主權的國族國家轉變。主權在民是中國自辛亥革命結束滿清皇朝統治一百多年以來，政體沿革中的深層基礎，是威權統治百般騰挪也擺脫不掉的隱然約束。

　　如今的世界局勢與 1980 年代末期已有根本不同，民主制度正面臨艱巨挑戰。十年前歐美遭遇「金融海嘯」，恰逢中國成功主辦北京「奧運」，迅速崛起為世界超級大國。中共獨裁模式高歌猛進，令許多國家掌權者欣羨。此後的 2011 年「阿拉伯之春」，只有局部民主化成功，反倒繼 2003 年英美入侵伊拉克之後，令中東陷入更深戰亂，且導致流向歐美的難民潮。歐美既有體制一方面以金融救金融加劇內部貧富差距，另一方面拙於應對難民問題，結果在多國引發民粹主義（populist）反彈。川普當選，英國「脫歐」，以及新近實現民主轉型的國家所遭遇的各種反覆和困難，既令人反省現有民主體制的問題，又被威權統治者拿來作為拒絕還政於民的口實，給大陸追求民主自由的仁人志士和渴望「真普選」的香港人民帶來格外嚴重的壓力。

　　一直以來，威權統治同時在言說和專權兩方面壓制人民的民主要求。言說方面，北京近年來至少在兩點上刻意混淆是非，我們必須明確反駁。首先，民主制度遇到的困難，並非是對「主權在民」的否認。即使那些試圖扭轉民主制現實（如土耳其）或民主化趨勢（如埃及）的統治者，也不得不打著「代表」人民的旗號，盜取統治正當性。在這方面，中國走得最遠。北京以及為其辯護的文化精英將中共置於人民主權之

上，在強力壓制不同聲音下於 2018 年年初通過修憲，企圖造成「主權在國」乃至「主權在黨」的輿論場域。然而，由於「國」與「黨」的現代意涵無法完全清除掉對國民和非黨民眾的指涉，也無法獲得「君權神授」那種絕對「天命」的認定，這成為非常冒險的操作。無論怎樣訴諸革命歷史，黨的全國代表大會也永遠無法完全取代全國人民代表大會。於是，必須要運作第二點，即，假設「人民主權」問題早已解決，目前所做的只是爭取「高質量」——用儒家傳統來說是「選賢與能」，用西方現代憲政傳統來說是用「代議制」防止「庸眾」劫持，用維持精英之為「頭」來防止憲政「身體」垮塌。這個「代議」精英的「頭」，就落實在今日的中共身上。結果，這兩點言說成了循環論證，通過後者虛置「人民主權」來論證前者「主權在黨」的必要性。可是，這種論證使得「黨」再次落入工具性層次，無法與「人民主權」無可置疑的根本原則相對抗。於是，專權暴政成為必要的補充，決不能允許自由組黨，也決不能允許任何非黨指定的人民代表候選人參與選舉（雖然選舉過場仍然必須要走），必要時就出動國家機器的暴力手段。一定要讓人民忘記政治參與，忘記自己才是國族「主權」的主體擁有者。一定要讓人民生活在持續的政治恐懼中，黨才能稍稍紓解自己坐不穩大位的恐懼。

從「人民主權」這個概念剛剛出現在現代歷史舞臺時開始，就存在著如何確認其代表權和行使權的困擾。民主先行者湯瑪斯・潘恩早在十八世紀就提出，執政權力必須每隔一定時期由人民再次授權，才能持續生效。從政治理念來說，主權在民規定了統治者必須經由自下而上的授權程式獲取正當性。無論今日習近平及中共多麼渴望獨攬一切，他們仍需每次從基層換屆選舉開始進入權力更迭的表面程式，就是這種隱形制約的作用。修憲也是如此，他們仍需煞費苦心在「全國人民代表大會」走表決通過的過場。這些表面文章在中共並不情願的情況下顯示出其嚴密控制輿論以強姦民意的修憲實質。

這個「人民主權」失效的危機，曾經出現在文化大革命後的改革開放初期。而獨立於中共地參選人民代表，正是「八九民運」興起的重要背景之一。1980 年部分開放區縣人大代表選舉，曾帶來大學校園民主的短暫春天。1986 年年底大學生再次遊行要求參選，直接導致力圖保

護學生熱情的胡耀邦於 1987 年 1 月被迫辭職，方勵之等人被開除出黨。雖然無法像 1980 年那樣進行校園公開競選，但是北京大學物理系的學生們沒有放棄，在各個宿舍樓裡挨門徵集選票，最終在 1987 年將方勵之夫人李淑嫻成功選入北京市海澱區人民代表大會。可以說，胡耀邦逝世被視為八十年代中國政治改革的重大損失，引發學潮和全國性大規模要求民主的社會運動，與人民要求定期確認「主權」歸屬有著內在的關聯。

「六四」鎮壓後的二十多年裡，中共數次面對挑戰選舉權的危機，不惜暴力壓制獨立參選人，恰恰表明傳統帝制退出歷史舞臺後，「人民主權」的實質意義不容回避。與此同時，在政治實踐和制度設計上，主權在民必須有制度保障，確認每一個合法公民既能享受在公共議題上政治表達的自由，又能在有保障的程式過程中，定期實施政治參與的實際作為。正是在這些方面，北京當局一方面指使各級地方政府以各種手段打壓爭取參選、爭取實質民主的獨立人士，一方面在關鍵時刻直接插手強力施壓。獨裁專權勢力決不可能自動放棄手中的權力，但他們打著「人民」旗號剝奪公民群體實施主權授予施政正當性的管道和程式，必然會遇到反抗。人民必須抓住一切可能機會，為自己正名，為自己爭取權利。

在香港，問題表徵雖然有所不同，但實質並無二致。「我要真普選」的口號能夠動員起數百萬港人參與政治和參與選舉的熱情，關鍵就在於，香港回歸後，舊的殖民者離去，卻沒有帶來起碼的政治解殖程式，一切都被北京代勞。表面上的「港人治港」，從來沒有得到過在地的「人民主權」充分授權來認可新治權的正當性。正是因為這種「空降」來的新治權，才會令人在聽到「五十年不變」的說法時，恍然如見回歸只不過是換了一個新的殖民主子。內地網民乃至身為名校教授者，譏諷港人「殖民地習氣」，則屬完全回避了真正的問題。事實上，北京巴不得港人老老實實接受新主子的殖民，千萬不要談論什麼文化的或者政治的「解殖」，更不要談論公民參政的主體性。

世界範圍的民主困境和威權上昇也告訴我們，僅僅爭取「民主」是不夠的，必須同時保有明確的社會願景。今日民主困境與偏向大資本大

財團的新自由主義壟斷了意識形態場域有直接關係。在發達國家，科技發展縮減了必要勞動時間，大部份勞動力轉向服務業，卻又常常受到大資本擠壓。都市青年逐漸成為推動社會進步的主力，但始終沒有得到恰切的政治表達。在民主轉型國家，則往往是轉型前將目標鎖定在狹義民主化，一旦初步成功，立即匆忙加入以美國為首的全球資本主義體系，很少保留足夠空間，難以支持社會公眾公開探討不同發展管道並蘊育進步價值。與此同時，今日的威權體制很少以軍政府獨裁的面貌出現，反而會充分利用高科技管控社會，實施愚民，而且通常與跨國資本交好，勇於為（國有）大資本撐腰做打手。這就從反面提醒我們，爭取變革本可以從反對資本滲透日常社會生活入手。

「八九・六四」時所發生的，是兩種根本對立的主權立場發生正面衝突。從「六三」之夜到「六四」凌晨，痛斥鎮壓軍隊「法西斯」並不斷衝向槍口抗議、阻攔、搶救傷亡者的千千萬萬普通人，是在為公民的尊嚴站出來，是在作為大寫的「人」而犧牲。紀念「六四」，既是表達我們還政於民、安撫亡靈的要求，也是向那些勇敢的人們致敬，相信他們的精神與我們同在，與世界進步力量同在，只要我們還前行在這同一條道路上，他們就是激勵我們的光芒和力量，永遠不會被忘卻。

——寫於 2018 年春

5. 我的「學生有錯，政府有罪」立場

　　2001 年 5 月，王丹在紐約的一次討論會上提出，他對 1989 年事件的總體評價是，「學生有錯，政府有罪」。此言一出，即引起強烈反響。長期致力於中國人權與民主運動的任畹町先在網絡上給以反駁，曾目睹坦克壓碾撤退學生的雨源隨之表示難以容忍（均見《大參考》）。

　　作為極其簡練的表述，「學生有錯，政府有罪」概括了我本人多年來所持的立場。因此，我很感激王丹能做出這樣準確有力的總結。

　　那麼，這種立場和任畹町、雨源等人之間的分歧究竟何在？我以為，這裡牽涉到若干方面的問題，需要一一澄清。我並不以為我和王丹在這個相當簡化的口號下有著完全一致的具體認識；不如說，王丹的表述為我切入當前很多討論提供了一個最佳的角度。

　　六四已經過去了十二年，這個「時間差」既為我們提供了必要的觀察距離，又相當有效地展現了六四作為重大歷史事件給中國社會帶來的極其複雜的後續效應，使我們有可能以「後人」對歷史負責的態度，重新審視當時事件背後隱含的一些重大歷史命題，特別是在認識公民政治權利和中國目前法治建設等問題方面，更堅定地支援六四受害者和蒙難者家屬的合法要求，更清醒地堅持八九抗議運動理想主義的正義精神，也更堅韌地為建設一個更加自由、公平、正義的中國和世界而努力。

一、「撞了白撞」？！

　　第一個也是比較簡單的一個問題，是王丹表述所涵蓋的時間範圍。他的說法既包括六四鎮壓，也包括了此前的一兩個月。因此，任何政府軍事鎮壓中的暴行，都是進一步證明「政府有罪」，而無關乎學生是否有錯。在這方面，雨源對暴行堅持不懈的揭露和再記憶，完全可以和王丹的立場並行不悖，並不存在實質性矛盾。

　　但是，王丹和雨源立場衝突的表像，實際上牽涉到另一個「定理」：無論學生是否有錯，都不能構成政府以軍事暴力屠殺和平示威公民的藉

口,也因此不構成解脫政府之「罪」的理由。這是「學生有錯」與「政府有罪」能夠成為並列命題的前提條件。這個前提本應屬於不言自明、普遍接受的社會政治常識,在今日中國卻成了懷疑的物件。這不僅是中國政府硬鎮壓軟愚弄的結果,同時也是由於很多知識分子概念混亂的討論。其中,海外最突出的例子是馬悲鳴在「多維新聞網・大家論壇」發起、要審判「以王丹為首非法佔據天安門廣場」的虛擬法庭。而國內最突出的例子,就是自 2000 年起關於「撞了白撞」的各種討論。這裡先就後者略加考察。

很多「撞了白撞」的辯護者,本人就是立法執法部門的成員,卻無視現代社會賴以生存的一個基本法理:個體生命價值重於社會穩定和經濟效率。在「撞了白撞」的具體情境下,機動車有使用道路的權利,但並不享有傷害、奪取他人生命的權力;同時,行人有濫用道路行使權的錯誤,卻不具備機動車傷害他人性命的錯誤潛力。因此,二者在法律面前的起點並不平等。在這樣的案例中,立法執法機關最起碼是要在社會成員的生命安全和社會運行效率之間尋找平衡;而且,要保障社會公正,就必然會向前者傾斜,不惜因此而影響「發展」和「效率」。

在這場爭論中,「撞了白撞」的「控」「辯」方,邏輯上講本應是受害行人和駕車人,而實際上卻表現為社會成員「個體」和社會「整體」利益的衝突:交通大隊長在電視台訴說道路混亂的難以治理,以及大量農民進城造成交通規則教育的無力等等。無形中偷換的概念是,只要是在「整體」發展、現代化、效率、經濟利益等諸如此類的名義下,就可以犧牲個體成員的利益乃至生命——不僅遠遠超出了「加強法制以法治國」的範疇,而且製造了在「市場經濟」條件下,以社會名義「合法」剝奪個體的假像(2000 年一位四川婦女訴鄰居打麻將影響休息案,在中央電視台播出時,發生過類似的偷換概念現象)。

這樣「合理合法」地無視個體生命價值的情況是怎麼發生的?這種偷換概念機制的要害有兩點,一是現代「國家」與「社會」對個體「人」和世界「人類」的普遍責任,一是現代共和國家內立法過程的正當性。現代社會裡,立法執法人員以全社會的名義公佈法律法規(因此,以王室名義公佈法令的範圍日益萎縮,局限在禮儀範圍內),當社會成員並

沒有自願行使選舉權和被選舉權的機會，既沒有參政議政的管道，又沒有公開表達異議的可能時，法律法規的公佈就具有了盜用名義的性質。而且現代社會的政治不再借助於天命、貴胄、傳統的權威，結果，越是缺少公民參政的可能和事實，以「社會整體」名義的行為就會越多，公民的個體權益就越難保障，社會對生命價值的認定也就會越來越衰退，更不必說承認那些尚未進入本社會的人類成員的生命價值了。

更重要的還在超越「政事」以上的「生命」的價值。為「撞了白撞」辯護的人，不免要以某些西方城市的交通法規為例，說明被撞行人屬於「咎由自取」的法律普適範圍。這些有機會出國旅行的上流分子，有意無意地忽略了很多西方國家在針對非法移民管制邊境交通時，主要困難就是要保障非法闖關者的生命安全（如英國多佛港中國非法移民死亡事件，以及最近墨西哥非法移民在美國境內沙漠死亡事件）。闖關的非法並不會抵消闖關者的個體生命價值，更不必說構成邊境員警射殺闖關者的理由了。在瀋陽「撞了白撞」事件中受到最多指責的，就是進城的農民工。事實上，他們根本沒有參與或監督城市政府制定執行各種法規的權利，就受到了不守法的指責，並承受了未經法律程式就以生命為代價的懲罰。就遼寧省而言，這是省政府在處理城鄉經濟人口流動中的失職。如果真要通過這個事例來促進法治建設，則任何一個被撞的農民都有權要求省政府的賠償。大而言之，內地農民流入沿海省份，以城裡人不屑的廉價勞動力，充當著中國經濟起飛的主要支柱。如果要強化以法治國，則任何一個農民工被「撞」，包括以各種形式被損害（這裡討論的是在城市公共場所，還不包括工作場所內的事故），中央政府都有責任承擔後果，各級地方政府都有責任做出賠償。以都市法規蔑視進城農民的生命，這是中國社會整體墮落的標誌，絕不屬於「法制」觀念在生活中見效的實例。

回到我們的基本問題，「咎由自取」的前提是，接受規範的人對適用法律不僅已經有了充分的瞭解，而且有參與（如選舉或提案或抗議示威等等）、自願接受及監督一系列程式規則的權利與權力；而且這個「自取」的範圍不能超越其「咎」適用的法律範圍。當學生和各界人民在一九八九年以遊行示威表示對現任政府的不滿時，無論他們有什麼錯，

政府的開槍鎮壓都是犯罪。即使這個政府有可能通過一系列措施使鎮壓在表面上「符合」於當時中國的現行法律，其持續數日的武力鎮壓也犯了違反社會基本人道要求的重罪。尤其是鎮壓之後，政府還繼續迫害受害者及其家屬，阻止任何獨立的調查和援助，就更坐實了鎮壓的犯罪性質。

二、「非法」抗議政府

只強調以法治國，而不問「法」是由誰、又是如何制定的，結果往往是「以法治民」而已，不過是授予權勢者以玩弄法律欺壓百姓之柄。因此，在西方各國現代民主法制的幾百年歷史上，所有針對各級各類政權機關的抗議示威，在政治法律實踐中仍有道義上的優先權。更確切地說，這種抗議示威的道義優先權在幾百年的實踐發展中逐漸有了越來越明確的地位和界限。這是馬悲鳴極力希望他的讀者忘卻的。

民主法律制度在現代社會確立的基礎，是資本主義的發展，是現代資產階級上升並取得統治地位過程中的產物。這種制度所代表的社會公正性，與其說是由資本主義的內在經濟規律所決定，毋寧說是西方社會歷史發展的特殊性強加於資產階級的社會義務和責任，是此前西方社會各階級鬥爭和妥協的結果。因此，現代法制的成熟過程中，一個始終揮之不去的課題就是法律與政治的關係；而幾百年實踐中逐漸形成的共識則是，不但政治不應該幹預法治，而且法治也不應該幹預政治。

司法不應介入政治，和軍隊不應介入政治是一樣的道理，屬於是否對「王丹率人非法佔據廣場」立案的外延考量，無論如何也應先於有關「大陸法系」還是「海洋法系」的討論。更加切題的，也許應該是君主制與共和制對法治外延的不同處置方式，並以此將所謂「一體」的英美傳統區分開來。在共和政體下，不但執政黨及其政府不應強迫司法部門屈從於政治意志，司法部門本身也不能自以為是，任意幹預本應屬於政治範疇的事務。

那麼，如果政治糾紛中的一方刻意尋求法律解決怎麼辦？現代司法機關一方面可以上訴到「憲法法庭」，比如香港基本法裁決中的爭議，就送到北京由全國人大常委會給出最終解釋；另一方面，可以堅持不受

理，將案件駁回到諸如國會這樣的政治舞臺，這就是去年美國大選鬧到最高法院時，表決中少數派大法官所持的立場。

八九年的學生運動，從一開始就不是單純地悼念胡耀邦，而是包含了各種政治訴求，表達了社會上廣泛的不滿情緒和尋求出路的願望，這是當時大規模社會動員的基礎。因此，談不上「人家」死了人、學生還要攪局。這種群眾借「清官」去世表達政治意願的現象本身，就是中國缺乏政治參與機制的反映，也從一開始就賦予了當時的悼念以政治運動的特徵。這種運動所代表的社會矛盾和訴求，直接與憲法作為國家根本大法的性質相聯繫，遠遠超出地方政府法令法規的裁決範圍。這是很多運動參加者當時就強烈意識到、並努力追求的。政法大學製作的憲法摘要大宣傳牌，戒嚴後要求召開人大常委會緊急會議的各種活動，以及「首都愛國維憲聯席會議」的成立，都反映了人們在不滿政府權力的危機時刻，有意識地訴諸憲法權威的追求。換句話說，運動的本質是政治矛盾，不屬局部法令法規管轄範圍，因此也就不存在馬悲鳴所說的學生「違法遊行示威在先」，政府無奈鎮壓在後的問題。

其實，即使端出憲法，一九八九年也還不可能改寫其中共產黨是領導中國的核心力量的條文，最多不過是要確立其作為根本大法解決政治衝突的地位。更確切地說，是以民眾大規模示威的壓力迫使當局在「黨中央」決定和「憲法法庭（即人大常委會）」裁決孰先孰後之間作出不容掩飾的抉擇。在這個意義上，對示威者「顛覆國家政權」的指控和「亡黨亡國」的要挾都是不能成立的。反倒是共產黨踐踏憲法權威的行徑直接把自己放在了「竊國」的位置上。只是由於「集體領導」的內部權力平衡機制，這一竊取沒有表現為袁世凱那種個人的「大盜」形象，而更多地仰賴於謊言的支撐。這可以說是「政府有罪」的重要原因之一。

一九八九年本是確立憲法權威的一個最佳機會，由於共產黨及其政府的蠻橫，由於他們甚至連一個遵循憲法的過場都不肯走，一個「訓政」的藉口都不屑於提及，這一年成了中國法治建設史上一個大倒退的轉折點，其基本表現就是從此根本取消了上訴到法治最高裁決的可能性。與此同時，「黨的領導」卻從八十年代黨政分家的改革方向倒退，在各級政府機關都顯現出越來越強烈的獨權傾向，尤其是在基層，司法看著政

商利益的眼色行事已形成固弊，雖然曾有「民告官」的成功案例，但總體發展傾向已成為各級黨政當權者維護鞏固既得利益的馬前卒，而一般公民表達政治訴求的管道被根本封殺。

在這種「法治」發展趨勢下，思想界的反應如何呢？與五四時期更關心社會整體發展可能性的取向不同，在九十年代中國的討論環境裡，「法治」領域和「經濟學」領域一樣，在成為「顯學」的同時，已經獲取了凌駕「社會」考察的超時空「本體性」，很少反思自己的外延，反思作為個別領域和整個社會結構的有機關係。即使在「顯學」的邏輯內涵範圍內，也還沒有見到過質疑現行憲法解釋機構作為「憲法法庭」的功能。中國大陸公民的憲法權利也和香港「兩制」了？

這裡，我們還需要對「政治」稍加註解。中國現狀的悖論之一在於，政府宣傳總是聲稱要加強思想政治工作尤其是對青少年學生的思想政治工作，而社會生活中任何背離政府宣傳口徑的政治意識表達，都有陷入「顛覆國家政權」這一黑洞的危險。有意無意回避這種危險，是社會大多數成員不言自明的選擇。這種情況和上面談到的「非憲化」過程，再加上近年來沿海和都市區域與美國日趨密切的交往，社會思想深受美國「利益集團政治」思路的影響，似乎「政治」，除了在抽象概念上的「全社會」「全國」意義上，就是具體地為活動者本人所屬之社會利益集團謀福利的活動，二者之間，幾乎沒有輿論餘地留給「公民」個體的獨立政治訴求，更不必說實際的政治活動空間了。與此相呼應，思想界關於文化大革命的反思也並沒有為「政治權利」的正名做出多少貢獻，在絕大多數情況下，都是加入了為「政治」抹黑的大合唱。

這種狀況造成的結果之一，就是在共產黨員數目激增的九十年代後半期，參與非黨「政治」活動卻會帶來為人側目的直接社會效果，所有本應與公民政治權利相關的活動，都在「社會福利」、「國策討論」、「學術探討」、「法治獨立」等諸般名義下進行，常常明確拒絕任何非官方政治因素的指涉，卻不問自己是否也已經獨立於官方的政治。假定我們可以理解當事人的困境，不應自欺欺人的則是，「公民的一般政治權利」的名譽已經在這樣的過程受到玷污和損害。必須明確的是，不論現任政府許了多少願並做了多少事，公民都有合法的政治權利表示自己的意見

和不滿，無論其談論內容是否直接與其本人的生活相關。例如，一個在相對公平清廉的機關工作的公民，有權利公開抗議政府懲治腐敗的不力並公開討論其政治原因；一個城鎮居民有權利批評城鄉戶口政策對農民的歧視；一個工商業者有權利探討國營企業工人組織工會或罷工的合法性；而且，這些公民有權利聯合起來舉行政治性的抗議和示威。所有這些，都在中華人民共和國憲法立法保護的政治性基本權利範圍之內。而今天中國政府的實踐，則是把中國境內所有的政治活動都壟斷起來了。

當任何超出本人直接生活範圍的社會性活動都需要小心翼翼地抹去「政治色彩」，當界定法治外延的「憲法法庭」被實質性架空，直接關涉公民本人生活的政治權利也就同時受到了日常性的剝奪。其中最突出的例子就是江西收繳公開出版的抵制農業苛捐雜稅的檔集和沿海城鎮禁止非國營企業工人組織自治工會；而對社會最深刻的傷害就是以「法治」和「發展」的名義扼殺一切理想主義和烏托邦精神的萌芽。

三、「學生有錯」的特殊性

明確了政治抗議的合法性基礎，就需要再回到前面討論過的第一個問題，做進一步的界定。雖然八九年政府鎮壓之罪與「撞了白撞」案中的機動車駕駛員和交通管制機關有可比之處，八九年的學生運動卻與「撞了白撞」中的違規行人有著本質上的不可比。八九年的學生運動是政治性衝突，因此，討論「學生有錯」的前提是學生在憲法意義上「無罪」，甚至沒有行人交通違規那種性質的「罪」或「錯誤」。

學生不僅在憲法保障下的刑事意義上無罪，而且由於這是政治性示威，示威者在一個多月的時間內都堅持和平請願、無暴力抗議，因此在民事意義上，遊行示威過程中因為生產停頓而造成的「經濟損失」和政府額外開支，也不能算到示威者頭上，而主要應由政府承擔責任，是中央政府失職引起大規模和平抗議示威的後果。那些善於以美國法律實踐比照中國情況的人們不妨考察一下一九九二年洛杉磯暴亂和一九九九年西雅圖抗議時的處理情況，再來設立審判王丹的虛擬法庭也不遲。何況這種解脫政府經濟責任的概念混亂已經反映在目前國內法治實踐的很多問題中，尤其是在執法人員違法侵權的現象上，格外嚴重。

正是在以上這些理解的基礎上，我認為任畹町和陳禮銘反對王丹關於「學生有錯」提法的理由都是站不住腳的（見《大參考》），學生是否有錯的討論和政府是否有罪的問題並不構成反比關係，在這裡實行「凡是敵人擁護的，我們就要反對」，未免有些教條了。

綜上所述，在我看來，討論「學生有錯」必須嚴格限制在學生運動在中國共產黨專政體制下提出政治性訴求時的內部機制上；而且，在討論機制的層次上，可以暫時不考慮很多在實際策略層面上的不同意見。即，策略中的「對」「錯」只能是「具體情況具體分析」，只有在明確了機制上的必要條件和運動不同發展階段中的不同具體情況以後，才具備討論的可能性。基於這個認識，我也不同意胡平那樣籠統地提倡「見好就收、見壞就上」的策略性口號，因為這個口號實施的前提條件是運動已經具備了相應「試錯」的內部機制，這樣的前提回避了機制層面上的問題。

絕食作為一種鬥爭手段，就屬於需要在策略層面考慮的問題，既不是完全不可運用，也不是任何時候都戰無不勝，並不屬於要無條件地支持或反對的範疇。關於發起絕食，封從德等人的回憶和論證方式，基本上是「事後」性質的，力圖證明學生當時除了絕食已經沒有任何其他策略可能了。這與當時的實際情況並不相符，可以清楚地從對話團的活動看出，本文不擬在細節上作過多討論。

同理，所謂「斡旋」也只有在學生方面有「斡旋」的實力和「資格」（qualification）時才有意義。探討八九學運進行過程中的斡旋（「斡旋」在當時特指在學生與政府之間尋求和解之途，並不考慮其他社會各界），就必須注意到這個詞彙（或者說這類行動），在五月十三日絕食開始之前，根本就沒有出現過，而到那時為止，胡耀邦逝世已將近一個月了。在這期間，尤其是在五月一日以前，不說李鵬等人，即使是趙紫陽，作為現任中共中央總書記，也根本沒有積極主動地關注過學生的要求和動態。從四月十八日開始在新華門的衝突，到四月二十二日學生代表在胡耀邦追悼會時下跪並因而造成學生情緒的進一步激化，在學運初起的整整一個星期裡，趙都沒有過任何要與學生親自會面、交流的表示。更有甚者，他輕率地否決了改變行程的建議，胡耀邦追悼會一完，

就去出訪北朝鮮去了。而在學生方面，這正是形成大規模正式組織的關鍵時刻（四月二十五日晚北京高聯成立會開始時，「4・26」社論還沒有在電台播出）。

即使是趙紫陽這樣有「黨內改革派」名聲的領導人及其手下一些得力幹部，在學生訴諸絕食行動之前，也沒有考慮過要尊重群眾的意願，開啟與示威學生直接對話交流的大門。他們的眼睛盯著的、心裡關心的，從來就不是正在抗議示威的群眾。相反，他們自始至終更關心的，都是不要被黨內的競爭對手抓住把柄。只有正視這些因素，我們才能理解絕食者不願進入「幹旋」的真正原因——進入「幹旋」的那一刻，就是他們失去「幹旋」資格的開始。柴玲等人在這個問題上的直覺並沒有錯，錯的是本應視為策略手段的「幹旋」，在很多分析者那裡，被當成了學運的「路線」「大方向」來大做文章。

在我看來，學生方面有錯誤，但其最根本的錯誤，卻並不在是否絕食、是否積極參與幹旋、後期是否要撤出廣場等等這些策略層面上的問題。

四、學生錯在哪裡（之一）

那麼，在學生運動的內部機制上，學生「錯」在哪裡？我以為，一九八九年的抗議示威過程，暴露了學生方面兩個根本性的錯誤。

第一個是如何認識政治抗議運動中「自發性」與「組織性」各自的合法基礎及其相互關係。中共在建國以來到六四之前，由於受到自身意識形態和中國政治文化傳統的制約，對群眾「自發」的運動，總是睜一隻眼閉一隻眼。毛澤東在「文化大革命」初期利用過這種合法性，鄧小平由於借助了平反 1976 年的天安門事件重新上臺，在八十年代也不得不承認這種合法性；當時（以及今日）媒體盛贊北大遊行隊伍中不期而現的「小平你好」橫幅時，就是默認了群眾「自發」地表達自己的感情是可以而且應該容忍的。

八十年代的歷史特殊性，不在當局對「自發」表達感情的容忍，而主要在於社會氛圍和政治環境鼓勵知識分子、青年學生以及社會各界自己「組織」起來探討各種問題，表達自己的意見。這是七十年代末西單

「民主牆」被鎮壓後仍有很多小組織活動的原因，也是八十年代末王丹在北大舉辦「民主沙龍」、出版《新五四》雜誌的大背景。以六四後對當時學生組織情況最為關切的封從德為例，據他自己回憶，1987 年北大柴慶豐事件時，他拒絕加入示威組織者的主要原因，就是因為當時的抗議委員會希望保持地下「保密」狀態。

因此，「自發」與公開「組織」，表達「感情」與表示「意見」，是八九年中國政治危機中的一個潛在的主題，是「自發」與「自覺組織」的政治性活動二者之間改變比重、改變先後次序的一個關鍵時刻。然而，很顯然，當時的學生並沒有充分意識到這個時刻的重大歷史意義。

胡耀邦逝世不到一周，北京主要院校的學生已迫切感到建立學生自治組織的必要，而胡逝世十天以上才發表的人民日報 4·26 社論卻還沒有把「非法組織」作為理所當然的罪名。四月二十七日大遊行的成功，在市民眼裡，是從來沒見過這麼有組織的學生；在學生方面，則是從來沒料到這樣廣泛「自發」的社會聲援。當時趙紫陽不在北京，政府在遊行結束前就廣播了同意與學生對話的決定。這本身就是對「有組織」的抗議活動的一種讓步。到五月四日遊行前，遞交請願書與袁木的公開答復等等，都表明政府與中共正處於被迫跟學生「組織」打交道的狀況，這是學生對話代表團成立並開展活動的現實基礎；根本改變「自發」與「有組織」之間相對話語地位的歷史時刻已經來臨。遺憾的是，大部分學生對這個歷史性時機完全沒有自覺，興奮於「自發」帶來的解放感，陶醉於受「自發」行為「感召」而起的大場面，釜底抽薪，破壞了以基層民主秩序為基礎的學生自治組織合法化的長遠可能性。在我看來，這才是為什麼說當時發起絕食是一個錯誤的主要原因。

至於封從德說北京高聯當時內部混亂，確屬事實，但卻不是我們至今仍無視「有組織」政治活動的歷史時機的藉口。很顯然，以「自發」為號召的絕食進行不到 48 小時，也已經感到了「組織」的必要，由李錄以要挾自焚為手段建立了「絕食團」。「組織」在當時的示威中已是不可或缺的因素。可惜的是，示威者們更自覺地依賴的仍是「自發」帶來的快感，只把「組織」作為方便一時的手段，隨意更新名目、更換程式，全無謹慎之心，也全無對紮根基層的尊重。這是「首都愛國維憲聯

席會議」也未能倖免的致命傷。

其結果，就是六四鎮壓所標誌的另一大轉折點：一個稍縱即逝的歷史機會被學生輕易放過，中共則不再掉以輕心。時至今日，任何「有組織」的政治思想性活動都可以成為受鎮壓的理由，甚至象瀋陽退休老幹部周偉那樣針對具體案件的反腐請願，都會以「非法集會」的名義被送去勞改。從現代中國政治發展史的長遠角度觀察，不能不說史一個大倒退。（以上所指封從德言論，見《回顧與反思》及封本人的回憶錄）

五、學生錯在哪裡（之二）

學生的第二個主要錯誤，和當時知識分子和社會思潮的整體傾向有關，是缺乏一個激發持續創造性熱情的理想目標，而且，可以說根本就沒有致力於尋求這樣一個目標。更確切地說，這也是上面討論過的忽略「組織」、淡化「政治」色彩等傾向的重要思想根源，其本質在於，中國知識分子在打出反對「專制」、爭取「自由」旗號的多年努力中，和中共領導層一樣，恐懼於再來一次「文化大革命」式的混亂，因而刻意回避了現代社會的公民既需要不被侵犯的「消極自由」，又需要有再充分保護下實施「積極自由」的權利。這一缺陷，在九十年代知識分子的反省和討論中表現得越來越清楚了。

具體而言，八九民運最強烈地激發了中國人民的理想主義精神，集中展現了為了可能的共同目標，他們能在最缺乏組織的狀況下，積極主動地協同努力，自覺地約束自己，並以各種方式貢獻自己的力量，直至寶貴的生命。

令「後人」扼腕嘆息的是，運動自始至終都沒有能把這個「可能的共同目標」具體化，既沒有「最高綱領」，也缺乏紮實有力的「最低綱領」。從五月初到戒嚴令頒布的五月十九日，除了新聞工作者創造性地提出「新聞要說真話」的口號外，天安門廣場的凝聚力集中在了「不是動亂，現場直播」這樣兩句極為平庸、極為學生中心的口號上，北京民眾和外地學生始終被限定在「聲援」和「保護學生」的角色中。最終還是由於政府的戒嚴令，才多少改變了這個局面。戒嚴令的頒布成為對北京市民的直接侮辱，此後的示威也因此具備了全民抗議的自覺。這也是

「立即召開人大常委會緊急會議」終於成為示威者要求的時刻。

　　然而，「召開人大常委會緊急會議」討論什麼？事實上，當時的這個要求，以及北京人對戒嚴令的抗議，仍然沒有脫出「正確評價此次學生運動」這個狹小議題的陰影。沒有能夠及時恰當地形成與運動規模和群眾潛力相適應的政治訴求，失去了進一步激發群眾的參與積極性和創造精神、將抗議示威運動轉化為長期合法的建設性政治運動的機會。

　　平心而論，民眾示威以和平、非暴力的方式持續了一個半月，就說明當時不存在「告別革命」的選擇和必要。「告別革命」的命題毋寧說更多的是面對「後八九」海外熱潮的一種心態反映，可以理解，但不可神化，尤其不應將這種姿態讀進對八九年當時的理解和反思中去。真正潛在而未被認識的可能性，包括修憲，公投，城鎮地區試行中高級政府普選，等等，直接轉入全社會範圍民主政治的一些可行步驟。由當時北京市民在缺乏共同綱領情況下仍表現出的高度自我克制可以推論，在中國現代史上，這是迄今為止，有可能順利向普選轉化、避免被大規模舞弊扼殺政改的唯一一次機會。這樣的歷史機會，同樣被有意無意地放過了。學生提到過的最接近的口號，不過是「校園民主」，甚至不及八十年代初的人民代表選舉運動。

　　放過這樣一個重大歷史時機的責任，政府首當其衝，但當時的知識分子和學生組織也難辭其咎。二者的不同在於，前者是責任性質的，無力以政治方式解決政治衝突的現代政府，如果自己不主動解散重組卻訴諸武力，就是濫用以全社會名義信託的國家權力；而後者則是思想認識性質的。在我看來，這個思想認識上的先天不足，主要來自於國際大環境的影響，在明確認定中國過去的社會主義實踐有重大缺陷的同時，沒有勇氣和能力提出「走自己的路」、「建設有中國特色的公平、正義、公民共同富裕的社會」──且不說到現在，被當政者濫用的「有中國特色」已經成了政治笑話不可缺少的調味料。換句話說，這個先天不足來自在「最高綱領」可能性面前的瑟縮不前，寧可摸著石頭過河、出了問題再說，也不願在各個社會階層（其中既有經濟改革的受益者，也有大批因為經濟改革而受損的社會成員）都表現出高度合作意願的時候，站到意識形態的領導前沿。

這種先天不足，至今仍然存在，而且在「後冷戰」的國際環境裡，更加惡化了。經濟資本主義、政治一黨專政、國家社會上唯利是圖，似乎成了中國的唯一選擇。正如很多憂心如焚的知識分子所指出的，在這樣的思想環境裡，中國社會在經濟發展的同時，正在滑向社會文化全面腐化的進一步危機；而八九年「六四」期間中國人民所表現出的同舟共濟、大無畏的犧牲精神等理想主義品質，正在被全社會刻意遺忘。

　　為了我們曾經的理想，為了因為理想而生、為理想而死的輝煌，我們永遠懷念六四死難者。堅持紀念六四，是幫助我們保持良知、正視現實的最佳方式。

　　——2001 年 5 月於美國洛杉磯

6. 堅持不懈地追究政府罪責

「六四」大屠殺之後的二十年裡，每一年海內外都有堅持不懈的紀念活動，每一年的紀念也都會遭遇到不同的干擾，有噪音，有疑問，有挑戰，有拒絕。終於，在二十週年即將到來的時候，所有紀念活動前所未有地集中在兩個突出的焦點上：當年中共政權的大開殺戒和各地市民「暴徒」的英勇獻身和抗爭。

在真槍實彈的坦克和正規軍面前，數以萬計的民眾前赴後繼。很多人先是抱有幻想，希望以言行與「不打老百姓」的「人民軍隊」對峙，阻止部隊的前進。但很快，一大部分人只是為了在赤裸裸的暴力面前表達自己絕不屈服的決心，在暗夜中，在橫飛的子彈面前，一次再次地衝出去，高呼著對方「法西斯」的罪名，慷慨赴死。那一時刻，支撐他們的根本動力，是公民個體尊嚴，也是抗議者共同意識到的將個體公民聯結在一起的集體尊嚴。

在屠殺的罪惡面前，這些默默無聞的民眾向全世界展現了中國人現代民族精神的昇華。隻身阻擋坦克車隊的「王維林」，則是全球影視捕捉到的這類形象的代表。今年清明節那天，我有幸在美國舊金山見到 1989 年六四那天清晨被坦克軋斷雙腿的方政先生。他是這種精神的又一個代表。他在坦克碾來、電光石火的一剎那，搶先將學妹推出危險之外，自己卻不幸倒在履帶之下。我們紀念「六四」，不但是為當年的死難者傷殘者哀悼呼籲，也是紀念遭到中共殘暴扼殺的民族精神，更是為了不忘國人曾共同擁有的英勇無畏，不忘那無愧於人類文明的瞬間輝煌。

與此同時，紀念六四也是為了堅持追究政府的罪責。

出於保護他們自己特權利益的需要，中共當局從九十年代開始就努力回避所有有關八九民運和六四屠殺的話題。《驚心動魄的五十六天》、《戒嚴一日》之類的書，很快就從架上消失了。所有回憶收集史實的工作，都是當年抗議一方的參與者在做。加之很多參加過示威的人無法接

受輝煌之後的血腥失敗，包括我本人在內，很長一個階段都傾向於檢討非政府方特別是學生內部曾經出現的錯誤，結果，大多數關於八九年的整體研究全面解釋，重心都在解讀學生、批評知識分子、尋找社會動員背後的經濟原因等等非政府方面。這些討論和研究，當然有其價值，但由於缺乏相應的對中共動態的分析批判，造成的直接後果就是誇大學生和知識分子方面的錯誤，偷換概念曲解事態，似乎是抗議一方應該對六四血腥屠殺承擔歷史責任，根本混淆了雙方在國家－社會關係中的不同地位和責任。

而對於官方言行的解讀，卻總是歸結到「不得不」動手，或者說共產黨被學生逼到「別無選擇」只能鎮壓的地步等等。如果是強調黨內權力鬥爭，則無論是否視趙紫陽為所謂「改革派」的代表，結論也還是說政府（或黨內「強硬派」）處於「不得不」的被動地位。既然中共政權在整個過程中如此被動，那麼此前的「危機」，假若不是知識分子特意渲染出來的，那也一定是學生情緒化盲動的惡性結果。於是，這類解讀在兜了一個大圈子以後，還是落回到指責學生的路數。國內渴望更多瞭解八九民運和六四浴血抗爭的年青一代，因此而常常在這一系列大同小異的解讀面前陷入困惑。

衝破這些有意無意的框架，在「六四」二十週年來臨之際，林培瑞、嚴家其等人將六四鎮壓與 1976 年四五運動時的天安門清場作對比，再次提出中共當局 1989 年大規模調動正規軍鎮壓和平請願民眾的合法性問題。吳仁華更以詳細的史料證明，政府濫用公權造成大批平民死傷的血腥事實。這些努力確鑿無疑地揭示出政府在六四鎮壓中的犯罪實質。

和這些努力一樣重要，我們也必須看到，八十年代政治合法性危機的根源並不是從胡耀邦逝世那一天才開始，而是潛藏在整個改革開放過程中，危機正是中共自己造成的。隨著農村改革帶來的經濟發展，1984年經濟改革逐漸擴展到城市和工業口。中共當局不但增強了自信心，而且減緩了政治改革步伐。七十年代末開始的平反冤假錯案，本來有著重塑政治合法性的衝擊力和震撼效果，到八十年代中已經只剩下了黨內調整權力平衡的餘音，最多不過是關於退休和任期制度的討論。1980 年曾經進行過的縣級人大代表直選試點，在北京大學和上海等地重點大學

裡曾引起中國歷史上前所未有的學生競選熱潮，此後卻再也沒提過。

後人回頭看八九民運，很容易將目光集中在 1988 和 1989 那兩年，注意到 1988 年夏天通貨膨脹引起的公眾不滿，以及學生中的頹廢，諸如「麻派」（打麻將）「託派」（考託福）流行等現象。其實，中共 1985 年間膨脹起來的自信，是造成 1989 年衝突的一個更重要的中期原因。由於這種自信，1986 年的地方人民代表換屆選舉，被重新置於嚴密控制之下，成為 1986 年底上海、合肥、北京等地大學生示威的導火索，直接導致 1987 年初的胡耀邦下臺。正是在 1986 － 1989 期間，「四項基本原則」成為當局越來越順手的大棒，也成為公眾聚焦不滿的目標。還記得當時一個順口溜大概說：「堅持黨的領導沒有力量，堅持人民民主專政沒有對象，堅持社會主義道路沒有方向」，最後好像是堅持馬列主義毛澤東思想，卻又不允許大講特講，因為有八十年代初關於馬克思主義人道主義論爭的教訓。

因此，與其說 1989 年時公眾對國家合法性的認同主要在於績效和道德，不如說公眾已經感覺到殘存的意識形態和道義合法性言說正在轉而成為針對自己的統治工具，並因而產生強烈的合法性危機感。同理，與其說 1989 年決策鎮壓時的鄧小平和與他同代的「八老」仍然堅持中共具有「社會主義革命的意識形態」合法性，不如說他們注意到，意識形態合法性已經成了他們自己的跛足支撐，甚至成了潛在危機的陷阱，還不如乾脆扔掉，不再爭論什麼姓「社」姓「資」，只要大權仍然在手就行。八十年代的中共統治，雖然開始向績效合法性傾斜，但最終還是依賴六四鎮壓的坦克機槍才徹底完成了這個轉變。八十年代中共提倡「不爭論」的所謂「去政治化的政治」，甚至在黨內也沒有達成一致，最終也是通過六四屠殺的血路，才迫使社會和公眾陷入政治上的沈默。今日中國上層既得利益統治者，無一不是受到六四鎮壓的實惠。認定六四軍事鎮壓侵權濫權的犯罪實質，是中國社會重建文化再生道路上不可回避的關鍵。紀念六四二十週年，我們必須堅持查清真相，追究直接責任者。

——2009 年 5 月於美國洛杉磯

7. 拒絕切割全景，堅持還政於民

　　自從鄧小平在 1989 年調動中共正規軍，以坦克機槍實彈鎮壓和平示威的平民以來，每年五六月間，中共當局總是如臨大敵，對「敏感」人士、「敏感」領域的強制隔離和監控都會相應升級。前兩年就曾因突然關閉高校網絡，學生大嘩，今原本沒有進入年輕人集體記憶的「六四」忽然成為每個人無可避免的現實生活之一種。從江澤民到胡錦濤時代，蠻橫蠢笨大概是控制民眾記憶的主要特徵。

　　今年（2013 年）似乎情況有所不同。四月份胡耀邦忌日，官方公開發佈相關紀念文字，而且多年來首次重發鄧小平等人出席胡耀邦追悼會的照片。之後出現了關閉微博大戶等言論管控升級的措施，卻似乎並非與六四相關。臨近六四，「敏感」人士再次遭到隔離和監管，與此同時，網絡上卻隱約出現以懷舊姿態影射八九年的言辭。而且，幾個月來，網絡上就流傳著各種關於李鵬家族或真或假的消息。綜觀而言，無論是將胡耀邦逝世與八九民運切割，還是讓與六四相關的某些辭彙脫敏，或者是重塑李鵬、陳希同等人的歷史角色，種種跡象顯示，新一屆中共領導人正試圖應用更為細膩隱晦的手法，既要擺脫六四鎮壓這個前人留下的沈重政治包袱，又拒絕將正義歸還給歷史和人民。這些政客式手段，將使歷史更為扭曲，再次傷害死傷者及其家屬，也為民族心理造成更為深遠的遺害。

　　八九年的大規模民眾抗議，在極短時間內蔓延全國主要大中城市，就連鄧小平本人都極為看重當時「國際大氣候」與「國內小氣候」的有機關聯。其中種種面向，多重事件的過程和細節，或可條分縷析，分別探討，但分辨的基礎和前提，卻必須是作為全景式大事件的歷史。這就像全景式的文化大革命，作為歷史看待時，不能將毛澤東和四人幫的所作所為任意切割。但八九年全景抗議與文化大革命時的「奉旨造反」又有根本不同，因為八九抗爭的核心，不是追隨哪一位「英明」領袖，而是要求還政於民。

一、胡耀邦與鄧小平

　　同為中共黨內高級幹部，胡耀邦比鄧小平資歷淺，兩人又共同走過逆轉毛澤東文革路線、戮力改革開放的最初幾年，可以想見，儘管在鄧小平壓力下最終失勢，胡耀邦仍對鄧小平保有基本尊重。反過來看鄧小平的態度卻未必如此。事實上，華國鋒時期，鄧小平還只是國務院副總理，胡耀邦與其他黨內元老配合，在中共中央組織部長任內，於 1978 年春天承擔了為全國絕大多數右派摘帽的重大舉措，以政策實績，呼應「實踐是檢驗真理的唯一標準」的大討論，為鄧小平走出「兩個凡是」的陰影鋪墊了道路。

　　但胡耀邦黨性雖強，卻也因文革而有切實反思，並相信諸多政策方向，都有必要重新確立追求良善社會的原則基礎，而不是以人民或社會為敵。因此，1980 年開放區縣人民代表選舉，對他來說就不僅是一次孤立的嘗試，也包含了向社會和人民的許諾。到 1986 年再次面臨區縣選舉，因中央收縮許諾引起學潮抗議，他就出現了「自由主義」的問題，在鄧小平看來，胡在處理學潮時過於「軟弱」、不稱職，必須下臺，這與當年胡幫助鄧重返權位沒有直接關係。此後兩年，改革進入瓶頸，大學生對現狀特別是對鄧小平作為太上皇不滿，轉而認定胡耀邦是代他們受過。八九民運因胡耀邦逝世而風潮突起，看似偶然，其實有必然聯繫，這不是中共官方任意切割就能抹煞的歷史因緣。

　　另一方面，如今頌歌聲中的鄧小平，被視作改革開放的「總設計師」，這個形象其實也極為可疑。根據中共自己的官方網站記載，鄧小平恢復工作初期，分工掌管科技文教，並沒有插手經濟領域。他迅速贏得的社會聲望，既有毛澤東去世前將鄧二次啟用又再次罷黜所積累的民意基礎，也來自他在科技文教領域大刀闊斧的變革——1977 年底重開高考，1978 年初召開全國科學大會，用「科學也是生產力」為當了十年「臭老九」的知識份子正名。知識界因此迸發出的擁戴，裹挾了巨大的公共輿論能量。這年年底的中共中央工作會議和十一屆三中全會，已經決定了他的最高位置。此時離安徽小崗村農民包產到戶的消息傳出，還有一年左右的時間。他重返高位並非由於經濟改革的成就。

　　而一旦農村經濟改革見效，鄧小平第一個不耐煩的就是知識界的聲

音和社會文化的活力。「一打三反」，「清除精神汙染」，以及「堅持四項基本原則」，「兩個中心一個基本點」等口號，他的標誌就是毫不手軟。無論他和胡耀邦私交如何，黨內關係如何，後人發掘這段歷史，都可以發現，這是八十年代中期，他們兩人之間最大的不同。胡耀邦保留了「還政於民」的願望，而鄧小平已經開始播撒「穩定壓倒一切」的種子。這也是鄧小平不可能從六四血腥鎮壓中切割出來的原因。

二、人道立場與政治內涵

因其突發且持續時間相對短暫，八九民運這個特定的全景式歷史事件中，具體個人的作用相對有限。除了官方不惜一切清場鎮壓的最後決定以外，包括趙紫陽、閻明復、方勵之、嚴家其、劉曉波、王丹、吾爾開希在內的許多個別人，對這一點應該都深有體會。在這個意義上，我們可以再次肯定鄧小平有關國際大氣候和國內小氣候的觀點。也因此，我們有理由質疑那些認為柴玲是個例外的意見。很多當年的參與者，面對血腥屠城下的慘敗，寧可認定事情都是壞在柴玲一個人手裡。上世紀九十年代，這類意見還是伴隨著對政府罪行的譴責。隨著時間流逝，類似意見發生變形，先是有要求「雙方」各自讓步以求和解的聲音出現，其後又有官方身段放軟、民間不再追究的輿論趨勢，特別是在高校學生等青年一代中，官方和抗議者各打五十大板的意見漸漸佔據主導。

這種趨勢可以從另一個角度來觀察。首先，二十四年來，六四紀念在大陸和香港逐漸有強調人道立場的調整（例如，天安門母親群體和海外的「我要回家」造勢），客觀上削弱了對八九抗爭政治含義的認知。其次，歷年來對八九民運史實的梳理認識，越來越受到中國經濟成長的困擾，在需要更深入分析認識八十年代大趨勢的時候，卻少有成果，今年香港羅永生的紀念文章涉及這個理路，值得注意。再次，在持續的嚴屬控制打壓下，紀念者對官方有了相對固化的歸類和譴責，也造成反思和分析的能量總是單方面地投射在學生這邊，其中就包括上述那種怪罪柴玲的意見。這三個因素的共同作用，既將八九六四尖銳衝突中的當局一方，推到了事件背景的陰影中，又將其提昇到作為較長階段歷史角色的高度，令其俯瞰當年的抗議者，而不是平衡審視衝突雙方。美國學者

傅高義的《鄧小平時代》一書，是這個趨勢最突出的代言人之一。

　　這個趨勢的另一面，就是日趨放大譴責柴玲等人的聲音。六四屠城之後，鄧小平及其擁戴者一直在為軍事鎮壓辯護，聲稱開槍是迫不得已，並指認學生和抗議民眾才是造成傷亡的直接責任者（毋庸置言，這種辯護決不會言及那些遭到判刑關押及其他後續迫害的人士）。隨著以鄧小平為首的當局一方形象有所轉變，這種反咬一口的強詞奪理，在謊言重複千遍的狀況下，竟然逐漸被許多人接受，似乎只要能坐實柴玲等人的錯誤，屠殺的責任就真的應該由和平的抗議者承擔。同時，晚近各種譴責柴玲的版本中，有些同時包括李錄和吾爾開希，甚而以刻意的曲筆，將當年參與者原本很少提及的港支聯（香港人民支援大陸愛國民主運動聯合會）一併列舉。這種歷史敘述，相當於將港支聯指認為導致六四鎮壓的幕後主犯，直接間接打擊港支聯每年堅持紀念六四的信用與威望。今年港支聯紀念口號以「愛國」開頭，引起不安反響，也可以看作是這個趨勢的一種反映。好在港支聯立即做出調整，重申堅持多年的結束一黨專制等口號。可知，紀念六四，必須要堅持還政於民的基本立場。

三、「見好就收」與妥協的藝術

　　由於這些新趨勢，有些問題需要重新探討考量。六四之後不久，胡平提出「見壞就上，見好就收」，認為民主運動面對壓力時要敢於頂風上，見到成果時又要能及時收束，以求鞏固成果；而天安門遭遇清場，就是因為沒有做到這一點。這種策略思路有二十世紀的時代色彩，未必適用於今天國內的狀況。對照八九民運的發展進程，可以說，"4.26"社論之後，頂著市委層層下傳到各校的壓力，"4.27" 大遊行獲得巨大成功，贏得全面輿論優勢，就是一個見壞就上的成功例子。「見壞就上」比較容易實現，因為「壞」往往能激發出同仇敵愾、不怕犧牲的精神力量。困難的是在政治運動中如何確認見好就收的「好」已經出現。

　　實際上，這種策略思路有二十世紀政治組織的時代色彩，因為要確認策略轉折所需的「好」已經出現，運動必須要有相對成熟的政治組織，有相對明確的宗旨，有確定的基本目標和言說策略。從中共的革命

黨邏輯看，堅定正確的政治方向，和靈活機動的戰略戰術相輔相成，才能保證實際運作過程中收放自如。在歷史演變中，中共這個邏輯成了在大方向正確的前提下，可以不擇手段。發展到現在，不擇手段成為常態，大方向正確與否完全成了公關處理，不再有追求社會公平正義的內涵。改革以前成長起來的一代，容易接受這種邏輯。但是由於中共對政治結社權利的嚴厲打壓，直至今日，中國民眾都難以在運作政治組織方面積累起碼的經驗和資源。八九年包括學生組織高自聯和工人組織工自聯在內的各個團體，同樣缺乏這樣的積累。有一個政治組織，具備收放自如的運作能力，能夠有效實施見好就收——這在廣場當時的局面下，可以說是過於奢侈的期望。

但是，如果考慮到當時運動的意識形態號召主要不是團結一致步調整齊，而是自由和民主，再參考二十多年來世界各地的顏色革命和茉莉花革命，絕大多數都不是基於民眾方面強有力的政治組織，則「見好就收」很可能本來就不是這種運動的選項。八九年因胡耀邦逝世而爆發的大規模民眾抗議，長遠目標固然是實現民主化政治改革，但因其以自由民主為號召，抗議運動內部在手段和程式上不能不受到一定約束，有著與革命黨完全不同的邏輯。當時出現的民眾組織，如高自聯工自聯或市民聯合會等，追求的正當性（legitimacy）是自下而上的民主自治；再如首都各界愛國維憲聯合會，將正當性建立在公民自主聯合、共同維護憲法的基礎上。這些組織內部運作的邏輯，基本上都是追求共識而不是強化紀律。因此，是否已經見到「好」，本來就是當時很多人無時無刻都在不停辯論的問題，並不是說這些表層組織的核心人物內部決策就可以確認。

近年來，與此類似但更為流行的說法是，政治是妥協的藝術，天安門學生不懂得妥協，所以造成血案。這種說法以模糊泛化、似是而非的論述，將屠城歸罪於學生，與胡平那種有明確前提立場的討論有根本區別。問題在於，血案究竟是由於誰不願考慮妥協，是學生還是中共當局？絕食開始以後，學生的要求其實就是兩條：「立即直播〔對話〕；不是動亂。」按說這些並非闡述運動宗旨或方向，也不是要求立即實施民主化。顯然，如果學生方面「妥協」，就等於承認前幾個星期的運動

確實是「動亂」，那麼，不要說絕食，就連曾迫使當局（袁木、何東昌等人）著手與學生對話的 4.27 大遊行，也將變得極為可疑。

面對這些幾乎是策略性的要求，中共統治者的首要考量，卻是絕不在言辭上退讓，拒絕公開承認「4.26」社論說錯了。文革後的思想解放和反思，本來就是從大膽承認錯誤開始，對胡耀邦來說，這是基本原則；可是在鄧小平那裡，卻成了權宜之計：一旦權力鞏固，就不再退讓。這才是血案發生的最根本原因。在某種意義上，1987 年初胡耀邦下臺，已經標誌了「經改政不改」的新方向，尚未絕望的民眾與鄧小平為首的權力集團之間，遲早要爆發一次激烈對抗，才有可能令民眾死心，消極接受「穩定高於一切」，積極參與「發展是硬道理」，在暴力威脅下忘卻政治改革的必要。

四、策略爭論

這並不是說學生當時只能一味堅持自己的要求，沒有策略選擇餘地。除了正式提出的立場和抗議要求以外，抗議者一方在若干層面上都有策略選擇的可能。二十四年來，柴玲飽受詬病的主要原因，就是主張堅守廣場，反對撤離。不過，是否堅守廣場固然是重要的策略爭議點，但主觀上希望將抗議學生帶出廣場的人，也曾出現訴諸「激進」手段的情況。我們需要釐清的是：柴玲當時在廣場上是否完全個人獨大，一言九鼎；如果並非如此，她是在什麼意義上、什麼程度上受到制約，這些制約又為什麼會被以往的討論忽視。必須說明，這裡關注的，並不是如何評價柴玲這個人，尤其不牽涉她流亡海外之後的言行。

當年，學生是否需要佔據廣場，之後是否撤離、何時撤離、如何撤離，從胡耀邦追悼會開始到六四清場，有關這些問題的爭論貫徹始終，到處都有熱烈的討論，積極貢獻意見者所在多多，不計其數。其中最突出的兩個情節，可說是首都各界愛國維憲聯席會議牽頭設立的「保衛天安門廣場總指揮部」和六月二日開始的劉曉波等「四君子」絕食。這兩次的參與者事後直至今日，都聲稱當時目的是要將學生撤離廣場，可惜功敗垂成。但他們事與願違的原因，卻並非完全都是因為柴玲或其他「激進」學生。

從自覺選擇的手段來看，聯席會議在內部討論說服柴玲等人之後，做的第一件事就是五月二十四日在廣場中央的紀念碑上召開「保衛天安門廣場誓師大會」，宣佈成立保衛天安門廣場總指揮部，而且「任命」柴玲為總指揮。會上宣讀的時局聲明，明確地說，我們已經沒有退路了。事後衡量，這些措施哪一個也不像是要讓廣場上的抗議群眾做好撤離的準備。「六二絕食」聲明語氣上有所不同，著重在呼籲政府和學生都要反省各自的不足；但現場實際效應，幾乎有過之無不及，數萬人興奮地圍觀，無異於為焦慮疲憊的人們打了一劑強心針。

　　再看文本，廣場指揮部誓師，用的是檄書口吻。四君子則兼有檢討和規勸。他們的現場動員效果，更多來自明星效應，而不是文本理性說服的力量。問題在於，如果文本的目標讀者是廣場上的民眾，如果作者希望民眾聆聽之後能夠增加道德的和理性的自信，增加適應策略靈活性的承受力，則比較有效的進路，恐怕需要「成績講夠，缺點講透」。當時廣場上大喇叭每天散播渴望又無奈的焦慮，已使一些人意識到這方面的問題，開始思考適當的出路，可惜沒有能夠真正著手處理。戒嚴後知識界介入的這兩次，目的與手段如此大幅脫節，很值得後人省思，也顯示出單純指責柴玲的不妥。

五、形式民主是關鍵

　　對柴玲堅守廣場的簡單化批評，直接關係到如何看待八九年的民眾抗爭運動。二十多年來，知識界的公開言說和官方的隱晦導向，常常似是而非地指責說，廣場上的學生組織等級森嚴，要是真上臺了，肯定也是搞專制，可能還不如共產黨。這些言論潛移默化的影響，似乎已使很多不瞭解當年情況的青年在心目中否定了這是一次民主運動。這裡有四點需要討論說明。首先，這些言論的最大謬誤在於，爭取政治權利、要求參政議政的群眾性民主運動，與一個國家的民主化進程，是兩個雖有關聯卻並不等同的事物，台灣和經歷過類似民主化進程的政治社會，早已將這二者的關係向世人展現得清清楚楚。

　　其次，當時的所謂等級森嚴，只是廣場上（特別是紀念碑上面）糾察隊維持秩序給人留下的印象，其實學生群體內部的自治會或籌委會

等，組織架構都非常鬆散，當時高校學生中，始終有層出不窮的各種小分隊、小團體；前面提到的關於策略和戰略大方向的論爭，也是多頭並進。有絕食學生後來曾回憶並埋怨說，絕食期間廣場上糾察總指揮漫天飛。那是因為絕食開始頭三天，廣場人群急遽膨脹，糾察隊學生得不到替換，餓著肚子維持秩序，比絕食學生還要辛苦。包括天津來聲援的大學生，都很快就加入了各校自己臨時組織的糾察小隊。這種狀況後來有所緩解，才會有廣播站周圍和紀念碑上面「等級森嚴」的印象。但即使後期，學生們仍然主動採取各種行動。例如，五月十九日晚發佈戒嚴令、絕食團宣佈結束絕食（一個跟「見壞就上」反其道而行的步驟）之後，從豐台到安定門，環城各大路口都有學生和市民一起擋軍車，可是沒有幾位是廣場指揮部或者高自聯有計劃地派去的。

再次，這就關係到廣場上核心組織的正當性來源。雖然沒有甚麼組織紀律的約束，而且學生自發活動的空間那麼大，積極性那麼高，可是廣場上即使在政府方面似乎有意不動聲色的時候，都沒有發生山頭林立的爭權惡鬥（所謂「綁架」柴玲封從德夫婦的小插曲除外），原因何在？胡耀邦四月十五日逝世引發學生運動，到五月十三日絕食開始時已延續將近一個月，學生自治組織公開活動也有將近三周，其間藉以支持自身合法性的根本基礎，就是通過各種形式的選舉體現出來的校園基層「民意」。當絕食以脫離高自聯組織的個人名義發起並移師廣場時，這個民意基礎曾受到威脅，給人以學潮是基於個別領袖魅力的表面印象。但事實上，堅定絕食者很快就發現了這個問題，及時召開了各校絕食代表出席的廣場營地會議。這個會議雖然沒有過多少真正的討論，但每天聚會時都有提案和投票表決的程式，在形式上建立並鞏固了絕食團內部的權力架構。這也是絕食團在絕食開始兩天後，得以成功拒絕更多自願者加入的根本原因（當時絕食人數已經從一百多人猛漲到三千左右）。

但是，一旦絕食結束，這個正當性來源就消失了，高自聯遂成為廣場上唯一享有權力正當性的組織，而其正當性仍來自於絕食前的校園民主程序。五月二十二日深夜，重返廣場的原絕食團指揮部成員和高自聯在廣場的代表（主要是筆者本人）達成協議，高自聯回校園整頓，將廣場領導權力移交給當時建立的「廣場臨時指揮部」（基本由以柴玲為

首的原絕食團指揮部成員組成）暫行管理三天。顯然，絕食團人員當時對於自己權力的正當性也缺乏底氣。就是在這三天裡，聯席會議插手進來，給柴玲戴了「保衛天安門廣場總指揮」這頂大大的帽子。高自聯完全沒有意識到這個新發展，還在以北大校園為基地，重建各校認定的關係，重組常委會，試圖重建合法性的形式基礎。但三天後重返廣場時，已為時過晚，廣場指揮部已經完全不予理會，即使在香港聲援者的多次撮合下，仍最多只願表示同意合作。

問題是，聯席會議雖然經手催生了廣場指揮部，卻沒有意識到，聯席會議本身的政治權威，其實缺乏建立在起碼是表面民主形式上的合法性基礎。與聯席會議諸公不同，指揮部成員已經有過絕食團的經驗，立刻抓住這個機會，重新設立了廣場上的營地會議，作為

雖然粗糙但有民主程序表像的權力基礎。正是這個營地會議，行使了否決聯席會議決議的權力，賦予了柴玲改變撤離承諾的正當性，而聯席會議諸公面對這個「政變」，不但當時束手無策，而且事後至今都不情願從權力合法性來源的角度去反省。

最後，必須補充說明，八九年天安門廣場上的學生「領袖」們，不管當時或以後名聲多大，一般都有缺乏底氣的弱點，其實都在努力尋找可以賴以立足的「組織」，尤其是具備民主形態的組織。唯一的例外，據筆者觀察，是並非漢人的吾爾開希，從胡耀邦逝世初期在新華門前的抗議，到戒嚴令後懇請廣場學生撤離，他是學生中唯一一位不懼於面對群眾普遍疑慮而能大聲說出自己的姓名，並以個人身份籲請聽者接受他意見的魅力型領袖。除此之外，一直到六四凌晨決定是否撤離時，絕食四君子中的劉曉波、侯德健等人都能夠以個人身份做出決定並出面與不同勢力交涉，而指揮部中，柴玲卻無力面對廣場上的學生，完全自我消音了，最後決定還是要由封從德以非常不可靠、但仍然具備形式民主表像的「同意」喊聲來支持。

六、紀念八九民運，堅持還政於民

柴玲等廣場指揮部人員對形式民主的依賴，最好不過地表明瞭八九年抗爭的民主性質。當時的學生和市民，對此都有雖未明言但相當默

契的認識。作為公民個體，每個人都有本應受到憲法保護的權利，去通過民主途徑參政議政。這是民眾得以激發出極為高昂的參與意識和犧牲精神的根本原因，普通人內在而罕見的公民精神的昇華，最終譜寫出了六四抗暴可歌可泣的壯美，至今感動著全世界嚮往正義愛好和平的人們。正是在這個意義上，我們可以毫無愧色地堅持說，這是一場偉大的民主運動。

毋庸置疑，柴玲等人主持的廣場營地會議，只是一種虛假的民主，因為那不是基於一般包涵衝突立場的社會選區。當時仍然堅持在廣場上的人們，是經過了自我篩選、政治意願高度一致的人群。何況，他們所秉持的名義，是各自所在學校，他們遵循的所謂民主形式，卻排除了考慮各自學校裡存在反對意見的可能性。這是營地會議民主表像下的致命缺陷，但慣於以個人身份行動的聯席會議諸公，既沒有注意到柴玲立場反覆的「體制」支撐基礎，也沒有能夠看到這個基礎的虛假性。他們的失敗，其實不是敗在柴玲這個年輕女生的手裡，而是敗在他們自己缺少對民主的敏感性。

對比營地會議，高自聯依賴的形式民主的組織基礎要強很多。絕食初期，當參與者堅持說他們只是以個人身份加入絕食時，高自聯作為一個組織形態，曾被動地取消了有效的行動能力。但除此之外，高自聯始終是有可能抵制營地會議並轉變事態的唯一組織機制。可惜，當時極為熱心參與、幫助協調的首都聯席會和香港來的朋友，注意力幾乎完全被與政府的博弈佔據，都未能重視運動內部民主機制的關鍵作用。同時，我們也必須指出，高自聯有其自身內在的局限性。即使這個學生自治組織能夠如願以償地存在下去，大學校園仍然不是最「自然」的公民聚居區域。就像鐵打的營盤流水的兵，當年大學生在校園內的生活，實際是脫離實際社會環境的短暫非正常時期。這一點，當時高自聯的一些活躍分子已經有所認識。

八九民運和六四抗暴是中華人民共和國歷史上極為重要的一頁，也為生活在中國這塊土地上的各族人民留下了極其寶貴的政治遺產。這個歷史，絕不容中共當局永遠遮蔽掩蓋。

——2013 年 6 月 3 日於法國南特

8. 抗拒無形的黑名單

一九八九年的春天，在中國，以北京為中心而全國響應，成千上萬的人走上街頭。和平的請願示威持續了一個多月，終於遭到政府的武力鎮壓。至今，死傷者的親屬仍須自覺地把自己的親人列入無形的黑名單。

對持續至今日的這種無形黑名單的默許默認，就是縱容自己對良心的否認，就是縱容自己與暴力同謀。更無須論那些積極活躍地為這種無形黑名單辯護的人了。與此同理，堅持紀念六四，堅持象香港支聯會那樣，不改變自己的基本原則立場，堅持要求中國政府「釋放民運人士、平反八九民運、追究屠城責任、結束一黨專政、建設民主中國」，也就成了對每個人良知的考驗。特別是那些八九年後生活在海外、不會直接受到政治迫害的人，正視這種無形的黑名單，正視自己無法用「無知」二字輕易抹去的一段個人歷史，正視自己改寫口號的企圖，已經成了每年六四將臨時的精神煉獄。每個人都在默默地昇華或沈淪。

正因此，這也是我們解讀評論六四文字的一把鑰匙。

一、

把生動鮮活的歷史事件變成學院式的文字辨析是非常枯燥的嘗試，但是一些基本概念是建設性討論的前提，不可不澄清。具體到六四，第一個引起爭論的中心問題就是如何定義北京發生的這一場事件。流傳甚廣的一種看法似乎是，一旦運動的民主性質不能充分建立，死傷者無形黑名單的存在就在所難免。

這樣的爭論常常忽略，定義的一個重要任務是確認作為內涵載體的參與形式。同樣常常被忽略的是，很多爭論實際上正是建立在一些沒有經過充分討論的對參與形式的事先假定上。如果把主要參與形式定義為「政治反對派」，就會不可避免地進入「見壞就上、見好就收」的策略討論。如果「完全是群眾的自發抗議」，就會回避對當時局勢變化的觀

案，以心理受挫解釋集體行為的必要性和決定性作用。而最具欺騙性的一種假定，是將當時的形勢變化納入一個三方互動的模式。這三方是，共產黨及其主持的政府，自由派知識分子，再加上以幾個激進學生領袖為首的學生組織。這種假定基礎上的分析，似乎同時照顧到了對政治形勢的觀察和對參與者心理條件的考量，因此有了更多的客觀性。但正是在這種分析中，八八年底八九年初，因自由派知識分子參與造成的京城隨處可感的躁動不安情緒，變成了黨內改革派與某些知識分子聯手合作沈著有序的一派樂觀；自胡耀邦逝世至戒嚴開始後的市民反應，純粹成了學生組織對知識分子理性聲音的有意阻斷，和對無知市民的肆意煽動利用。

這種分析的主要問題在於，在政府、自由派知識分子、學生組織、市民群眾特別是工人群眾等主要力量因素中，只有自由派知識分子和學生組織被當作有主動行為特徵的變量，政府和市民群眾只是作為消極變量而出現。

這樣得出的第一個推論就是，無論中共政府有多少問題，它有權利（不是權力）按照它自己——不經人民通過合法管道認可的——行為邏輯發脾氣。如果它發脾氣時您正好落在它巴掌底下，那麼對不起，誰叫您不尊重這個政權的「客觀」規律呢！中國人民的悲劇，因而不在於有了外加於他們、不受他們監控的龐大國家機器，而在於他們沒有充分承認這個國家機器的「自在」規律，不會象自由派知識分子自認為擅長的那樣去跟這個怪物共存共舞。根據同樣的道理，自由派知識分子在爭取改革的人們當中似乎獲得了一種特殊的寵兒地位，自認為有資格向一切不識時務地企圖從理論原則或邏輯推理上探討問題的人撒嬌抱怨，似乎原則的探討不僅是給他們正從共產黨手底下偷得的一點成果找麻煩，而且任何原則性指導下的政治實踐，在招來共產黨的報復時，都只是自取其辱。這正是他們不肯直言的對很多中國大陸政治犯的真實看法。影響所及，一些本人也曾成為政治犯的人物，來到海外以後，亦熱中於解釋自己並不想惹共產黨政府的初衷。

由這種推論指導的一種批評實踐就是公開地以中國民主前途代言人的身份對中共和學生領袖學生組織採取雙重標準。近年來頗多對八九學

生領袖作為「公眾人物」缺乏承擔相應責任的批評指責，很多言之成理，本人頗為心服。令人詫異之處在於，活躍地指責學生領袖的人們並不認為任何中國政府領導人應當象「公眾人物」那樣——更不必說作為「公職人員」了——對他們每個人八九年時的言行接受質詢或承擔責任。這正是這些人與香港支聯會的最大差別。如果所有這些口談民主的人不應該象韓東方那樣直接與中共政府在法理法制基礎上理論一番，而只應該把這個政府當成另一種怪物來順著毛捋，邏輯上，究竟誰在主張推翻、改換現存政府，倒真是個頗可玩味的問題了！

二、

　　這種三方互動理論中暗含的第二個推論是，八九年之所以走到一個無一方不受損的結局，是因為幾個激進派學生領袖壞了事。這兩年，越來越多的人開始接受這種意見，卻沒有看到這個推論的另一面。

　　如果八九年當時的局勢確如所說，只在幾個激進學生領袖的掌握中，則所有曾多少參與的北京市民都可列入受蒙蔽、受煽動的群氓之列了。但事實並非如此。僅舉一例。五月十九日夜政府宣佈戒嚴，正是大多數學生領袖急於在手段上從激進的絕食向軟化轉變後退的時刻，同時又正是民眾遊行從請願發展到示威的轉折點。二者關係並不是簡單的利用與被利用。作為自由派知識分子，為自己的失敗找到幾個明確的責任承擔者，不失為一種擺脫沈重的捷徑。但這種責任轉嫁距離合理的歷史解釋實在還差得太遠。

　　另一方面，作為一般的北京市民，不管教育程度如何，要跨過這道認識的「坎兒」，就要誠心誠意地檢討自己當時對中國命運與國際形勢的「無知」，以致誤入歧途。言外之意，即，政治的參預須以有資格忝列「精英」為前提。否則，局勢突變，個人受損，不怪自己倒楣又該怪誰呢！於是，無形黑名單的存在，不僅在中國大陸內共產黨的壓力下又，而且在海外得到自覺的維護：六四時北京的積極參預者們越來越羞於承認自己的「一時衝動」了。

三、

　　進一步分析，在這個推論中包含著兩個與群眾性政治參預相關的相當重要的問題。第一，八九年後吸收了不少貶義的「精英」一詞，近年來又在重新獲得某些正面的肯定。一些中國大陸的學者，面對幾十年平均主義政治壓力後接踵而來的商品大潮，正在呼籲重建「精英文化」和「精英精神」。本人以為，反對「媚俗」「從眾」、提倡批判反省等獨立思考的「精英」文化精神必須提倡，而保護「黑箱作業」、壓制參與權利的精英政治特別是有各種理論或明或暗支持的政治實踐中的精英特權，必須反對。任何人，無論教育水準高低，對國際形勢的最近發展瞭解多少，對國家政策目前的困難程度體會多深，都有權利表達自己的政治見解，而且有權利在憲法保護下選擇自己表達的工具和管道。舉例來說，在當前的中國經濟轉型中，大批國營企業職工和他們的家庭正在成為因過時制度造成的國家負擔的直接承受者和轉型的犧牲品。在非自願的情況下，他們的犧牲成就了一大批半官方公司向資本主義經營方式的轉化，也成就了一大批在這些半官方公司中養肥自己的原權力結構中的既得利益者。這些職工和家庭當然應該有權利以各種方式表達他們的不安、不信任、焦慮，要求政治表達管道和政治保護措施。再看八九年，尊重歷史，我們就必須記住，那一年鎮壓中的每一例傷亡都是在不承認個體區別、由偶然性決定的情況下造成的。因此，八九年暴力鎮壓中的傷亡者，無論原來是什麼身份、什麼教育程度，都有權利要求歷史認定他們受害的無辜性質。八九年群眾運動的每一個參加者，沒有任何必要把認真檢討自己的心路歷程，等同於自我否定當初參預的權利。

　　與此相關的第二個問題，是群眾運動式的廣泛性政治參與在法制仍待健全的社會中的合法性。中國人的著述常把這個問題在八九年的表現與文化大革命中的紅衛兵運動混在一起，在參與形式的表面類同下，掩蓋了權力結構帶來的根本不同。

　　紅衛兵運動是以官方主導意識形態的實際執行者在社會中出現，並據以設定理想的社會成員的標準和規範，實際裁定各個社會成員的等級並因而獲得打擊「等外品」的權力。這是為什麼紅衛兵運動中會有前所未有的強烈的理想主義精神和駭人聽聞的暴行共存的基本原因，也是

為什麼有些社會學研究者正在試圖做紅衛兵與納粹法西斯比較研究的重要原因之一。八九年的運動與此有根本不同。八九年是從官方意識形態的邊緣出發，在其整體邏輯結構中尋找尚未充分界定的話語，通過向權力中心意識形態的邏輯挑戰，來爭取生存空間和活動空間。八九年的學生雖然試圖將自己的行為和形象在絕食這樣的極端行為中純淨化，這些企圖不具有為其他社會成員建立規範和標準的內涵與效力。看看《絕食書》，這些「孩子們」明確意識到自己是在對「爸爸媽媽」「叔叔阿姨」說話。換句話說，八九年式的運動從沒有、也不可能獲得為其他社會成員劃等級並進而排斥打擊的權力。廣場後期對指揮部內部建立等級制度等企圖的及時強烈的抱怨和批評，正說明瞭這種運動無法把與其基本邏輯相悖的等級劃分引入執行層面。更不必說在整個社會範圍內執行了。這樣的運動，與納粹法西斯無從比較，與六十年代初美國的黑人民權運動則有本質上的共通點。

　　由於人類社會極大的複雜性，無論法律制度相對而論多麼健全的社會，都無法在絕對意義上充分理性化，因而也就為邊緣話語挑戰權力中心留下了永遠的可能空間。舊的邊緣話語走向中心，新的又會出現。當某次社會運動所代表的是這樣的挑戰時，權力中心得以實施壓制權力的定義界線就會變得高度模糊。這正是美國黑人民權運動和中國八九年運動存在的合法性基礎。這兩個運動在各自社會中史無前例的地位同時決定了它們所包含的巨大可能性，和佔領華盛頓大草坪長駐不撤的示威專業軍人的抗議有著層次意義上的不同。後者時襲用社會默許的運動模式來尋求社會結構認可的利益目標，實施中卻超過了實際制度能容忍的彈性。前者則是旨在改寫允許模式及其掩蓋下的基本原則，同時也要改寫現制度允許的彈性範圍。

四、

　　確實，在參與方式上，八九年與文革有一些表面的類同。除了鄧小平注意到的「娃娃們上街」以外，另一個重要的方面就是以社會勞動分工下的行業為基礎的、具選區性質的基層群眾組織。這裡，和文革時期的根本差別仍然是在與權力中心的關係上。尚未引起足夠注意的是，

八九年的這種方式與中國民主運動近二十年來的主要趨勢也不同，其後果和問題常常被民運固有的思維定勢所忽略，是無形黑名單得以持續的又一因素。

文化大革命中期直至八十年代末，除了僅在八十年代初有過一次的競選人大代表，中國大陸的民主運動多在少數精英討論求索，和突發且不具持久性的群眾場面這兩極之間搖擺。其中精英求索的主要參預方式就是同仁團體，從廣州的李一哲大字報，到七九年西單民主牆，直到王丹在北大的民主沙龍，基本屬於這一「出名」類型。而大學生在八十年代屢屢挑起的上街遊行則多屬於後一類「匿名」型，或是完全沒有組織，或是只敢採取極端秘密形式，如柴慶豐事件時北大學生試圖組織的秘密委員會。「出名」型，參預者的個人身份獲得了遠遠高於其作為抽象社會成員的價值；「匿名」型，參預者的抽象社會成員身份則完全取代了民主賴以假定的參預者個人的責任能力（這裡暫且不談當時中國大學生享有的特殊抽象身份）。

八九年展現的是城市社會成員在二者之間找平衡的努力和嘗試，平衡的焦點在於聯繫抽象身份和具體身份的社會組織要具有選區性質，使這兩種身份能夠會合於原則上不受政治鬥爭直接控制的「選民」聚集區。八九年的北京人還沒有從他們的歷史條件中走得太遠，他們發現的最方便的管道仍然是他們的工作單位。一時間，各單位的旗幟飄滿了北京的大街小巷。

以所屬工作單位為政治參預的基礎，改變了必須是已經獲得了啓蒙意識的個體精英的模式，也改變了一擁而上時除了便衣誰也不打聽他人身份的默契，反映出向「選區」式群眾參與發展的願望和可能。但是，這種發展第一不能等同於真正的選區，第二當時的參預者並沒有充分意識到這裡面所包含的完全和不完全的合法性意義。改革開放以來，工作單位在社會政治生活中的性質發生了顯著轉變，意識形態上控制個體的功能已成虛設，但限制其定義的權力沒有變，表面的定義也還沒有變。鎮壓發生後，工作單位作為政治肌體的基層部件，控制的定義和控制的功能之間的反差，突出表現在以單位身份壓抑取代個體身份，以便保護個體。

出於同情和理解，也是出於同樣的處境同樣的恐懼，我們曾熱烈歡迎並支持大多數北京人在六四鎮壓後選擇的這種與政府對抗的方式。在每個個例中，六四前的所作所為成了公開的匿名，那時的一切被轉化為無主名者的行為。八年過去了，赤裸裸的政治軍事高壓已非每日的現實，我們有可能也有必要檢討當時行為的後果，認識在那種特殊的無言抵抗中隱藏的不公正——原本是成千上萬個具名個體的匯流，現在被外在地劃分為可匿名和不可匿名兩部分。當不可匿名的那部分被簡單地劃在「出名」一類時，不僅中國民運又走回到了八九年前匿名出名兩類劃分的老路上，而且，那些不幸無法得到海外注意，特別是那些由於大兵偶然擊中造成肉體傷亡而永遠無法進入匿名群的、原本同樣普通的參加者，就註定要被所有的人遺忘在歷史的陰影裡。堅持不肯被遺忘的本人，和堅持不肯遺忘的親屬，就成了方政、丁子霖、李海這樣孤獨的抗爭者。而他們又只是被迫匿名者中極少的一部分。

五、

進一步考慮這個問題，我們就必須回答誰是無形黑名單的直接責任者和主要維持者，就必須堅持追究官方的責任，持續不斷地要求重新評價六四鎮壓。

日前看到香港現任立法會要求中國政府重評六四的報道，其中提到香港自由黨議員表示對八九年當時誰對誰錯不好評價，因此對這一提案只能棄權雲雲。這種說法之不能成立，就在於其前提是假定誰對誰錯在中國大陸是一個可討論的問題，而不是一個已經被政府暴力強權貼上了封條的凶宅。與八九年新聞工作者抗議「不要逼我們撒謊」的情況一樣，今日中國大陸境內的公民，在正常的公開生活範圍內，必須接受政府暴力規定的結論，異議只能假以匿名。該議員想必還沒有糊塗到以為八九年以前被「逼」撒謊的新聞工作者那時已經都在黑牢裡走過一圈了。這裡要爭取的，是一個既非追求出名、亦非滿足於匿名、而是要每個公民都可以堂堂正正地以自己的本名負責任地說話的政治環境。願不願說、什麼時候說、怎麼說可以是每個人的選擇，至少那些選擇了願意現在就直接說出來的人應當沒有受政權機關政治迫害或經濟要挾的顧慮和危險。

與這位議員的說法異曲同工的，是為中國人民解放軍在八九年前後政治角色的辯護。這就回到前文涉及過的案例：美軍將領麥克亞瑟出動坦克機槍驅逐在白宮前大草坪（實際上是在對面的河岸上）安營紮寨長駐不撤以抗議的退伍老兵。比較軍事力量在這兩個事件中的作用牽涉若干層面的問題，需分別說明。

　　首先，兩個事件中，抗議者與現存制度的衝突方式衝突程度有所不同，上文曾談及。尚未說明的是，在一九三二年武力驅逐示威老兵時，雖然老兵們一直注意到自己的要求應有局限，這種有限性並未被出兵驅逐的當局承認。現場督戰的麥克亞瑟將軍當天夜裡就絕對肯定地對新聞界說，他所執行的是胡佛總統最英明及時的反對共產主義分子顛覆美國政府和社會制度的陰謀暴亂，胡佛及其主要行政長官口徑一致的解釋來得都比這位將軍晚。麥克亞瑟還說，如果當天被驅散者中十個裡面能有一個是真正的老兵，都足以使他驚訝。而緊隨其後的，是行政和司法部門不能不做的調查，結果證實百分之九十四的參加者名列領取退伍救濟金的註冊名單。正是這些調查和媒體公開的辯論或攻擊，在隨之而來的幾年裡損了將軍的名聲。他後期恢復了的名聲明顯影響了後人對一九三二到一九三四年他政治聲譽的理解，是顯而易見的。

　　由此可知，即使客觀上的衝突方式和程度有不同，這種不同並不就是一個政權使用軍事武力殺傷和平請願者的合法性證據。權力中心需要意識形態的解釋。這也是同樣的軍事驅逐場面即使在美國也沒有重演過的重要原因之一，就象當初的《排華法案》不會再以簡單方式重演一樣。

　　同時可知，兩個事件中，善後的責任負擔截然不同無從比較，是原引述者（有意？）回避了的。如果一個政權確是出於不得已而動用軍事力量對付非武裝的示威民眾，軍事領袖與該政權中政治領袖在善後中自然需要密切配合。但配合到壓制新聞報道、禁止行政單位或任何公民個人相對獨立的調查，就絕不是「國家安全」「緊急情況」所能解釋的了。

六、

　　這就與軍隊國家化的話題有關了。如果說軍隊國家化的標準是軍隊運作只接受國家權威，不受個別軍政領導人或政黨政治的控制，中國人

民解放軍可以說從其建立之日起，就符合這樣的條件。由提升、擴編等一系列具體實施制度決定，中共黨政軍領導人在軍隊內部的威信再高，高不過他們作為黨和（建國以後）國家代表的形象，也因此不足以支持個人的擁兵自重。軍權問題必須在黨內解決，即使毛澤東亦無例外，這正是毛澤東整軍事強人的拿手好戲。建國以來的唯一例外就是捉拿四人幫，仍然是迅速轉換成政治戲。因此，中國軍隊國家化的關鍵不在這支部隊缺少理性和敬業精神，也不是解放軍某部只接受個人權威而軍令有所不從。

中國軍隊今日的主要問題在於兩方面。第一是它在高度自成體系的制度下，除了共產黨中央內權力平衡的制約，不接受任何機關的監督。即使軍隊直接涉入政治決策甚至直接涉入經濟活動以至貪汙犯罪，不待軍隊自身出現危機，問題便無從解決。就這一意義而言，今日解放軍的發展趨勢不是樂觀者願意看到的軍隊國家化，而是一個絕對的獨立王國，像泰國軍隊那樣，不僅在軍事上，而且在政治財政方面都不受監督地獨立於它本應絕對服從並服務的國家。

第二，這支軍隊與國家政治的關係，充其量只是不參與黨內派爭。它還沒有見識過非一黨專政的政黨政治，還沒有機會服務於一個不受制於一黨專政的國家機器，因此，它還沒有表現出區分國家危機、黨內危機、政府危機的能力，它對黨外政治歧見衝擊的抵抗力也還是一個未知數。只要設想一下，今日台灣的軍隊是否要特別服務於國民黨、民進黨、或新黨，就能理解真正的軍隊國家化在這一點上的意義。

從這個角度看，毫無疑問，中國人民解放軍在一九八九年扮演了一個極不光彩的角色，在國家尚未遇到決定性危機的時候，以軍事力量支持一個政黨、一個政府的現有生存狀態，以武力解決該政黨政府與和平示威者之間的政治矛盾，其軍事介入是從軍隊國家化方向的倒退而不是向這個方向的進步。這一點在六四的善後工作中表現更為明顯。直至今日，國防部長遲浩田仍希望他的聽眾信任他作為軍人的職業道德，相信他的保證，在他總參謀長任上，天安門廣場沒有死過一個人。

我們懷疑他的話，不是因為懷疑他從死人堆裡爬出來的經歷，而是因為他的軍隊正和政治聯手，繼續遏止有關六四的不同聲音。不到六四

事件可以公開獨立地調查的那一天，不到當時所有外省赴京學生都可以公開查找下落的那一天，我們無法信任遲浩田軍人的榮譽。在驅逐示威老兵的當天，艾森豪威爾對麥克亞瑟曾有過另一個忠告，是這個案例的中文引述者未曾提及的。當麥克亞瑟得意洋洋趕去新聞發佈會時，他當時的手下勸告他把這種事留給文官辦理，因為這本來就不是一次真正的軍事部署，而是一個政治行動。什麼時候自認已經邁向軍隊國家化專業化的遲浩田國防部長及其辯護人能夠承認六四鎮壓的實質不是一個軍事計劃，而是軍隊被政治利用呢！

同樣從這個角度看，市民的徒手擋坦克與軍人的敬業精神失去了相比的可能性。

更何況，直至今日，六四鎮壓的軍事威懾力量仍是維持無形黑名單的主要因素！

——寫於 1997 年六四紀念日前

9. 歷史的重力

　　時光荏苒，一九八九年天安門民主運動和之後的「六四」血腥鎮壓已經過去 28 年。牽頭創立「天安門母親」群體的丁子霖教授已屆高齡；丁子霖和蔣培坤兩位教授的獨子蔣捷連「六四」遇難時只有十七歲。當年與他同齡的青年學生如今大多已為人父母，子女也許正在成長為十七歲的青年。由於父母極少公開談論「八九六四」，不少大陸年輕人認為一九八九年屬於父母一輩，不再與當下的現實直接相關。這種隔膜既是中共當局長年管控公共記憶的後果，又是社會結構劇烈變動時期，經由代際交替而放大了的言論審查效應。

　　「八九六四」的記憶從當下向歷史移轉，對堅持八九精神的努力來說，是需要嚴肅對待的新狀況。更重要的是，這種基於和平環境的一時反應，並不會根本去除中華文化傳統對歷史敘述的內在依賴。一旦社會遭遇重大危機，殘缺扭曲的歷史想像很可能會膨脹起來，充塞突然出現的言說真空，增加危險的不確定性。紀念「八九六四」，因此而具有了為未來維護歷史重力的意義。

一、

　　中共統治下，曾帶來巨大社會動盪和傷害的政治事件，能夠得到糾偏和「平反冤假錯案」的，僅只是偶然。實踐中的通例總是在沒有釐清真相、沒有追究責任之前，就匆忙推給「歷史」，並極力誘導公眾忘卻。被這樣處理的政治傷害，「八九六四」並非首例。中共八十年代初即曾號召「向前看」，以此處理「文化大革命」。不過，忽略過往公共記憶的趨勢正在逐漸增強，近年來已成為突出現象。這應該牽涉到更廣泛的深層原因。

　　事實上，「歷史」闡釋的嚴肅性正在受到大規模侵蝕。近十年來，中國成為新興超級經濟體與西方金融海嘯幾乎同時發生，直接影響到國

內學術思想界對世界的認知。簡言之，鴉片戰爭以來的屈辱、掙紮、不斷革命，不再具有積累經驗教訓的意義；主導中國思想界一百多年的「憂患意識」不再能夠支撐起各方爭辯的平臺。對「中國」的言說，也從過去的細說近代史轉向偏好以全球宏觀視野預測未來。這種情況一方面對應於人文學科地位普遍性下滑，另一方面又呼應了此前已經輸入國內的各種解構啟蒙敘事的西方「後學」流派。各個人文學科內部的既往傳統都受到不同程度衝擊。由於當局的關注，歷史闡釋受到的衝擊尤為明顯。古為今用，史為今用，注意力高度集中到「今用」。本來已有顯著進展的史料爬梳訓練，也在歷史闡述「今用」至上的影響下麵臨危機。

這樣的大環境，特別是例如對劉曉波浦志強以及重提清末立憲的《零八憲章》動用多種公權力重點打擊，結果，曾經格外敏感於現當代「週年紀念日」的中國文化精英和都市市民社會，面對正在不斷到來的一系列一百週年紀念，卻表現得越來越懶散。紛擾二十年的「新左派」和「自由派」之爭，在評價五四時，罕見地分享了從不同立場出發批評指摘不以為然的態度。與百年紀念類似的還有，2016 年文革發動五十週年，國內嚴控公開紀念的活動和言論，社會反響同樣是波瀾不驚，冷漠置之。

受此影響，逐漸進入「歷史」語境的「八九六四」，也被以各種方式視為於今「無礙」，最多不過是令人慨嘆而已。在言說光譜上，官方輿論固然普遍緘口不言，但當局也放任《環球時報》年年發表以攻為守的言論詆毀當年的參與者和今日仍堅守的民主人士；知識思想界為「六四」屠城文過飾非者不在少數；馬雲這樣全球矚目的 IT 商業界精英，為商業利益而公開為「六四」鎮壓洗刷；堅持紀念「八九六四」的少數人，越來越被隔絕在社會大眾視野之外。所有這些國內官方半官方輿論舉措，多多少少都基於八九天安門之後中國經濟並未崩潰、反倒迅速崛起的事實，並且基於一種共產黨做得不錯、當初鎮壓也是迫不得已的推論。這個邏輯推論影響極廣，海外並未受到中共直接控制或幹擾的華裔非華裔學者，有時也在自己的著述中加以闡發。甚至一些八九年之後的流亡人士，也常常疏於分辨。下面將從八九年時發生衝突的三種主要力量入手，簡要分析相關論述的謬誤之處。

二、

　　從當局一方來說，海外學者為中共「六四」鎮壓緩頰最著名的，要數哈佛教授傅高義。他的《鄧小平時代》一書（英文版 2011 年、中文版 2012-13 年出版），將八九年發生的天安門抗爭和其後的「六四」鎮壓看作是鄧小平在致力於改變中國的巨人偉業道路上，一個不幸的插曲。傅高義的態度更為清晰地表現在他頻繁接受的一系列訪談中。自中文版出版直至鄧小平死去二十年的今天，他面對媒體時，一貫刻意回避提及一九八九、天安門、「六四」，似乎中國的改革開放從 1979 年一路高歌猛進到今天，中間並沒有發生過重大挫折。這種論述方式在西方很少受到質疑，主要原因還在於西方媒體報道中國，常常需要簡介歷史背景，「改革開放三十年」或者「經濟高速成長三十多年」遂成為一般讀者耳熟能詳的通用套話。

　　不過，這種連續性思路在不少曾追隨趙紫陽的八十年代精英當中也很流行，其中很有一些後來流亡海外、終其一生都無法回國的重要人士。他們認為，中國經濟最近減緩之前在全球曾一枝獨放，其所依賴的主要經濟政策都是沿襲趙紫陽及其智庫在八十年代的開創性思路。真正的成就應當歸功於趙紫陽，而不是並未介入具體經濟決策的鄧小平。後來經濟發展中出現的問題，趙紫陽都曾考慮到，而後來的掌權者卻不肯採納他的意見。可以想見，在他們心目中，八九年的抗爭和「六四」鎮壓確實是不幸的轉折，並因黨內鬥爭導致了趙紫陽（及其追隨者）不幸的個人命運；但從經濟起飛的角度看，八九前後的延續性以及趙紫陽在其中的關鍵貢獻才是最重要的。轉折固然不幸，但其意義只是在趙紫陽的道義立場，轉折本身的歷史內涵，並不在他們關切範圍內。

　　這些觀點忽略了「六四」鎮壓對中共而言的歷史重要性。鄧小平的兩大口號，「穩定壓倒一切」和「發展是硬道理」，都是在「六四」之後才提出，也是那之後三屆中共領導人都恪守不變的基本立場。首先，這樣赤裸裸實用主義的口號，很難在八十年代語境下公開提倡，在中共黨內必然會遭遇各種不同阻力（所以才會在「六四」後同時強調黨內「不爭論」），也不可能被當時的社會所接受（所以八九民運才會有那麼廣泛的社會支持）。其次，這兩個「六四」之後的關鍵口號，保證了在加

入世界貿易組織（WTO）之前（2001年年底），中國經濟以低工資、低人權、高比例出口為標誌的方式，實現國際貿易基礎上的國家資本積累大規模增長；同時又推行經濟增長率GDP硬指標治國，強行關停並轉「改制」國營和集體企業，醫療、教育、住房紛紛「產業化」，將經濟轉型的成本負擔全部轉嫁給勞工階級和社會大眾。國家資本積累，負擔轉嫁社會，這就是所謂「中國模式」不可告人的獨家祕訣。其成功，端賴於鄧小平那兩句箴言的加持。再次，加入世貿後的新世紀裡，中國的國際貿易份額成倍攀升，國家通過大型國有龍頭企業掌控資本，與境外投資者合作，借助於將社會主要人口轉化為「房奴」等強制消費手段，實現向消費型經濟的轉化，得以又一次在強化黨國統治權力的同時，將轉型成本轉嫁給全社會，最終形成社會收入兩極固化，令中國經濟基尼指數長期滯留在最危險區間。最後，在所有這二十多年的實踐中，正是鄧小平那兩句箴言，保證了環境破壞的不可逆轉。

這些發展方式，在八十年代已經開始遭到各種方式的社會質疑，也是八九民運爆發的重要原因。沒有「六四」鎮壓，中共不可能以這樣的實際方式管控社會和經濟，以國家名義為自己的一黨專政攫取巨大資源，將發展成本丟棄給社會下層和後代。

三、

官方之外，評論者、學者、親歷者談論得最多的是走在一九八九年抗議風潮最前列的北京高等院校大學生。各種觀點中，最有代表性也是最有影響的，包括製作紀錄片《天安門》的卡瑪（韓倞）和寫作獲獎專著《天安門的力量：國家社會關係與八九北京學運》的芝加哥大學社會學教授趙鼎新，二者都和上面談到的側重後續經濟發展實效的視角不同。卡瑪影片認定「八九六四」造成中國歷史發展本可避免的斷裂，而且造成斷裂的責任者就是主導抗爭的學生群體。影片解讀中國現代史的一條主線，是如林毓生等海外前輩學者早已提出，從五四到文化大革命一以貫之的一種「打倒一切、徹底解決」的文化態度（對此，國內學者朱學勤曾在八九後明確批評，認為史上並不存在從五四到一九四九並開往文革的直通車）；在此之上，影片挖掘出也是一以貫之的、青年學生

自視為民族進步先鋒及大眾對其盲目崇拜的狀況。到了八九年，兩個一以貫之糾合在一起，就成了學生完全聽不進理性意見，不知退讓妥協，只知道一味衝鋒刺激政府，最終鬧到不可收拾的地步，導致坦克機槍清場。對此類立場，筆者二十年前即曾質疑，這部電影作為歷史講述者，隱然將出動軍隊鎮壓的責任歸罪到受害者一方，顯示出道義觀念混亂以及歷史實用主義傾向。

趙鼎新專書雖然在副標題裡突出國家社會關係的概念，而且他本人也持續關注國家統治正當性議題並且近年有相關專著問世，但這本討論天安門的著作首先得到認可卻是在美國社會學領域的集體行動和社會運動分支，而不是得益於他對國家立基條件等方面的洞見。作為比較年輕的分支，相較於對社會群體現象（crowds）的探討，歐美社會學界關於集體行動和社會運動（collective action and social movement）的研究，傳統上更傾向於事先假定其中現代政治參與的道義正當性。像趙鼎新這本書這樣擱置政治參與正當性前提、分析社會運動由於內在缺陷和不足而導致慘酷失敗的進路，不說絕無僅有，至少非常罕見。其獲獎與受到重視，很難說與此無關。但是問題也正出現在這裡。趙著的主要分析思路，係將中共當局設定為相對穩定的既有體系，遵循其既定內在邏輯運轉，有預期可能；而學生方面則缺乏組織，缺乏意識形態基礎，易受情緒波動影響，而情緒波動幅度又格外顯著，同時學生本身和支持學生的市民群眾都受到經濟利益左右，因而整體上相對於政府而言極為不確定，行為找不到支撐點時就大量訴諸傳統意識，決策時極易走極端。結果，衝突雙方思維和行為上的不對稱，最終導致慘烈衝突難以避免。

正如餘傑評論此書時所說，這個思路無法說明為甚麼八九年的衝突最終會造成中共高層領導的內部分裂。問題根源之一在於趙鼎新使用資訊時的選擇性。趙著使用田野調查結果來證明中共統治正當性在八九年時已經從意識形態主導轉向依賴於經濟效益。但田野調查同時顯示的社會對道義和道德標準混亂的焦慮，在他的研究中卻只用於解釋社會在抗爭過程中對國家的「不理性」要求，沒有同樣用來解讀「國家」行為對其依賴的一面。以韋伯提出的傳統、理性、強勢人格等（現代政

治）正當性分類來看，八十年代後期，中共即陷入這三方面都遭遇危機的狀況——改革開放否定了既有「傳統」，清洗胡耀邦否定了理性，強勢人格也已經多方表態要嚴防重現。這些正是八九民運短時間內就興起蔓延成全國性動盪的重要原因。至於說趙鼎新試圖建立的績效正當性（performance legitimacy）模式，且不說理論上是否成立，在歷史實踐的當時將其說成是國家社會關係的主導因素，至少也是言過其實，用來敷衍北京學生的情況或屬差強人意，一旦擴展到全國範圍，立刻顯示出立論薄弱。

四、

卡瑪影片和趙鼎新專著在另外兩點上值得注意。第一點，兩人立場觀點或有不同，但他們提出的解說闡釋，從來沒有和那些用後續經濟發展貶低「八九六四」重要性的觀點發生過直接對立或衝突。相反，二類言說都成為國內在一定範圍可以被官方容忍的表述（試比較遭學生舉報、遭外來人員到校園圍堵抗議，並遭校方因課堂言論處置的大學教員）。第二點則牽涉到八九民運中第三支重要的社會力量，即，非學生身份的民眾。筆者相信，在試圖解讀八九民運和六四屠城的時候，任何將注意力侷限（這裡的定語是「侷限」）在學生所犯錯誤乃至「罪惡」行徑的立場觀點，無論主觀意願如何，都在客觀上帶來掩蓋當時社會動盪程度的結果，而且使得千百萬曾參預運動但長期陷入沈默的非學生人士被進一步消音。

大規模民眾參與的政治抗議，在多大程度上可以歸結為經濟問題使然，始終是各方爭論的焦點之一。以中共闡釋馬克思主義的傳統，經濟決定論可以回答一切宏觀社會問題。這是鄧小平一貫提倡「白貓黑貓」理論、在「六四」後又明確提出「發展是硬道理」的根本原因。從他提出後一口號的動機來看，這似乎可以理解為「經濟問題解決之前，談別的都沒有用」（這種理解顯然與毛澤東領導農民革命奪取政權的理論和實踐都存在尖銳衝突）。從另一個角度，經濟決定論又常常用來取消或否定社會事件的政治內涵，將其中的政治表達歸罪於「不明真相的群眾」受到「一小撮別有用心的壞人」煽動，並達到使用政權暴力來分化

孤立懲戒管控的目的。趙鼎新試圖論證的統治績效正當性，用經濟改革遭遇挫折解釋民眾參與天安門抗爭的動因，與中共官方言說策略不期而遇，也許並非純屬偶然。比較韋伯建構的正當性分類可以看出，所謂績效正當性，只能適用於既有秩序下的延續狀態，難以論證績效具備獨立且唯一的正當性價值。而韋伯提出的三類正當性，都有可能在挑戰既有秩序中發揮作用，足以形成新的政治權威，有取代既有秩序而建立新統治的潛力（例如：伊朗革命借助傳統，中共革命借助毛澤東個人魅力，台灣民主化借助理性）。

　　八九年民眾站出來聲援支持學生的規模之大，僅用 1988 年經濟改革的挫折作為背景解釋，遠遠不夠。筆者也是最近才意識到這種解釋的缺陷，而且是受到趙鼎新討論政治正當性的啟發。前面提到，八九年時，中共當局在韋伯分類的三種正當性方面都遭遇危機，假如民眾不滿確實表達在「績效」上，這個表達也應該和他們對政府的道德要求合併觀察。這是因為，績效和道德說教是當時中共當局維護統治的一體兩面，而當時那種陳舊的道德說教已經無力為民眾在商業經濟改革壓力下秩序分崩離析的時刻提供有效的參照。要說明這種狀況，比起我們當事人未必可靠的回憶，當時的文藝作品是更為有力的證據。例如，作家莫言 1988 年根據真實事件寫作的小說《天堂蒜薹之歌》；相聲演員姜昆 1989 年年初春節晚會上諷刺無規則的商品經濟氾濫，到了把天安門廣場改造成一個巨大的農貿市場的程度；作家王朔 1989 年春開始在雜誌連載的小說《千萬別把我當人》，分別生動揭示出問題不在是否要市場或者是否要商品經濟。真正的問題在於掌握政治權力的人們放棄維持社會公義的責任。這是天安門抗議者不斷向當局施加道義壓力的深層原因，而且與中共統治正當性面臨整體危機直接相關。

　　筆者曾撰文為「八九民運」之稱辯護，這裡不再詳述。簡單說來，卡瑪和趙鼎新引進比較視野的時候，基本是就中國現代史縱向比較，從五四到一二九到文革，等等；但只要將視野放大到世界範圍，就可以發現，比起八九年天安門抗爭來，組織更薄弱、立場更龐雜的突發集體行動或社會運動，比比皆是。重要的並不是說，抗爭運動是否像當年中共奪取政權之前那樣有組織有綱領，也不是說假如抗爭「勝利」，抗爭者

掌權是否真的會比共產黨更好（這是完全虛假且不能成立的比較）。關鍵在於，政治性群體抗爭是現代社會裡，公民政治參與的正當方式。其表現形式很可能因時因地因國家民族不同而有所差異，但其實質是相同的。不管存在多少經濟利益決定的個人動機，這種集體行動和社會運動在國家社會關係上，表達的是社會成員政治參與的強烈意願。在這個意義上，八九年春夏之交，中國境內數百大小城市裡千百萬人曾經參與長達一個月以上的和平抗爭，完全無愧於「民主運動」的稱號。

五、

　　事實是，自從軍隊暴力入場，像八九年那樣表達政治參與意願的全國性民眾大規模示威就沒有再發生過。小規模的仍然持續了很長時間，迫使中共當局一次再次重啓暴力手段，向世人證明其維護政治獨裁的決心。網絡時代得以迅速傳播資訊以來，廣東的汕尾、太石村、烏坎等地先後發生的抗議，都是明證。在社會因經濟發展而發生急速結構性變動時，民眾出於保護經濟利益的動機而要求有效行使他們的政治權利，正是「民主」的本義。而中共當局則在二十多年時間裡，特別是習近平執政以來，越來越明白無誤地表現出，在政治領域，他們的目的就是要獨霸所有政治資源，為此不惜使用公權力，打擊一切公民社會藉以活動的空間和堅持正當公民權利的活動人士。時至今日，政治意義上能夠容納不同聲音的公共空間已經極度萎縮。這是為甚麼堅持紀念「八九六四」在今天尤為重要。

　　此外，之前已經提到，中國現代史上一直有尊崇「憂患意識」的傳統，但在中國崛起為世界強權之一的大形勢下，這種意識正在失去作為各種立場共用思考平臺的功能。特別是在青年世代當中，像《義勇軍進行曲》那樣疾呼「中華民族到了最危險的時刻」已經失去其緊迫感，不再觸動人心。儘管中國仍然問題多多，當代年輕人也不再亢奮地寫作諸如「中國向何處去」這樣痛心疾首的大文章。目標高遠的年輕人放眼世界時，不是想像如何改造中國社會或是如何促進人類文明進步，而是如何能夠令中國有力地與美國抗衡。那些仍懷有善良意願，寄望於從底層做起改變社會的青年，常常遭遇到未曾預料的困境：只要心目中抱持了

「改變社會」幾個字，你就有可能成為「國家公敵」。從環境保護到提升女權的各種社會議題，都受到國家暴力機器的打壓和國家輿論工具的貶損嘲弄或攻擊詆毀；而為了促進消費刺激下的經濟成長，市場誘惑卻得到大張旗鼓的鼓勵。這樣的環境使得烏托邦想像和理想主義精神從青年聚集的社會生活中迅速流失。

在「救中國」不再是主旋律的時代，中國人是否仍需要想像一個更美好的社會並為之奮鬥，是中國與所有發展中國家都面臨的根本性問題，也是不少自詡「左派」的知識份子在過去二十多年裡不斷談論的話題。但是，在中共當局獨裁統治的歷史條件下，視而不見青年理想主義面臨的險惡處境，侈談中國革命傳統作為當下「另類想像的資源」，甚至臆想「一帶一路」提供了社會主義國際主義想像的新可能，實際上都是在幫助統治者在國際輿論環境中粉飾現實。其實，隨著中國政府自己越來越肆無忌憚的國際強權行徑，這類粉飾本身業已發生變調，越來越向狹隘民族主義和民族沙文主義傾斜。

時間距離將一九八九年的天安門抗爭推向「歷史」，也為我們拉開距離清醒認識「八九六四」的歷史意義提供了機會。那是一次中國民眾渴望並強烈要求政治參與權利的示威；是從社會進步的想像出發，追求民族「救亡」的吶喊；也是一次理想主義的極致爆發。紀念「八九六四」，實踐的是護衛民族精神，護衛社會願景的公共想像，並在這種實踐中彰顯歷史的重力——無論中國境內能否公開紀念「六四」，這個重力始終伴隨著沈默者也牽制著掌權者，沈澱在民族集體記憶深處，而不會被人為抹煞。

——2017 年 5 月於美國洛杉磯

10. 八九學生之理想主義、民主因素及其局限

　　二零一四年是一九八九天安門抗爭和六四屠殺二十五週年。這四分之一世紀，對中國大陸意義深遠。如今籠統言之的中國經濟起飛，當時還在艱難掙扎的瓶頸，後來也曾多次上下起伏，並非後來想像的一路高歌猛進。這些起伏與六四鎮壓，關係深刻，仍待挖掘。二十五年時間並不短。當年尚未出世的孩子，現已長大成人。他們或許已完成大學學業，正在職場打拼；又或許因為農村戶口，與父母常年分隔，早就自己跑到大都市，已在險惡江湖上磕磕碰碰很多年。但他們並沒有正常機會和公開管道，去瞭解這一段並不遙遠卻又至關重要的歷史。

　　這並不是說所有年輕人都完全被蒙在鼓裏。事實上，每年五月底六月初的「敏感時期」，當局以往風聲鶴唳的緊張，正化為頤指氣使的驕橫。不加解釋的封網等措施，既有引起好奇探索的效果，也造成相當普遍的懶於深究的無奈。與此同時，中共當局自八九年以來，歷經三任領導，兩次換屆，當年並未參與決策的現任領導，不願永遠承擔六四鎮壓這個歷史負資產，也在通過多種管道以各種手段解套。嚴厲管控下的種種現狀，使得有關六四的言說，漸漸落入某種「遙看風景」與不以為然混合的定勢。堅持正義和歷史真相的「天安門母親」群體以及諸多民主人士，因此而在持續的政權壓迫下，還要承受日益增加的社會冷漠和道義壓力。這其中牽涉到一些根本問題，需要釐清。一方面，八九抗議運動激發出的理想主義，是重建中華文明進步精神的寶貴資源。檢討當年學生和政府的對立，決不應狹隘地侷限在指責學生。另一方面，六四鎮壓絕非一次無關歷史要義的偶然失誤。恰恰相反，那是改革開放三十五年的一個關鍵轉折點，直接決定了中國經濟基於全民成本的崛起模式（參見【註 5】所引袁劍和鄭義的論述）。

一、學生抗爭之理想主義

　　中國大陸知識界和一般民眾對八九年抗議者理想主義精神的變相否定，集中表現在對學生運動的不以為然。這一點，如果以前還不明顯的話，經過 2014 年三月臺灣太陽花學運和九月以來香港學運，已經可以看得很清楚。值得注意的是，這種態度只是鎖定學生運動，並非一概反對民眾抗爭。其中折射出，中共當局多年來強力貫徹灌輸的維穩邏輯，正在以去政治化的方式滲透社會心理，並與知識界特定立場匯聚，固化出扭曲的視角。

　　互聯網時代的中國大陸公眾輿論，通常對地方發生的抗議抱有同情。地方出現官民衝突時，民眾總是會在第一時間通過網絡呼籲支持，向虛擬空間的讀者解釋事件來龍去脈，說明真相，抗議官方資訊封鎖。這類呼籲行為，本質上可以說，是基於認定網絡用戶共用的公民身份，也是基於對公共空間的信賴和對社會正義的想像。廈門反化工建廠的市民「散步」，廣州郊區反對建造垃圾焚燒爐的群眾動員，都帶有這些特徵。所有這些要素，在現代社會分析中，都會直接指向事件衝突的政治內涵，即使當事人沒有明言，觀察家的評論仍會著力於揭示被掩蓋的政治對立和觀念衝突。但在這方面，當代中國卻是一個顯著例外。由於中共當局對政治活動的強權壟斷，特別是上世紀末刑訴打擊中國民主黨組黨和鎮壓法輪功之後，社會上完全沒有非官方政治社團的空間。輿論引導上，當局同樣刻意掩蓋各種社會衝突的政治內涵。廈門市民採取「散步」形式抗議，本身就是對公民政治權利被剝奪的無奈妥協。這種妥協或回避姿態隨處可見，而且常常有明顯順應官方掌控強度的伸縮。反日風潮高漲時，日資廠工人罷工，合理要求福利保障，但政治言說上借助的僅止是民族主義，而不是工人理應有的罷工權利。

　　自我設限以回避「政治」標籤，已經成為今日中國社會群體抗爭的重要策略特徵。其中的行動邏輯，是「表達政治要求必然會遭遇懲戒」，這種由暴政有意製造、並慢慢內化為社會集體無意識的效益權衡，是強權借助恐懼心理維護統治秩序的結果。更甚者，敢於表達政治要求，被公然視為異類，不但當局放手公開壓制，民眾在實際生活中也是避之猶恐不及。這是負面評價所有學生運動的重要背景。問題在於，由於學

生相對抽象的社會屬性，大規模學生運動，必然具有鮮明強烈的政治品格，幾乎不可能借助去政治化的恐懼心理來消除其色彩。同時，高度政治動員的學生運動，必定是與既成秩序相對抗。在這種時刻，所謂的公民不服從，不再是據守一隅堅持一己的消極自由不受侵害，而是具有了主動出擊去伸張政治意志的動力，行動上就會走出課堂向社會呼籲。這些特質為學生運動帶來巨大的動員能量，動員規模的增長又會加強運動固有的特徵。八九年天安門如此，今年台灣太陽花學運如此，如今香港要求真普選的抗議再次展現類似情景。在這種情況下，官方媒體通常會旁敲側擊地指責學運背後有「黑手」或境外反華勢力指使，試圖一箭雙雕地將「盲目追隨」的學生和「投機者」「野心家」的學生領袖對立起來。而社會上自我設限不談政治的觀察角度，難以理解也無法解釋理想主義爆發式的張揚，在猶豫不定中也易於接受官方說法，熱衷於指責個別學生領袖品質低劣，要為場面失控負責，並因此不但忽略了學生抗爭中的理想主義乃是民族精神最可寶貴的資源之一，而且模糊了大規模學運的重大歷史意義。

二、學生運動與歷史節點

自從十八世紀的美國大革命和法國大革命，二百多年來的世界現代史，充滿了各種社會運動和革命浪潮。但是，以學生運動激發社會變動的狀況，卻是二十世紀的現象。其實，無論規模多大的學生運動，都很難直接引發政治革命。不過，學運一般都發生在文化價值框架滯後於社會政治經濟發展的時刻，以青年人的敏感刺激出社會觀念的重大轉向和變革。換一個角度也可以說，能夠引起廣泛反響的學運，大多是因為社會已經處於急需價值轉型的躁動不安之中，是學運以其激烈的理想主義姿態，將文化危機推向極端，從而引發整個社會價值結構的更新。因此，即使學運未必次次成功，甚且可能遭到鎮壓而「失敗」，絕大多數國家對本國學運歷史仍保有尊重，認其為自己現代歷程中的重要一環。如中國政府這樣嚴防死打地抹殺民眾關於八九年民主學運的記憶，詆毀其中激發民氣的理想主義精神，在二十一世紀諸多經濟大國當中，實屬絕無僅有。這是在軍事鎮壓之外，持續濫用政治權力破壞民族文化健康的累

積生長。

　　世界各地學運歷史各有不同，但都包含挑戰既有秩序和價值體系的衝擊力。歐美國家蔚為大觀的學生運動出現在上世紀六十年代。美國學運接續已經日益高漲的民權運動，將種族歧視議題從黑人社區帶入精英校園和中產階級的客廳，並與反戰示威匯合，更新政治文化格局。歐洲學潮以法國 1968 年五月為標誌，在若干國家都曾遭到警方武力鎮壓，學運領袖遭暗殺被拘捕的情況也所在多有。但最終，青年一代推動了社會觀念轉型——「戰後」並不意味著要將社會秩序恢復到戰前，經歷過戰爭的老一代被迫正視現實，在反法西斯的過去和冷戰的今天，還需要有青年認可的價值去想像明天。在社會普遍檢討認知中，學潮影響得以進入文化價值積澱。儘管幾十年後，歐美精英統治階層同樣會刻意淡化貶低六八學潮，但每逢必須面對新起抗爭的時候，仍可看到公共知識份子站出來支持，公共輿論積極檢討抗爭暴露的社會問題，也可看到政府吸取當年教訓、不以抗爭者為敵的謹慎一面。

　　非西方國家的學生運動，在自身社會中的作用往往更為重要。一個關鍵原因在於，資本主義現代進程在非西方國家擴展，是外來勢力多方壓迫滲入的共同作用。西方現代史上，資本以其製造財富的巨大能力挑戰貴族、帝制和宗教的文化壟斷，逐漸達至妥協，卻從未完全取代後者既有威望。非西方國家的經歷與此不同。近現代西方擴張從多方面顛覆在地社會的既存秩序。外來資本和西方制度與文化輸入之間內在的價值矛盾，轉化為本土文化衝突。其中，現代軍隊和現代高等教育機構，取代原有機制，成為主要的精英養成所。在儒教傳統主導的國家，高等學府比軍隊的作用更重要，在社會變動中維繫了「現代」文化價值連續性，通常指涉著進步應有的方向，並因此在社會上與政治權力同享規範性權威。遇到歷史變動的關鍵時刻，大規模學生運動衝到政治抗爭前沿，既凸顯青年對時代變化的敏感，也常常凝聚起知識思想界的密集思考。這正是五四運動的情況。今年香港爭取真普選運動，同樣如此。一九八九年以學生帶頭的爭取民主運動，也不例外。

　　八九年的中國大陸，正處於急需進一步明確方向的時刻。這是新時期的第十年，經濟改革五年前已經從農村轉向城市，但要用市場機制

改變固有的計劃經濟體制，處處面臨牽一髮而動全身的困難。經過幾年增發貨幣和對工業廠礦放權讓利刺激生產，一九八八年開始梳理流通管道。以市場調節代替計劃規定的「價格闖關」造成那年夏天將近百分之二十的通貨膨脹率和市民恐慌。改革衝擊從工作場所進入城市居民的日常生活。按照當時大力鼓吹市場改革的主流輿論，以及關於《破產法》、《合同法》草案和住房改革的討論，可以想見，人們很快將遭遇商品供應、公共福利、就業方式等等眾多方面的根本變革並在個人生活意義上承擔其沈重後果。中央政府卻很誠懇地告訴民眾，改革只能是「摸著石頭過河」，似乎這只不過是無關痛癢的試探而已。市民群眾積蓄的不滿，最終都在八九年爆發。

上面提到的這些改革，基本都是由當時從國務院總理轉任中共中央總書記的趙紫陽主導。他曾在當時的國務院辦公廳主任、後來的國務院總理溫家寶陪同下，到天安門廣場看望學生，真誠勸學生保重，並因堅決反對軍事鎮壓而遭無情撤職和多年軟禁，於二零零五年年初鬱鬱而終。很多訪民，海內外追求民主的人士，都為趙紫陽遺憾，為其鳴不平。他在廣場絕食後的表現，永遠值得後人紀念。但這不應阻止我們探討他此前忽略政治改革的缺憾乃至錯誤。

趙紫陽、鄧小平，以及他們手下一大批聚焦於經濟改革的黨內外人士，在整個八十年代都為如何實現中國經濟市場化而興奮激動，基本沒怎麼關注「馬克思主義人道主義」論爭，不大在意「清除精神污染」運動，也沒覺得胡耀邦下臺有多糟糕。至於說基層選舉，他們樂觀地以為，只要市場化改革成功，民主化早晚會跟上來。只是到一九八八年秋季，為了平息恐慌保障供應，中央決定要「理順、整頓」經濟環境，趙紫陽及其智囊群體才開始注意到要爭取群眾政治上的支持。八九年四月十五日胡耀邦去世，引發學潮，趙紫陽仍然持觀望態度。只是在他出訪北韓期間發生人民日報「四二六社論」和廣受北京市民支持的「四二七大遊行」之後，趙紫陽才在五月初提出，改革必須兩條腿走路，經濟上要過市場關，政治上要過民主關。可惜，這個明確表態來得太晚了。假設幾年前他就能以他在封疆大吏任上的改革成績做籌碼，和胡耀邦一起共同保護思想文化和基層選舉的開放，事態發展恐怕會非常不一樣。

八九年學生為胡耀邦逝世上街，很明確是要報答當初胡耀邦為學生下臺。但進一步追問就可發現，導致胡耀邦下臺的一九八六年年底學潮，起因是上海合肥等地當局拒絕大學生開放參與下一年基層人民代表大會換屆改選的要求。中央經濟改革的幹將們，完全沒有意識到這件事的重要性。他們也忽略了，這兩年裏高校學生感受著越來越壓抑的政治氛圍。同樣認為沒有出路，一些著名人文知識份子提出「新啓蒙」，力求擺脫必須支持體制內改革政策的思路及其束縛。上文提到，城市居民對個體公民承擔改革重大成本抱有嚴重懷疑和不滿，其實質是質疑改革進程中如何處置社會公義。社會公義價值的缺失，無法僅僅用強硬的「一個中心兩個基本點」加上模糊的「摸著石頭過河」搪塞。對這些潛在質疑的正面回應，只能是通過政治改革賦予公民參政權，但當時民眾雖然嘲諷當局制定政策時只知道「跟著感覺走」，卻並未明確意識到這一點。此時，大學生不但敏銳感受到政治改革止步不前（侷限在黨內民主如退休制等）甚至倒退，而且強烈要求改革作為整體進程必須有明確的價值目標。這是學生在八九年沖在抗議最前線、表現出強烈理想主義精神、也激發出市民群眾高昂理想主義表現的深層原因。

三、天安門抗爭的民主因素（上）

　　以上討論大規模學生運動內在的理想主義精神和學運在歷史節點的敏銳先鋒角色，基本是從相對抽象的集合意義層面觀察。事實上，一九八九年延續近兩個月的學運，在具體實踐層面也始終受制於不同形態的「民主」概念，在看似紛繁雜亂的表像下，體現出社會思想對社會行為的影響。可惜的是，二十五年來，公眾輿論對政府的譴責漸漸由簡單到疲倦，對學生的指摘卻固執持續，而且越來越廣泛地被境內公眾接受，似乎當年慘烈抗爭遭致鎮壓的結局，主要責任在學生而非政府。這是極為扭曲的犬儒式理解，只會為政府提供不需為六四鎮壓辯護的輿論場域，令政府享有更為便利的管控藉口，並導致今日更為惡劣的思想文化環境。學生和公民合法抗爭的權利，包括遊行示威罷工罷課罷市等各種方式，是現代公民政治題中必有之義，必須在中國大陸語境中得到正名。反之，政府以「維穩」名義動用國家暴力機器鎮壓抗爭民眾，則是

盜取濫用公共授權的犯罪。【註1】

　　有批評者指責學生本身就不懂民主，在組織內部實施獨裁。並想像說如果學生當權，將比中共統治更糟糕。且不說這種論調根本混淆了要求建立民主制度保障民眾參政權並不能等同於試圖推翻既有當權者來取而代之。更重要的，這是對當年歷史現象的錯誤理解（如果不是刻意歪曲的話）。考慮到當時各種因素，例如，中共建國四十年來對民間組織的嚴密控制和打擊，一九八九年學生自治組織公開成立的倉促，抗爭期間無時無刻不在升高的各種政治壓力等等，完全可以說，當時學生群體內部對民主因素的運用和依賴，已經達到相當自覺的程度。從胡耀邦逝世開始，北京各高校學生就急於形成組織，以便集體行動有所依託。這種政治心理和政治文化上的需求，一直延續到六月四日凌晨。廣場學生最後撤離之前，封從德還要主持一次形式上的「口頭投票」，為決定撤離獲取民意正當性。可以看出，「投票」或者說「多數決」在內部意見分歧時的重要作用。

　　從四月二十二日胡耀邦追悼會到四月二十六日「北京高校學生自治聯會」（北高聯）正式宣佈成立，北京重點高校響應追悼會之後出現的全市罷課呼聲，多半都成立了校園內臨時自治會或籌委會，以區別於官方學生會，組織抗議活動。此後為保證有效成果而建立的對話團，雖然沒有明確要求如何推舉人選，但北京大學（北大）和其他一些院校仍然啟用了某些「競選」和投票機制。即使是脫離北高聯組織、以個人名義發起的絕食，當自願參加者人數從一百多人迅速增加到三千多人時，發起者也立即訴諸組織形式，在成立絕食團指揮部的同時，建立起絕食者內部以學校為單位的代表會議，對有關絕食期限或轉移場地等動議付諸表決。由於絕食發起當天晚上，統戰部長閻明復就聯絡安排了與學生的對話，北高聯當時採取了尊重絕食者個人意願並提供一切可能支援的態度，結果，此後再無緣參與任何絕食團的表決程式。不過，在五月十三日到五月二十日凌晨的絕食期間，北高聯和絕食團基本處於平行狀態，後者比較單純地保證絕食場地內的秩序，前者則承擔起協調（並非指揮）每日上百萬人次前來廣場的煩雜重務，雙方基本上可以說是相安無事。（對話團活動在此期間遭中途叫停，具體情況有待另文分析）

絕食結束時，正是戒嚴第一天。身體虛弱的絕食者大多不再出面（事實上堅持多日的聲援和糾察隊同學同樣虛弱），但被激怒的北京市民卻幾乎是傾城出動。通向廣場的主要路口人山人海，阻擋可能進城的軍隊。那時還非常少見的直升飛機向廣場散發傳單，激發起更多聚集在廣場上的抗議者。在並無心理和組織準備的情況下，北高聯成為事實上的廣場指揮中心。在疲於應對之中，北高聯（由我本人主持）曾召集北京四十餘所高校代表在紀念碑西側開會。可以說，這類舉措直接刺激了「外高聯」（外地赴京高校學生聯合會？）的成立，也等於公開承認北高聯並沒有堅持廣場抗爭的明確意圖和目標。戒嚴第三天，五月二十二日夜間，休整後重返廣場的前絕食團指揮部成員，召集「廣場各校」代表開會，人員遠多於上述北京高校代表，遂高票決議要求北高聯將指揮權暫時移交「廣場臨時指揮部」，回校進行「四十八小時」整頓。這應是那一年整個抗爭過程中第一次出現「廣場指揮部」的名義。【註2】

　　這幾天的變動，可以視為因絕食結束而凸顯出廣場領導權正當性的真空期。耐人尋味的是，「表決」成為當時爭奪並確立正當性的法寶。無論當時在策略態度上多麼激烈的學生，不管是柴玲、李祿，還是封從德、張伯笠，都沒有說過，「我以個人名義，　　」。所有人都在試圖證明，自己的立場獲得了多數群眾代表的支持，因此有無可辯駁的優先權。只不過，這裡存在著代表基數上「廣場各校」和「北京高校」的區別，雙方出現潛在對立。值得注意的是，一方面，北高聯從沒有公開否認過「廣場各校」參與行動決策的正當性；另一方面，當時也沒有發生以「廣場各校」名義明確否決北高聯代表性或領導地位的情況。上述幾位學生帶頭要求高聯整頓的藉口，是廣場管理混亂。顯然，在積極使用表決機制的同時，這幾位元元元也需要抓住最容易獲取贊同的理由來爭得多數支持。

四、天安門抗爭的民主因素（下）

　　如果說絕食結束和戒嚴開始的關鍵幾天，暴露出北高聯特別是我本人對全民抗爭缺乏認識和準備，甚至在意識到運動的全民性質時，仍固執堅守校園基礎的狹義學運，那麼，緊接著的變化則暴露出知識界完全

無視這些至關重要的「民主」遊戲在廣場上已經有所表現。王軍濤最近評論香港爭取真普選抗爭時說，八九年的情況是「誰能往前衝，誰就能成為運動的領導。如果你不衝，你很快就被邊緣化」。【註3】絕食結束波瀾不驚，已經表明這種說法有簡單化嫌疑。實際情況毋寧是他和他的朋友們當時已經有了這種先入為主的概念，看不到利用「民主」規則的關鍵作用，才會最終被別人利用「民主」遊戲排斥並邊緣化。

　　五月二十三日，知識界牽頭成立的「首都各界愛國維憲聯席會議」（首聯）在北高聯回校的同一天，在自身缺乏代表性基礎的情況下，自行授權成立了取代臨時指揮部的「保衛天安門廣場指揮部」（廣場指揮部）。五月二十四日舉行隆重的誓師大會時，新指定的總指揮柴玲領頭宣誓「頭可斷，血可流，人民的廣場不可丟」。一方面，誓師達到重振士氣並明確領導架構的目的，有效整頓了此前已開始陷入混亂的廣場秩序。但另一方面，多位參與其事者後來回憶說，首聯的目標始終是要將學生帶離廣場，只是因為柴玲李祿兩人變卦，才使得本已取得共識的五月三十日撤離計劃流產。且不說這裡存在著動機與手段的分裂（讓抗議者堅持期望與廣場共存亡，還是通過慶典儀式讓他們接受領導權並盲從撤離？），也不說還存在著回避直接面對群眾的責任倫理問題（為甚麼讓柴玲個人承擔面對公眾宣佈策略立場大變卦的責任？），問題是柴玲李祿等人並不是以個人身份否決首聯開會通過的決定。改變立場時，他們很清醒地搬出了「廣場營地聯席會議」作為堅強後盾。這個從原來「廣場各校」現場會議脫胎而來的新機構，為他們提供了正當性掩體，令首聯諸君只能暗地切齒，無法公開譴責。如果今天還看不清這一點，只能說我們的自我反思還差得太遠。

　　但另一方面，也必須認識到，從北高聯到首聯，其實都有充足的理由反對柴玲、李祿等人借助營地聯席會議改變他們曾在其他場合接受的、本應具有協議效力的決定。問題在於，我們當時都未能緊緊抓住問題的根源。為了吸取當年的經驗教訓，有必要明確，這個營地聯席會議實際上只具備虛假的「民主」表像，並以這個虛假表像劫持了基於多元民意的高校「民主」幼芽。

　　首先，所謂「廣場各校」代表，並不能代表各自的學校。當然，假

設某校只有少數學生願意出頭參加抗議，跨校學生自治組織並不能因此而否認他們參與決策的權利。但即使如此，營地聯席會議的代表仍有與本校環境割裂的問題，以致無法被視作其本校的少數。當這個機構聲稱每晚有數百名各校代表參與決策性會議時，其中絕大多數都是外地進京學生，其代表性的不可靠更為明顯。【註4】於是，當六月一日清晨發生綁架柴玲封從德事件後，經香港人士從中幹旋，指揮部四位總指揮副總指揮與北高聯代表鄭旭光和我本人（王丹也有參加）當天晚上舉行記者會，目的是對外展現學生內部的團結統一。即，當內部分裂的傳言高漲時，外地學生代表從來沒有被邀請加入共同重建公共形象的努力（李彔是極為個別的特例），從反面證明這個營地會議民主代表性的虛妄。在北高聯方面，如果沒有回校整頓期間要求各常委院校必須在本校重新認定常委代表個人資格，指揮部也不會想到要借助我這個想必已經被徹底邊緣化的溫和派來重建正當性（王丹沒有參加高聯整頓，亦屬極為個別的特例）。同時也必須承認，這次北高聯參與共同露面，不過是與首聯一樣的曇花一現。內部統一的形象保證了香港方面繼續財物支援，指揮部就開始再次消極抵制廣場上的合作，特別是排斥北高聯參與介入營地會議。

其次，營地會議議程內容本身，也暴露出其「民主」性質的不足甚或虛假。據李彔回憶，最後一周時間裏，撤不撤幾乎是每晚會議的唯一議題。討論侷限在可能的行動方案，而結論總是通過表決再次確認不必改變佔領現狀。這種議程缺乏不同立場的政治表達和辯論，將「民主」程式的工具本質推向極致。由於擱置了目前行動方案以外有關長期目標的辯論，營地會議限制並剝離了表決者與現實政治生活的直接聯繫。【註5】其中隱含的對大多是外地學生參與者的不信任，進一步削弱了營地會議及其表決機器的代表性。最重要的是，營地會議完全沒有相對於指揮部的獨立性，反而成了指揮部成員拒絕外界要求政治討論的擋箭牌。這是為甚麼那些在政治上對指揮部言行提出質疑的人，總是找不到辯論對象的根本原因。指揮部的中心人物，當時就不注意政治辯論；之後的二十多年裡，在政治上積極回應批評意見這方面，也並沒有表現出多少改善。批評當年知識界沒有注意到其中的「民主」因素，也必須認清這

個「民主」因素的惡質一面。

2014 年紀念六四，境外媒體格外重視，當事人也因此獲得不少言說機會。在譴責屠殺並支持「天安門母親」難屬群體要求的同時，也有對當年情況的回憶重述。令人遺憾的是，有些當事人的說法極不慎重、不負責。這裡僅在這個關於史實的小節最後，略舉一二，以作澄清。筆者對本人言論負責，竭誠歡迎有不同記憶者回應。

首先，導致高聯回校整頓的一個直接原因，是吾爾開希五月二十二日下午在廣場廣播站呼籲學生撤離，並在答問時說應該撤到使館區，當即惹起不滿喧嘩。即，雖然學生呼籲國際關注，但他們當時也拒絕示威群眾只能求助於西方政府。今年六四前夕美國國務院舉行紀念儀式時，當事人代表卻在英文演說中聲稱天安門學生渴望美國的援助。這是公開臆造，也是公開侮辱天安門抗爭者以及今日仍在堅持的難屬群體。

其次，據當時港臺媒體報道，六月一日綁架事件內部爭議的起因，是懷疑指揮部人員財務不清，捐款自肥。當時以及其後最初幾年裏，包括張伯笠回憶錄為絕食團指揮部每人分發一千元人民幣保命費辯護，幾位當事人都沒有提到過那時每天曾有財務清賬和公開。這個財務公開的說法，出現甚晚，但其實和保命費一樣，並無他人追究。今年卻出現當事人封從德著文指責北高聯有貪汙嫌疑。且不說北高聯負責財務和受人之託保管現鈔捐款的兩位外界不知名同學後來都為此付出坐牢受迫害的代價（現鈔被員警起底），只說作者本人財務記錄尚有疑雲，在政府堅持拒絕認罪二十五年的時候，在大多數流亡同仁都曾度過經濟艱困時期的事實面前，這種指責用意，令人無法接受。

再者，封從德 2014 年文章主題，其實是指責首聯要為學生最後沒有撤出廣場負責，認為首聯鼓勵學生中的個人野心傾向，造成撤離困難。二十五年來，當事人的相關回憶已經相當豐富；當時大批港臺記者在京，兩地媒體逐日報道如今也還能查得到。所有證據都指向首聯在五月二十八日前後失去直接影響力的事實。作者是否應該解釋一下，為甚麼在之後的一個星期裏，學生仍然沒有能夠撤離廣場，直到六月四日凌晨作者才主持最後一次依聲音大小判斷的撤離決定？筆者上文重點梳理當時學生群體當中事態發展的內在邏輯，目的就是回答這樣的問題，但

所得結論卻與封文完全相反。如果反思只是流於在扭曲史實基礎上指責同受迫害的當事人，那和直接幫助劊子手粉飾罪惡，恐怕已經相去不是太遠了。

五、歷史轉折點

雖然一九八九年的學生運動包含了重要的「民主」因素，雖然這值得我們細緻考察思考「民主」概念（包括概念理解上的偏差）對學生行動的影響，但真正令天安門抗爭無愧於「八九民運」名義的，是千百萬普通民眾的參與。他們在運動進程中從熱情支持到積極參與到最後面對暴力的英勇抗爭，是運動能夠持續將近兩個月並在組織不健全狀況下保持積極正面影響力的重要原因。多年來的反思討論，總是傾向於忽視這個極為重要的力量，似乎他們確實如政府宣傳所說，只是被激進學生煽動起來的盲從者。這種看法不但貶低了普通民眾要求政治權利的事實，而且變相貶低抹煞了六四鎮壓在當代中國史上作為歷史轉折點的重大意義。近年來，中國社會學學者袁劍和在美國的流亡作家鄭義，對中國模式提出新的解讀，強調發展成本社會化是經濟高速增長的根本原因。這一觀點有助於我們重新認識民眾積極投入八九抗爭的政治內涵和長遠影響。【註6】限於篇幅，下面僅從兩個互相關聯的方面簡要概述在這個分析基礎上可以且應該如何認識八九民運的歷史意義。

首先是經濟改革的成本負擔問題。很多學者注意到，一九八八年夏季因價格改革闖關，發生高達百分之十八以上的通貨膨脹，出現城市居民搶購生活必需品狂潮和銀行擠兌現象，迫使中央改革剎車，轉而治理經濟過熱。過去二十多年來，學界已經接受，這與八九年民眾積極參與抗爭有直接關聯。但是這個關聯的政治內涵卻很少得到審視辨析。從社會成本角度回顧改革開放第一個十年，前五年裏的農村改革，放開對生產者和流通交易領域的控制，個體農戶作為生產和消費的基本單位，在經濟上普遍受益。改革成本主要落在此前的基層社會組織，特別是一九八三年前後解散人民公社，農村福利以及醫療保健和義務教育失去既有網絡，在社會成本方面埋下重大隱患。但當時直接承受成本衝擊的個人應屬極少數，而農村經濟則走上整體復蘇。

改革重點自一九八四年轉移到城鎮和工業領域後，首要目標仍是減少控制刺激生產。宏觀上，據曾參與決策的人士回憶，應對農村復蘇和工業生產效率提高，中央銀行逐年增加貨幣發行量。產出提高和貨幣增長形成對流通領域的巨大壓力，迫使中央試行價格改革。在城鎮和工業領域，生產與消費割裂，計劃經濟下的價格控制，為城鎮人口提供了生活保障，這與當時以農戶為生產和消費基本單位的農村經濟根本不同。價格闖關的目的是讓市場代替政府決定流通價格，這也是當時主要的宣傳口徑。問題是主政者及其智囊群體始終沒有注意到，在非關生產的市民日常生活層面，這等於是讓城鎮人口承擔流通領域改革的直接成本。他們也沒有考慮到，這在政治上，相當於放棄自己對城鎮民眾的承諾。在這麼直接的經濟政治雙重拋棄面前，市民直覺自己地位的無形淪落，才會在第二年積極支持學潮並奮不顧身地參與六四抗暴。這應當看作八九年抗爭具有民主意義的最根本原因。

這就聯繫到第二方面的問題：趙紫陽一直堅持改革，對此沒有警覺嗎？這裡無意對趙紫陽做全面評價。簡單說來，值得注意的是，新時期從一開始就走上兩個不同方向。當王若水等人與鄧力群、胡喬木爭執於黨屬媒體要如何解放思想，開放對待國際共運史上各種思想資源時，受益於思想解放的經濟改革，正高歌猛進，基本沒有分心去看看「馬克思主義人道主義」的爭論是怎麼回事。趙紫陽確實相當開放坦率，積極推動經濟改革。但在政治改革方面，不能不說他認識相對模糊。他能夠在胡耀邦下臺的過程中配合鄧小平，並在接任中共總書記後立即高調提出「一個中心（以經濟發展為中心），兩個基本點（堅持四項基本原則，堅持改革開放）」，很顯然並沒有意識到經濟改革必將直接關係到民眾的政治權利。他對政改的關心，大約是在經改遇到社會阻力之後。這種態度，決定了他和胡耀邦看待改革的不同。胡耀邦認為改革動力來自對文革以及其他歷史錯誤的反思，而趙相信經改需要政改同時進行，主要關注還是在經改上面。鄧小平在新時期十年之初，同時兼有胡趙這兩種看法，但在迫使胡耀邦下臺之後，他對「一個中心兩個基本點」的堅持，要比趙更為頑強。正是在這個意義上，六四鎮壓成為中共統治和中國社會的一個重大轉折點。胡趙的思路同時被拋棄，文化大革命不再是經濟

改革的參照物（但在宣傳口徑中還繼續用來服務於維持中共統治下的穩定），中央政府對經濟轉軌方式的控制必須置於一切其他利益之上。

二十五年來的改革，因此成為袁劍和鄭義所指出的，建立在發展成本社會化基礎上的「中國模式」。民眾表達不滿的政治管道被徹底堵死，經濟政策以各級政府名義推行，卻不必經受公共利益的審視。相反，社會公益和民眾個體承受著最大份額的成本重負。政府與資本聯手，四面出擊尋租，可以相當靈活地在環境、醫療、教育、戶口、土地、股市、公債等等極為不同的領域轉換，唯一不變的是，政府只會收益，不會承擔成本。這是中國模式與世界其他許多地區發展模式的根本不同。這一切，都是在六四鎮壓撲滅人民政治要求的基礎上實現的。這樣的模式持續時間愈長，整個社會環境和自然環境負債就越嚴重，將來的重建也將更為艱巨。六四並不僅僅是中國改革路程上的一次「不幸失誤」，而是需要在徹底否定基礎上，嚴肅審視分析的重大歷史轉折。人們能否堅持這方面的努力，對於中華民族的未來有著決定性的意義。

——2014 年 10 月於美國洛杉磯

【註解】

1、參見筆者《我的"學生有錯，政府有罪"立場——紀念八九民運十二週年》，討論為何二者不屬同一層面問題，以及為何學生之"錯"與佔領或撤離等具體策略決定無關。

2、張伯笠在《逃離中國》一書中回憶此事時多有誤記。他以為戒嚴前三天我們已設立"廣場臨時指揮部"。事實上，那幾天只有糾察隊或組織廣場活動的"總指揮"，並不存在一個獨立於高聯的"指揮部"。而且，這天半夜的會議並非如他所說由高聯召集。當時高聯常委鄭旭光等人也在廣場，但只有秘書長王志新和我兩人與會。此外，這次產生的臨時指揮部，並沒有指定"總指揮"和"副總指揮"，只是資格平等的七位成員。我本人是在第二天清晨正式辭職，返回北大主持高聯整頓，並非當場謝絕任命。同時，張著說高聯從這天開始才執行常委輪值也是錯誤的。院校常委制和主席由院校常委輪值在四二七大遊行之後就確立了。

3、見法國國際廣播電台 2014 年相關報道。趙鼎新關於八九民運的研究持類似觀點。

4、我參加五月二十二日夜間臨時指揮部成立會議和六月一日營地會議，觀察到

的參加者人數最多一百人上下，至少這兩天裏並沒有達到過兩三百人的情況。

5、封從德聲稱曾有過長達兩三個小時、數百人出席的半夜會議激辯，迄今並未見到任何旁證，令人難以確信其真實性。畢竟所有人都已十分疲倦，對時間的感覺和後來的記憶有可能出現誤差。

6、請參見袁劍，《大拐點：世界經濟裂變，中國路在何方？》，北京：中信出版社，2012 年 5 月初版；鄭義， 中國經濟奇蹟的秘密 ，自由亞洲 電 台 2014 年 9 月 5 日，www.rfa.org/mandarin/pinglun/zhengyi/zy-09022014113111.html，2014/09/02。

11. 被剝奪者反抗剝奪的象徵

　　一九八九年春夏之交的一場「風波」已經過去了十三年。在最近幾年的紀念中，針對國內社會腐敗、逐利忘義的現實趨勢，人們的注意力主要集中在維護死難者的尊嚴和權利，把對人性和生命的價值作為最起碼的道德底線，叩問每一個中國人的良心，追問我們自己對死難者的道義責任。毫無疑問，這是我們必須堅持下去的底線，也是我們支持「天安門母親」等受難者群體的基本道德立場。

　　與此同時，八九年這一場罕見的大規模群眾運動，卻在公眾話語中受到來自各方的衝擊和否定。在紀念六四時，包括當年參與者（如筆者本人）的自省與反思在內，近年來的主要趨向都是從負面考量，面向參與者的追悔與追責；結果，在缺乏正面評價的言論環境中，各種不同意見的本質區別漸趨模糊，以功利衡量其負面結果的影響卻漸漸上升。即使如任畹町等少數堅持為八九年運動整體叫好的人，其陳述理由的基本邏輯也常常基於功利性評價，並因此減低了他們的說服力——由於今日中國國內社會整體的公正與道義素質在六四軍事鎮壓及隨之而來的政治清洗影響下每況愈下，任何以功利性評價為基礎的總結都不能不面對腐敗、面對民眾政治上的無能為力、面對日益擴大的貧困階層。如果僅僅強調這樣的腐敗是在加劇中共政權的滅亡，無異於判斷今日工農民眾的困境是為了一個「美好的明天」而必須付的「學費」，與當年強制性的「勒緊褲腰帶乾革命」又有多大區別呢？

　　不過，即使極度誇張，這樣持論的人也只不過是極少數。絕大多數人正在向功利性權衡一邊傾斜，以至於前兩年還在獨力抵擋詆毀六四者的網文作者「安魂曲」，今年也發出「死難者的犧牲是否值得」這樣的疑問來。

　　「值得不值得」的提法本身，已經陷入了衡量歷史事件的誤區。因此，我以為，在又一年的忌日中，有必要重新審視我們對六四死難者的評價：對死難者調查、追思、撫卹等要求，代表著尊重生命與人性的道

德底線，但六四死難者以及八九人民運動之整體所代表的精神，則遠遠高於這一底線，表現了中國人民重建精神家園的強大願望及其巨大的政治能量與潛力。簡言之，八九年人民運動的道德倫理價值，絕不僅僅在於對暴力鎮壓的譴責，更在於其正面的精神力量。

1997年2月鄧小平離世，筆者曾在評論（參見本書〈鄧小平與改革開放〉）中說：「八十年代中國政治的核心問題，不是在經濟上是否要改革開放的問題，而是要在優先保護何種既得利益、哪些既得'成就'的前提下進行改革。換句話也可以說，問題不在是否改革，而是在改革過程中要優先犧牲誰的問題上。在每一個關口，捨哪個'卒'，來保經濟翻山過坎這個'車'？」這樣的觀點如今已經相當普遍地接受了。但是，即使1988年貨幣改革闖關不成功是八九年運動的直接起因之一，這一經濟政策的失敗能夠直接促發大規模政治運動本身，就表明瞭當時民眾政治自信心的水準。八九年春夏間將近兩個月的時間裡，沒有一個社會階層或社會團體借助運動提出過任何具體的物質利益要求作為談判條款，就是這一運動政治性的最好證明。同是在這將近兩個月的時間裡，全國數十個大中城市中，持續舉行著參與總數高達數千萬人口的大大小小的遊行示威。在政府6月3日以軍事挑釁為開端的公開鎮壓之前，這數千萬人在沒有官方領導也沒有統一組織的情況下，沒有造成過任何重大的人員財產損傷，造就了國際現代史上罕見的長期、大規模和平示威的奇跡。在這一意義上，無論實際的政治經濟清單算出什麼結果，中國人民所擁有的，已經是一個永遠的一九八九。

平心而論，支撐這一世界史奇跡的主要力量，是中國人民當時仍然高漲的政治自信心。藉著八十年代反思文革、開放禁區的思想文化潮流，他們勇於承認新中國曾經走過彎路，有過錯誤；他們更樂於向世人顯示，自己有信心有能力，不但改正這些錯誤，而且準備著在改正的過程中，勇敢地探索新的可能性。

在經濟困境面前，以政治姿態站出來，以高度的政治熱情、驚人的自律能力和自我犧牲精神，公開直接地要求廣泛的政治參與，這就是中國八九年的人民運動所具有的最根本的民主特質。

十三年來，中共政權的造謠誣蔑不算，海內外不少知識精英也曾對

八九年的人民運動大表「遺憾」。他們以各種所謂的「標準」比照，判斷它缺乏「民主」運動的資格。民主是什麼？現代民主就是以公民人口為基礎的無歧視無偏見的廣泛政治參與。自八九年以來，世界各地發生過多次經濟或政治危機，我們還沒有看到過任何可以和八九年中國那次人民運動相比擬的政治自覺性。作為人民民主運動，一九八九年展示的雖然不是一個完整現成的程式與模式，卻是中國人民巨大的政治潛力和創造精神。因此，無論在具體過程中發生了多少錯誤和偏差，不僅在北京，而且更是在全國範圍內，在所有產生了反響的其他城市，這一運動所體現的追求民主的本質都是不容抹煞的。

現代民主本來就有多種不同的表現形式，也因此才給許多現代政治哲學家留有繼續比較、探討、建議的餘地。德國的哈貝馬斯就是一個現成的例子。在中國本土現代化探索的漫長道路上，晚清民初的安那其主義以及此後的很多實驗性社會改革計劃都曾激發出極富創造性的政治想像力。蔡元培參與組織的勤工儉學，五四時期周作人介紹提倡的日本新村運動，梁漱溟傾力於斯的「鄉村建設」，等等，不一而足。八九運動剛剛過去一年，土耳其裔美籍中國研究學者德里克就出版了一本研究早期中國安那其主義運動的專著。他在前言中特別呼籲，天安門鎮壓證明，以蘇聯、中國為首的共產主義實驗都已失敗於壓迫人性的異化道路，因此，有意尋求他種途徑抵制資本主義全球化霸權的人們，應當注意安那其主義留給我們的寶貴思想資源和精神財富。日本學者柄谷行人近年來也致力於重建個體倫理精神的獨立價值，並與自己的學生一起，發起一波新的安那其運動。難道這些不也屬於爭取廣泛政治參與的鬥爭，不也在保持強烈個體色彩的同時帶有鮮明的民主特色嗎？

什麼是探索資本主義全球化以外他種可能的最有效途徑？套用一句文革的俗話，就是充分動員廣大群眾，信任群眾的積極性與創造精神，象在八九民運中那樣，給群眾自己組織起來的機會，在實踐中去探索堅持民主程序與保護少數原則相結合的可能性。與政治強權妥協，用書本探索來取代解放民眾，不過是自欺欺人。到現在，現任中共主席江澤民也在談論「民主政治」了，還說要「建設有中國特色的政治民主」，對照目前國內基層政治壟斷與腐敗的現狀，我們的學者們是否會認為，這

種自上而下的說教是抵制資本主義全球化、尋求他種可能的最有效途徑呢？

具體到八九年的人民民主運動，八十年代末，對文革「大民主」造成異化進行反思的文化熱還沒有退潮，因此，那年春夏間，自由和人權始終是與民主相提並論的口號。當然，這些原則的互動與平衡問題仍有待於在運動中的進一步探討與實踐，而運動自身也為這樣的探討提供了廣闊開放而尚未規範化的實踐空間。事實上，很多當時和事後對學生組織「不民主」的批評，往往不是由於學生核心圈外的意見受到鍥而不捨的打擊壓制（如目前的打擊「邪教」），而是主要源於提意見者的方案或建言沒有被採納，建言者的期望值受到了直接挫折。八九年學生組織的存在狀態基本可以分為兩個階段，絕食前盡力於完善內部機制，自覺而持續地（甚至是不厭其煩地）進行著各種各樣的投票表決程式，但外界對這一段知之甚少。批評主要針對絕食之後。但事實上，由於要因應社會動員的廣泛強大效果，此時的示威者們不光言論多樣且分歧，組織形式與名稱也變得層出不窮，即使在北京一地，也無從統一。否則，也就不會有劉曉波等「四君子」的有限絕食及其轟動效應了。學生在廣場的領導核心不但根本就沒有對言論相應的控制資源和能力，而且當時的主要心態已經轉向自我中心、自我封閉，根本就沒有對外界控制的慾望。對照其他城市的情況，這幾乎是全國普遍的現象。因此，無論當時存在什麼樣的問題，人民群眾中積極精神張揚、主動要求政治參與等現象所代表的，正是不可否認的運動主流。

王維林隻身阻擋坦克車隊的形象，就是這種獨立大寫的個人精神的突出表現；與當年的共產黨員不同，六四死難者並沒有各自明晰的「理想」。與其說他們的犧牲是為了實現一個具體論證過的「理想」而獻身，毋寧說他們堅持的是尋找理想的權利。他們對武力鎮壓的義憤和見證，主要源於對自己權利的堅信。正因此，尊重個人對強權反抗的勇敢與無畏，成為王維林形象對世界的感召力量。西方媒體當然有其難以避免的偏見，既有其商業化的一面，也有其長期冷戰歷史的殘餘影響。但因此而否認一切普世價值，則是大錯特錯。正如最近去世的法國著名社會學家皮埃爾布迪厄所說，放棄了對普世價值的認定，就是放棄了抗爭與追

求，就是對現狀的妥協。王維林形象所代表的，正是超越冷戰與商業影響的普世價值。許多人在遠離北京飯店的地方表現出了同樣的精神，雖然沒有任何攝影機為我們保存下來他們的形象，我們仍然為這種精神而驕傲。個體的獨立而具創造性的活躍參與，是八九民運在全國各地普遍表現出的重大特徵。可以說，和古往今來所有的經濟文化成就相比較，八九精神都是中國為世界文明作出的毫不遜色的重大貢獻之一。

最後還有幾句「多餘的話」要說。王紹光在《視界》第五期上發表了一篇論述政治學研究應當「本土化」的文章，洋洋灑灑二十頁，旁徵博引，主要篇幅似乎都是關係「政治學」這一學術領域的現狀和發展可能，最後批評概念不清時卻輕輕拈來一個例子，認為那些說「中國只有經濟變革，沒有政治變革」的人，應該先看看「政治」概念的不同內涵。我以為，王紹光很可能讀英文過多，忘記了多數中國作者談論這種政經對比時，不會用「變革」這個詞，而是呼籲在經濟「改革」的同時，必須要同時進行政治「改革」。這一點，就是中共的大多數幹部也不可能弄錯。唯一可以想像將「改革」和「變革」置換的可能性，就是從英文reform 重新翻譯回中文。一字之差，使他有可能將話題引伸到印度學者對 Subaltern 的研究上，而回避了絕大多數中文作者所呼籲的其實是有意識、有決策的政治機構體制改革，並不是對政治狀況作描述性研究。

我之所以要在這裡討論這個問題，還因為王紹光文章以質疑後發國家被迫進入一系列「化」語狀態開端，而在他列舉的各種「化」裡面，不僅有「現代化」，而且包括了「民主化」。很顯然，這裡牽涉的是重大的理論問題。一些誠心誠意採取左派立場，反對資本主義全球化，反對經濟文化霸權的人，在提倡「本土化」的事後，以為自己已經走出了馬克思主義的時代，實際上的理論方向卻是從馬克思的大倒退。而且，就 subaltern 研究來說，也是從葛蘭西的大倒退。簡單說，這裡的倒退在於拒絕面對殘酷的歷史現實，拒絕承認資本主義在過去幾個世紀裡，席捲蠶食了、而且還在繼續席捲蠶食所有不同的生產與交流方式。傳統的馬克思主義至少承認，是資本主義創造了現代產業工人，並因此斷言資本主義生產出了它自己的掘墓人。社會主義運動至早也只能說是資本主義的孿生兄弟，而不是產生於資本主義工業革命之先。現代西方

馬克思主義者同樣承認，是資本主義創造了世界性的大市場，並因此決定性地帶來了廣大傳統產業的破滅。根據這一推理，我們有理由說，資本主義生產方式及其市場對今日國內數億普通工農群眾瀕臨破產的狀況負有直接責任。

在這種世界性趨勢下，在過去的兩百年裡，世界範圍內曾有過各種不同的抵抗運動。凡是真正能夠喚起本土創造性熱情並進入實踐的各種實驗性經濟政治運動，從來都是借助了勇於正視現代化課題、訴諸草根、變革創新的思潮的。無論是在亞、非、拉美，還是在歐洲東、南、北部的較小國家，民主政治都是這些運動中從不缺席的重要組成部分。正如上文所說，這些運動所強調的重點和表現形式並不完全相同，給後來者留下了豐富的選擇餘地，而其中最值得寶貴的，就是強調以草根民眾為基礎的廣泛政治參與。

最近各地發生的各種工潮，各地工廠礦山惡劣的合同條件，工人們淒慘的勞動條件與經歷，在在指向工人經濟地位惡化背後，政治權利被全面剝奪的殘酷現實。與此同時，近年來農村村委會選舉遭到與基層黨組織爭奪資源控制權的衝擊，同樣指向了經濟利益背後，政治權利被剝奪的現實。當數億工農群眾為中國社會整體承擔著資本主義市場衝擊的直接壓力時，他們不僅沒有激發政治創造力、提升政治自信心的機會和可能，而且連最起碼的政治權利都被剝奪淨盡。

民主政治對公民權利的保護，至今仍然是中國政治改革最迫切的課題。可是，就在憲法規定的「公民生命財產」仍然不能得到有效尊重和保護的時候，政府卻準備要修憲「保護私有權」了。如果憲法已經規定的公民權利都能得到保護，就沒有必要特別增加「保護私有權」一條。如果目前明文規定的公民權利還在受到各方（尤其是政府部門）不斷的侵犯，則修憲加上「保護私有權」只會為既得利益者提供又一個強有力的藉口，在侵吞國有資產時逃避社會公正的監督。

在這種背景下，拒絕討論民主政治的必要性，以「本土」為號召來抵制內部的改革要求和外界的各種批評，很難說是真正繼承了魯迅所提倡的「拿來主義」，更大的可能恐怕倒是會成為既得權勢者的幫閒。真正的「拿來主義」精神，必不能脫離對「本土」醜態的疾惡如仇，也必

不會忘卻「本土」青年為尋求理想而獻身的熱誠。明於此，就不難理解，為什麼正是在工潮高漲之際，「六四」十三週年紀念引起比前兩年更密切的關注——

　　八九民運與六四英靈永遠是被剝奪者反抗剝奪時所嚮往的光輝形象。

　　——2012年於美國洛杉磯

反思與前行

1989 年 6 月 1 日，北京高自聯和保衛天安門廣場指揮部的學生骨幹聯合召開記者會，介紹學運近況。自左至右為：柴玲、封從德、張伯笠、王超華、王丹、李錄。（本書作者提供）

1. 六四研究：態度、理論、方法

　　六四過去七年了。七年來，中國改革開放帶來的經濟高速發展轉移了絕大多數大陸人口和國際社會對七年前那「驚心動魄的五十六天」的注意。國外的中國問題專家固然多致力於分析、預測當前的政治經濟動向，即使流亡海外的民運人物也不得不在新形勢面前重新選擇政治定位，其中不乏暗中摩拳擦掌、只待國內政局有變即回國參加競選的有志之士。如果將香港亟待解決的民主化問題作為特例，則一般的情況可以說是，時間已多少消磨掉了六四紀念中行動的緊迫性，暗含的儀式概念越來越強。在這樣的紀念活動中，儘管有各種不同的解釋，八九年北京之春所傳達的資訊不可避免地高度濃縮、抽象化了，不同立場觀點之間的爭論也常常膠著在概括性的結論上。從另一方面看，時間的消磨同時把六四從當前政治中適度地解脫出來，使我們得以用歷史的眼光去觀察審視，重新認識這五十幾天是中國歷史上時間最集中、中國政治舞臺上的重要角色和重要社會集團都高度緊張地投入表演、而音像文字記錄最為完整的一個階段，因而為我們提供了觀察瞭解當代中國的最重要的視窗之一。問題在於，由於上面談到的原因，這個視窗迄今為止還沒有被充分利用。因此，認真核對史實，尋找具有說服力的解釋，仍是在紀念六四時不可忘卻的任務。這方面嚴肅認真的努力不僅會具有學術價值，而且會對認識中國政治文化的傳統和變異、對認識今日中國的政治發展前景有所助益。

　　雖然現在對六四的研究還不夠，我們已經可以看到一些重要的成果。其中特別值得一提的，是中國社會科學院近代史所陳小雅女士在政治壓力下完成、由台灣風雲時代出版的《天安門之變——八九民運史》。同時，值得注意的是，在試圖通過這一事件來認識當代中國的努力中，也存在著一些相當嚴重的問題，影響著研究和認識的深入。其中兩個主要問題是急於定性和局部套用現有理論。

　　第一個問題為中國大陸多年來人文社會科學受政治左右的後遺症，

不僅表現在言論著述中重視概括總結多於分析考察，而且在於視其概括和總結為研究的最終目的，像是年終總結，或是蓋棺論定，先要定其基本善惡，方能論及其餘，而確定「概況」之後對「其餘」的談論則常常落入羅列證據。對於定性的關心和重視自六十年代末即成為中國大陸群體或個體下意識行為中的重要組成部分，八十年代對定性在社會生活中的政治重要性有過大眾化的反叛，其表現主要為另一個極端的「定了性也不管用」，「定性管不著我」。這種反叛有助於大眾心理平衡，卻很難應用於以真理為旗幟的學術研究和以正義為號召的狹義政治行為。因此，如果不是回到「述而不作」的傳統，則即使提倡開放自由的知識精英們也難於從追求定性的習慣性思維中解脫出來。這種情形只從胡耀邦逝世之初開放派竭盡全力為他爭取一個「馬克思主義者」的稱號就可見一斑，其中涉及的多為當今海內外認可的中國知識精英。要深化認識，首先要擺脫這種思路。具體到六四，即使是在政治上無保留地反對政府鎮壓，支持學生和民眾的原則性要求，在研究中也必須認識到當時情況的複雜性和運動呈現的多層次多側面的變異狀態，要盡力避免以政治立場代替對關鍵性細節的考察。比如，對某一策略的肯定或否定有可能隨著形勢的發展和變化，以佔領或撤離天安門廣場為例，離開具體日期裡變化中的形勢就會不可避免地得出簡單化的結論。在這個意義上，胡平「見壞就上，見好就收」的理論有其薄弱環節，但確實注意到要將當時小環境內政治形勢的瞬息萬變引入考量。同時，對參與六四的重要人物，要確認對事不對人的原則，同時要分辨各人事後自我聲稱的政治原則立場和當時所主張的戰略策略是不同層次的問題。批評某一策略主張不應等同於指責主張者今日所聲稱的原則立場，更不能等同於對主張者政治生命的蓋棺論定。陳小雅在評價陳子明於八九年五月所採取的策略時就注意到了這一點。只有這樣，我們才能在媒體縮減到只有每年一度的集中報道的情況下，仍然避免簡單化概括，堅持深化對這一事件的認識。

第二個問題不僅中國知識分子的著述中有，西方學者特別是美國學者的研究著作中同樣有，而且由於西方學者的身份，又因其為美國學院中可接受的一般做論文的模式，而在進一步的探討中造成困惑。但這個

問題並非沒有其合理性基礎。西方學術研究模式的重要一環是提出假設並加以論證，不論自然科學還是社會科學都是如此。關鍵在於這個假設不同於中國學術傳統中的結論，假設的範圍和前提必須有清楚的定義，至少要假定著述的目標讀者（群）對定義範圍都有清楚的理解。這是西方學術不斷分科的一個重要條件：在我門下，對定義領域和前提條件不必多加解釋；不在我門下，不必與之言。這種學術發展的基礎條件近年來在人文社會科學領域受到歷史學和文化研究的巨大衝擊，但遠未失去其權威地位。因此，在面對西方理論時，我們仍需時時提醒自己，認清許多並非如著述者所假定的「不言自明」的定義範圍和前提條件，避免將自己限於別人假定的局部性討論中。在關於六四的研究中，這個問題基本表現為，學者們各自在這個大規模複雜事件中選取一個特定角度，一個特定側面，套用現成的西方理論展開分析。其前提是對現有西方理論的無條件接受，忽略中國現實可能對現有理論提出的質疑和補充；其側重點在於對西方讀者解釋中國現象，因而常常不可避免地在將中國現象作西方化解釋時造成另一類型的簡單化。這方面的一個例子是美國加州大學伯克利分校博士 Wasserstrom 提出八九年學生在政治運動中追求劇場化效果，並將其與五四等以前的學生運動作比較，以及他對六四悲劇性質的討論。即使充分肯定他的成績，這樣的研究也很難幫助我們深入認識為什麼這一次事件發生在這個特定時間，表現為這種特定形式，引向這樣一個特定結果，以後的類似事件是否必然重復這一過程。比較而言，佛吉尼亞大學 Israel 教授關於中國學生運動的研究似能考慮更多的歷史因素，扼要地描繪出學生集團和政治統治集團之間關係在二十世紀中國發展變化的軌跡。簡單說，這仍是一般化和特殊化的問題。但只有當我們能充分認識瞭解某一事件的特殊性，這個事件才有可能在我們努力把握一般性的過程中真正具有積極意義。

我以為，在研究六四時，我們應當充分地利用西方的研究方法而不是搬用現成理論，同時充分考慮歷史性因素和事件的具體發展過程。這些考慮應體現在探索各個關鍵時刻存在的多種發展可能性和實際發生的選擇，解釋最後選擇的內在邏輯，保持六四研究的開放性，從而既避免拘泥於現有理論，又避免簡單羅列史實。在這方面，陳小雅的書稿同

時提供了成功和不大成功的例子。例如，在討論運動開始階段時，她提出，如果蒙冤去世的是黨的總書記，恢復名譽應當是黨組織來負責，而從四月十八日起聚集在新華門前的人們就針對當時的總理高呼「李鵬出來！」，而不是要當時的中共總書記趙紫陽出來。邏輯何在？她給的回答有可商榷之處，問題卻提得正在點上。不過，同樣是討論運動之初，雖然她承認對胡耀邦的充分瞭解並非群眾悼念活動的重要起因，但她還是花了一整章的篇幅回顧胡的一生。在我看來，這卻明顯地超出了討論八九民運史的相關性界限。

　　進一步講，在考慮到可能應用的理論時，我以為，八九民運首先是一次政治運動，以政治組織的形式出現，提出明確或模稜兩可的政治要求，以政治理想為號召，以對現政權的挑戰或要挾為手段，追求現實不現實的政治目標。因此在考慮特定的歷史條件後，我們必須考慮其政治學的意義。其次，由於社會歷史條件的限制，上面列舉的這些政治特徵在八九年的中國都還處於其發展的極為早期的階段。因此，整個過程又呈現出大規模社會運動的特徵，不是西方政治學意義上的成熟的政治組織所採取的行動可以比擬的，這意味著我們必須同時考慮社會學的各種因素。再次，我們還需要考慮經濟改革的背景及其對社會心理的壓力，因而有參考經濟學、心理學等理論的必要。由於我們的目的是對八九民運作為一個整體事件有更清醒的認識，所有這些可能的應用都必須隨時準備討論對我們在各階段所設假定的反證，因此必須隨時考慮當時的歷史具體性。由於我們為自己設的任務，我們不可能象只在某一特定領域裡忙碌的西方學者那樣，對其假定之外、同一事件內所包含的反證置之不顧。舉例來說，胡耀邦逝世之初，學生究竟是如何開始運動起來的，很多中外學者在這個問題面前都直接跳到此前王丹等政治活躍分子在北大等校園組織的社團活動，將其與這些人後來在運動中的突出地位直接聯繫，建立起一種必然性關係。而根據《回顧與反思》，九一年聚會巴黎討論的學生領袖中，不止一人聲稱，在胡耀邦剛去世時，王丹等人決定他們的幾個社團組織應當先保持觀望態度。天安門的遊行從四月十七日開始，北大學生在十八日凌晨才第一次結隊走出校園【注】。既然如此，為什麼王丹仍然在運動中迅速獲取重要的領導地位？這樣的反證必

然迫使我們更細緻地審視政治運動中代表性人物和運動發展必然性之間的關係。這樣不斷提出假設，不斷考慮反證，我們不僅能使保持開放的六四研究有益於對當代中國的瞭解，而且可能同時為政治學理論的發展作出貢獻。

所有這些當然還只是願望。只有在實際進行研究的過程中，在不斷考慮並改正可能的錯誤中，這樣的目標才會逐步向我們靠近。在紀念六四七週年之際，我知道，我將繼續向著這個方向努力。

——1996 年 6 月 2 日

【注】據吳仁華《六四事件全程實錄》以及其他當時現場報道，四月十七日，王丹即與他主持的社團北大民主沙龍的同學們募捐製作花圈送往天安門廣場，並前往胡耀邦家中致悼；當晚至次日凌晨隨北大學生遊行到廣場後，王丹直接參與確認請願「七條」並與國務院信訪局交涉。他凌晨時分與方勵之夫人李淑嫻電話聯繫的事，成為當局六四後指控他們雙方的重要證據。可知，《回顧與反思》裡各人憑記憶拼湊的圖景未必可靠。如今有更多原始資料基礎上的逐日紀事可資參考，研究者必須經可能多地比對各種記錄，藉以求得負責任的結論。——2019 年加註

2. 見好如何收，民心如何興？

　　流亡途中，曾讀到一本類似報告文學的書〔《人》，The Man〕。作者是義大利女記者法拉奇（Oriana Fallaci），主人公是 70 年代初希臘孤膽革命家阿科萊斯——遺憾的是我忘了他的姓（Alexandros Panagoulis）。當時最深切的感受是他對信念的堅定執著。驚異於他幾番入獄都不曾稍減的頑強意志，我不禁時時提醒自己要向他學習，一旦入獄，至少要做到某幾條。

　　不過，本文想說的是另一方面的印象。在那本書的開頭，法拉奇描述了萬千民眾參加阿科萊斯葬禮的盛況和她自己對這些民眾疑慮恐懼的心情——塞滿大街小巷的民眾就象一條伸開所有觸角的章魚，這怪物是否知道它在抓住什麼或是在吞噬什麼呢？她的這個印象曾經強烈地打動了我。

　　六四過去一年了，當時的印象仍然鮮活如昨日。看到滿街民眾時既驚喜又疑慮的感覺也仍然活在心頭。我想，六四的本質在於廣大人民群眾和一個獨裁專制政權的公開對抗。這是六四與西單民主牆的不同，也是六四比西單民主牆的進步。在這一公開對抗過程中，站在民運領導位置上的人與其說是政治領袖，不如說是群眾代表。一般地講，他們（包括我自己在內）的政治指揮都不夠出眾，處理政治危機的才能和政治領導藝術都不夠高，而且可以說，他們對政治局勢的微妙變化相當不敏感。一句話，我們還不是政治家。因此，把八九民運當做一場有組織有準備的政治活動的人，不論他是要吹捧還是要批判甚至要鎮壓這場運動，都是犯了根本性的錯誤。就那兩個月民運發展的具體過程來講（請注意這裡的限定語），無論是學生組織還是著名知識分子，都不必承擔領導不當的責任。應當承擔責任的是共產黨和政府中的高級官員，可以說也應當包括趙紫陽。他們在政治領導位置上，他們是政治家，他們（在六四之前）應當對引導群眾情緒、控制局勢負責。因此，也正是在這一公開對抗過程中，中共政權在全世界面前暴露了最大限度的無能、怯懦

與卑劣。這已經成為不爭的事實。

不過，從另一方面講，總結八九民運中民眾方面運作中的經驗教訓，使群眾運動在今後推動中國民主化進程中更有效地發揮作用，也是非常重要的。在這一方面，水能載舟，亦能覆舟的道理也值得民運參加者反思。

比如，有些海外人士評論去年民運時認為應當「見好就收」，這意見很有道理，但多少脫離了當時的實際情況。就我自己經驗而言，去年五月中旬我面臨的問題不是是否要見好就收，而是如何做到見好就收。在這個問題上，我自己當時幾乎是一籌莫展，因為我不善於掌握群眾心理。

我想起也在首次通緝 21 人之列的北師大學生梁擎暾（大家都簡單而親切地稱他為梁二）。在 5 月 4 日宣佈復課後，學運暫時進入低潮。各校的學運積極分子都有一種茫然而失望的情緒，認為學運未能取得任何實質性進展就偃旗息鼓了。這時梁二曾誠懇地與我交流，提出寧肯學運暫時失敗，也要保住中國改革的勢頭。我還想起著名作家、記者戴晴，從 4 月下旬開始，她不止一次呼籲學生冷靜、理智，保護已有成果，並且保存實力。她私下裡多次憂心忡忡地表示，如果不能掌握群眾情緒，搞不好中國就會倒退二十年（如今結局竟不幸被她言中）。我當然更多地想到了我自己。5 月 4 日後在北京高自聯的一系列會上，我曾多次主張放緩學運，配合黨政高層中改革派發出的資訊，並在 5 月 12 日得知同學們已自發串聯簽名絕食時表示過堅決反對，此後還曾四出聯繫著名學者，希望他們能勸阻學生。當時很多學者也都表示，在這樣的危機時刻，要想幫助政府掌握機會渡過危險，就應當設法使學生同意作出某種程度的妥協。從這些例子不難看出，當時學運中並非沒有「見好就收」的意見。但是，為什麼這種意見不能說服掌握群眾？其後很久我才漸漸悟到，這不僅是個確定鬥爭目標，或選擇手段與途徑，或什麼其他理論性的問題。非常重要而又非常容易被僅憑熱情和良心參加民運的朋友（包括許多著名學者）忽略的，乃是處理複雜政治局面的領導藝術。在學運 50 天中，我體會到，成功運用這種政治領導能力，首先要準確掌握群眾的心態，及時捕捉群眾的心理趨勢；其次是只有在滿足群眾心理要求之後，才可能引導群眾；再次是處理危機時要能準確地把妥協信號

傳給對方。

　　現在看來，當時能夠在廣場上保持其號召力的人，總是那些能在較大程度上滿足群眾心理需求的人，是在某一方面具有特殊代表性的人（如上所說，我認為他們也還不是政治家）。同時，群眾心理需求並不是單一的，無限制膨脹的，而是多方面、有節制。當然，最容易被把握，最容易得到表達的，是那些比較單純、比較激情化的方面。所以，任何理性要求，只有同時滿足了群眾單純而激情化的心理需求，才能激起共鳴，被群眾接受。比如，「和平，理性，非暴力」這種自我節制的口號顯示出了一種向無能政府挑戰的道德優越感，就被群眾接受了。市民的標語牌上寫著「不起哄，不胡來，就是最好的支持」。這種口號準確反映出群眾心理需求在特殊情況下得到滿足的特殊方式。

　　而和我相似曾經持「見好就收」主張的人（不能籠統地說所有「收」的主張都是見了「好」之後提出來的，也有些是見「壞」時提出的，不過所有的「收」都沒有得到過實施）不能貫徹自己的主張，可以說主要是沒能準確把握群眾心理需求與自己主張的契合點。我們不妨假設，如果宣傳上能夠做到「成績講透」，使群眾有足夠的成就感和滿足感，再向群眾提出給政府一次表演機會，那麼，群眾也很可能會贊同「收」，懷著戰略上的優越感為政府讓出舞臺，同時保留引而不發、蓄勢待發的壓力。

　　事實上，去年五月我已經想到了這種可能性，只是思路還不清晰，又得不到配合，還要時時注意不要過早說明目的，引起群眾的誤解，……。總之，在實施這個未經證實的可能方案時，也還會碰到一系列的與群眾敏感心理相關的問題。讀者只要注意到東歐或是台灣的政局動蕩，就會有所體會。

　　從東歐變革來看，政局動蕩時期，總會伴隨著或大或小的群眾運動。如何使群眾運動的勢頭有效地推進民主化進程，推進市場經濟體制的建設，幾乎是每個東歐國家都曾經遇到而且仍然面臨的問題。最為戲劇化的例子恐怕就是羅馬尼亞了。可以說，能否成功地處理群眾運動，是考驗政治家能否被稱為「大手筆」的一塊試金石。

　　目前中國民主運動的主體無疑仍是國內民眾。但能夠積極活動的人

都集中於海外，國內暫時處於低潮。因此，海外民運在目前階段扮演著一個較為重要的角色。但是，下一次中國政局危機時海外民運能否在國內扮演一個重要角色，能否利用目前的自由環境和便利條件成功地保持中國民運從 1989 到下一次的連續性，仍然是目前海外民運面臨的重大課題。我以為，回答這一課題的關鍵，在於把工作重點放到爭取國內民心上。

這首先是因為海外民運的對手是一個不講法制，不講遊戲規則的專制集團，民運團體不能寄希望於共產黨對民運主張的認同，否則很容易被對方要了。他會說，「你主張的那些我們都已經實行了」，之後就不再與你糾纏細節，只用使領館來對付你，就像去年用統戰部對付人民群眾一樣。去年他沒有成功，因為群眾不答應。所以，人民才是民運實力的代表。人民把你當做心目中的一桿旗，政府就不得不紆尊降貴來跟你談，儘管他很不滿意你「最後通牒」式的口氣。海外民運要想在下一次危機時發揮重要作用，首要前提不是目前的執政黨承認你、接受你，而是民眾承認你、接受你。國內現有八個「民主黨派」受到執政黨的承認，可是在群眾運動起來時，他們連充當幹旋者的資格都沒有。海外民運組織即使獨立品格更高一些，是否能被國內群眾承認和接受仍是第一位的問題。

其次，據我瞭解，目前國內大多數民眾在理智上都同意中國應當避免大動蕩大革命。但是，下一次政局危機，無論由什麼誘因引發，六四都將是關鍵的一環。而由於六四後民眾對政治經濟狀況的強烈不滿，政局危機肯定會帶來一定規模的群眾運動。也就是說，民眾需要在下一次危機中獲得心理上感情上有效的補償和滿足。如何適當地結合理智與感情兩方面，將是民眾面臨的一大難題，也將是政治家面臨的一大難題。處理得不好，就可能在一個相當長的時期內造成政局不穩，使發展方向不確定——很可能在長期動蕩中，民眾對強制政體下「安定團結」「分配均等」的要求漸漸高於對民主政體下活躍因素過多的「機會均等」的要求。我確信，中華民族需要學會走良性的漸進的改良道路，爭取能夠逐步地向現代民主政體發展，盡量避免大動蕩大革命。因此，對群眾狀況的研究、瞭解、預測，必須及時提到海外民運日程上來。只有盡一切

努力使國內民眾與海外民運認同，海外民運才能在下一次危機時有效地運用自己從四五、西單民主牆到八九民運總結出的東西，有效地帶領民眾，建設一個新的民主富強的中國。也只有這樣，才可以說，六四死難者的血沒有白流。

　　八九民運過去一年多了，我感到最為焦慮的時刻，就是聽到中國老百姓無可奈何地講：這個國家沒希望了。這不是誰、不是哪一黨哪一派失去民心，這是中國，中華民族的前途正在失去民心。我們可以說，這應當歸罪於共產黨。可是「歸罪」能輓回人民對祖國民族的信心嗎？如果人們只是在「湊合活」，在「能撈就撈」，我們就還不應當為共產黨的失民心而歡呼。

　　民運要樹旗幟，是要樹人民心中的旗，樹人民對民族前途有信心的旗。民之運興，國之運興。

　　——1990 年 6 月

3. 野營的合法與非法
——駁郭奇先生

　　郭奇先生在其〈焚燒國旗無罪與非法野營〉一文（其原文附後供參考）中引用上下古今西方各國的例證，論述了判斷焚燒國旗或野營是否合法的唯一法律依據只是一個財產的所有權問題——做國旗的這塊布是否屬於焚燒它的那個人，你去野營的時候是否把帳篷搭在了別人享有所有權的地盤上。這確是六四鎮壓兩年多來尚未聽到他人提及的相當精采的題目，難怪郭先生止不住筆，把他的結論洋洋灑灑一直引伸到中國，引伸到八九民運中去了。可惜的是，郭先生從西方到中國時走得太匆忙，沒有來得及多看一眼這個唯一的法律依據是有前提的，而這個前提在中國、在八九民運中卻是沒有保障的。

　　這個前提就是，私有產權受到絕對保護。

　　共產主義意識形態統治了中國四十年，如今的中國人已經不敢想像世界上還會有這樣的法律前提，不敢想像這樣的法律前提有可能是對人類發展有益的。即使在十年經濟改革之後，成千上萬的承包農民和個體戶也還不能理直氣壯地要求這一條。他們頂多也就是要求政府說話算話，政策不要總是變。誰知道今天在我手裡的東西明天屬於誰？誰知道我今天創造的財富是不是明天就會屬於「大家」，屬於「中國」，屬於「全人類」？

　　受訓四十年，如今的中國老百姓已經很知道什麼是「公有制」了：公家的就是公家的，自己的也可能成了公家的；上級的就是上級的，下面的也可能成了上面的（結果即使最想為群眾謀福利的基層幹部也得學會向上級說謊）；中央的就是中央的，地方的也可能成了中央的（這一情況近年有改變，但其前提沒變，因此地方要求本地利益時表達方法五花八門）；國家的就是政府的，政府就是國家（請問郭奇先生對西方法律和制度那麼瞭解，可知「國家的」和「政府的」是否有區別？）。

　　郭奇先生恐怕離開中國時間太長，已不熟悉中國這些實際情況了。

其實，就在他發表雄文之前的幾期《新聞自由導報》上，還轉載了《中國法制報》關於民辦科研機構無生存保障的消息，該報記者批評山西某地方政府不應將一個集體機構當作私營企業隨意關閉時，指其毫無私營經濟亦應受到法律保護的概念。

就象不敢加上「無罪假定」一樣，中國憲法至今不敢加上「私有財產受到絕對保護」這一條。北京的員警也就敢在半夜裡挨門搜查學生宿舍——此事就發生在半個月前（1991年夏）。是否因為我的宿舍是租的，我就不能阻止「房主」的檢查？若是這樣，那就難怪六四之後北京市民那麼緊張而又自覺地等著挨家挨戶的查戶口了——試問，有哪個中國人象郭奇先生講的那個黑人老頭那樣有自己的「私人領地」？回想前幾年北京人蓋小廚房最盛之時，從建築工地搬磚頭，搬瓦片，甚至搬水泥，搬鋼筋的，比比皆是。當時最流行的一句開脫的話就是：「我拿了國家的東西？我人還是國家的呢！」這就是公有制教給人們的最樸素的真理。你怎麼能證明你燒的那面國旗就屬於你自己？你人還是國家的呢！抓你一個犯罪分子，判你一個非法雇工，一個地主、資本家，或者哪怕只是個小業主，你的財產在理論上就隨時可以充公（雖然現在實際上可能不是到處都這麼做），你憑什麼根據私有制的法律前提就這麼有恃無恐？

同樣，誰能說清天安門廣場究竟是政府財產還是國家財產？誰有權利佔用它，誰沒有權利使用它？我想不要說郭奇先生，即使中國政府，恐怕也說不出今年六月初頂著烈日酷暑在廣場上竟日活動的少年兒童辦理過哪些申請審批手續。我們又該如何判斷這塊「領地」可被佔領的條件呢？

何況，即使你已經知道了無數可資援引的前例，對於中國的法律事件都無濟於事。中國的法律制度就沒有援引前例這一條。中國的法律從理論上就和政治堂而皇之地密不可分。政治情況差強人意時，判刑可能寬鬆；政治情況惡化時，算你趕在了槍口上。中國政府因此而得以逃脫一切治理不善的責任，事後也並不必鬚根據實際情況修改完善各項法律法規。這樣說，還並沒有涉及中國法律治人而不是保護人的出發點。

回過頭來再看郭奇先生的奇文。郭先生博覽群書，引用事例還提供

索引，堪稱豪爽。但我仍懷疑，拿破崙炮轟築街壘的群眾時，所依據的是否是如郭先生暗示的那一條「私人財產不可侵犯」。亦不知郭先生能否提供更多幫助，以使如筆者一樣無知的讀者能瞭解拿破崙對他人財產尊重到什麼程度，以致他一定要出兵攻打其他國家？此外，令人感興趣的確實也包括法國人的反應。但不知當郭先生將北京政府八九年的大屠殺與拿破崙媲美時，他在法國人臉上看到了什麼表情？幾千年的人類文明史中可供選用的事實何止千百件！可嘆的是有些人選用史實時全然沒有歷史發展的觀點。就拿《光榮與夢想》來說，其中涉及的群眾示威事件亦不在少數，包括麥克亞瑟平息的那一次在內，有哪一次美國政府敢於公然動武傷及人命而事後未受到國內公開抗議與調查的？馬丁·路德·金向華盛頓的和平進軍是否對其參加數和可能引起的交通堵塞都有準確的估計？是否先行申請獲准並按計劃執行？還請郭先生多多指教。

除了領地權與野營合法性的問題，郭奇先生還批評八九民運脅迫表決，據說這和袁世凱或佛朗哥沒多大區別。這真是閉眼不看中國現實而滑天下之大稽了。中國的人民代表大會是在誰的脅迫下進行幾十年的表決工作已是世人懶得再加以論證的事實。而八九民運儘管至今仍有各不相同的評價和總結，但絕食後期到戒嚴令公佈及那以後，北京市民參預的自發性和各群眾組織的指揮失效也已經是不爭的事實。如果不健忘，郭奇先生就應當知道當時北京政府已硬行將原訂於五月二十日召開的全國人大常委會推遲到六月二十日，而且在公佈的議程上取消了原定討論「目前局勢」的那一項。五月十九日夜戒嚴令公佈，五月二十日僅大北窯一地就有上萬人湧上街頭以身體攔阻軍車，要求撤銷戒嚴令。我很想知道博學的郭奇先生如何分析歷史事件。袁世凱和佛朗哥脅迫表決依靠的是什麼？鄧小平脅迫表決依靠的是什麼？他們有武裝部隊，有槍桿子的實力。而我們北京人民（不幸，我當時也在北京「脅迫表決」的人群中）有什麼實力？我們有的只是人數，我們想得多麼簡單，有這麼多人 shown up 了，還不能在「我們的」人民代表大會上有一點我們的聲音嗎？

幸而有郭先生這樣的博學者，給我們舉出歷史的例證，我現在才明白，要「脅迫表決」時一定不能忘了槍桿子在誰的手裡握著呢。

總結歷史最怕似是而非。對民主的瞭解未必隨著在西方生活的年頭成正比例增長，即使你已經知道了數不清的西方典故。因此，儘管本人去國時間不長，見識極為有限，但在這些對我這樣的八九民運親歷者至關重要的問題上，我不能不說出自己的觀點。有誤之處，歡迎郭奇先生和尊敬的編者、讀者指正。

　　——1991 年

[附錄]

郭奇 [馬悲鳴]：焚燒國旗無罪與非法野營

　　美國的示威者不敢襲警，合法範圍內最劇烈的示威行動就是焚燒那面永不落的星條旗了。美國國會週期性地表決是否定罪焚燒國旗的行為非法，但屢次表決屢次通不過。這倒不僅是出於對自由表達和人道主義的考慮。那面星條旗升起來時是一面國旗，燒起來時只是一塊布，並沒有特殊的燃燒值。

　　焚燒國旗無罪的判斷要看那面被焚燒的國旗的產權是誰的。如果是示威者從商店裡花錢買來的，燒國旗和燒他自己買來的任何其他顏色的布頭沒什麼區別，自然無從定罪。但如你非要燒白宮前的那面星條旗就不能無罪了。因為你沒付錢，那面國旗的產權不屬於你，你就沒權力燒。另外請當心！焚燒自己買的國旗雖然無罪，但如因此而引起火災還是要問你個縱火罪的。

　　當美國這邊最近一輪的表決剛被否決掉時，中國那邊倒輕而易舉地通過了嚴禁焚燒和污辱國旗的法律。其實中國人還沒有焚燒國旗的案例，因為捨不得那塊布。中國國歌的歌詞號召中國人用自己的血肉築長城。中國的國旗據說是用血染紅的。我沒去過國旗製造廠，沒見過用血染國旗的工藝。也可能這只是一種比喻，騙騙小孩子罷了。不過這種說法總讓人覺得臟兮兮的。他示威者燒國旗是為了出氣，你旁觀者就只當他在燒那種偶然能在垃圾堆裡見到的染著血的布帶子好了，犯不著入他以罪。而且燒了國旗出完氣，也就沒氣力去佔領天安門廣場。這總比憋

急了武裝暴動好吧？中國人節省到這種地步，用國旗做被面，做褲衩，糊袼褙納鞋底子的有的是，你抓得過來麼？定個沒法執行的法律徒損法律尊嚴。美國人用他們的國旗圖案做的褲衩和乳罩銷路倒是蠻好的。

當然，如果中國廢了焚燒國旗罪，也不是說你就可以燒天安門前的那面國旗了。因為你沒付錢，那面國旗的產權不屬於你，你要是燒了它的話可以問你個破壞公物罪。八九民運期間幾個湖南人向天安門城樓上掛的毛老佛爺象投擲汙物，被學生送到公安局。這個行為曾被一些同情民運的人士指摘。我不知道他們是怎樣辯護和怎樣被判決的。不過儘管這畫中的人物毛老佛爺是他們的同鄉，但顯然這張畫像的產權不屬於他們。不管它該不該掛，或者掛得是不是地方。如果判他們「大不敬」罪，惡攻罪或反革命罪是沒道理的；但如判他們破壞公物罪當是無話可說。

加州有個著名的案例。一個白人的男孩偷偷跳入一個黑人老頭的住宅後院的游泳池裡游泳。這黑人老頭二話不說舉槍就打。一槍擊中這白人男孩的胳膊。此事告到法庭。法庭最後判白人男孩侵犯私人領地罪，黑人老頭無罪。有記者問：如果下次再有人偷入你的住宅游泳怎麼辦？黑人老頭回答說：照打不誤！這私人領地不可侵犯的法律是你們白人定的。

在美國開車，高速公路邊上常會出現寫著「野營地（Camping Place）」的牌子。在這塊地盤上租地野營合法。否則就是侵犯私人領地或公共場地罪。國會山莊後面的大草坪上沒有「野營地」的牌子，所以野營非法。三十年代美國經濟大蕭條時，兩萬多參加過第一次世界大戰的退伍軍人扶老攜幼，到國會山莊前紮營結寨，要挾政府提前發放戰爭獎助金。美國政府想盡了辦法也「請」不走他們。時任陸軍參謀長的麥克亞瑟將軍不聽艾森豪威爾少校的勸告，毅然承擔起處理此事的責任，調動坦克和騎兵驅逐示威人群。當時的總統胡佛只命令部隊到達河邊為止。但麥克亞瑟仍率部越過河岸，燒毀帳篷，徹底清除請願的群眾，並造成傷亡。輿論因之大嘩。在麥克亞瑟將軍立過的無數戰功裡，有一功是在首都華盛頓大草坪上的火燒連營。

當法國大革命的殺人魔王羅伯斯庇爾最後一個被送上斷頭台時，除了拉法耶特適時隱姓埋名藏了起來以外，法國各派的知名人物都已被殺光了。沒有人有威、有望能鎮住動不動就築街壘的群眾示威熱情。新成

立的督政府首腦（此人堪稱真伯樂）弄得焦頭爛額，一籌莫展。一天，當他經過塞納河邊時看到一位矮小的失意青年徘徊在岸邊似乎正準備投河自盡。他叫住這位青年，在和他攀談之中知道他因為是羅伯斯庇爾弟弟的朋友而受株連失去在軍隊裡的職位，看來是前途無望了。這位督政府首腦盤問了一下青年的政治軍事專業知識，發現竟是驚人的內行。他立刻問青年是否願意和有能力解決政府門前廣場上沒完沒了的示威活動。這位青年胸有成竹，毫不猶豫地答應下來。第二天他帶著剛剛撥給他指揮的軍隊拉著大炮來到廣場，朝著示威的人群開炮猛轟，只幾炮就把示威群眾轟得做鳥獸散了。這位青年由此成名，他的名字叫拿破侖。

馬克思說，當東方的火藥輸入歐洲以後，騎士集團被炸得粉碎。我不知馬克思具體指的是哪次事件，反正拿破侖出山後立的第一功就是把示威群眾炸得粉碎。拿破侖以善用大炮著稱，那時的大炮就是最利害的戰略武器了。

以上是美國和法國歷史上兩員名將的故事。尤其是拿破侖，威名蓋世，還有誰記得他剛出山時挨他大炮轟的示威者的名字呢？別忘了這次收容中國逃亡民運人士最多的就是美國和法國了。如果你敢就此事當著法國人的面罵拿破侖是鎮壓群眾運動的大壞蛋，請你仔細注意這法國人的表情和反應。不知逃出來的天安門廣場正副總指揮和保衛部長們看了這兩個故事作何感想？如果你們不信有這等事的話，可查《光榮與夢想》第一卷第一章和《拿破侖傳》。

請問，天安門廣場上可有「野營地」的牌子？你們可曾付過租用天安門廣場野營的租金？問個侵犯公共場地罪你們可怎麼辯護？尤其是佔領和封鎖紀念碑基座，建立層層防線，沒有「簽證護照」的不許進入；問個割據合適？還是問個侵略合適？

恕在下孤陋寡聞，不知這佔領紀念碑，保衛天安門廣場對民主事業有什麼意義。如果真如你們所設想的坐守到人大開會，這難倒不是脅迫表決嗎？和西班牙佛郎哥舊將發動的包圍議會脅迫表決的政變有多大差別？和袁世凱脅迫國會表決讓他繼任大總統有多大差別？儘管你們脅迫表決的內容可能不同，但這脅迫表決的形式卻無大二致。

關於〈野營的合法與非法——駁郭奇先生〉
一文的說明（2008）

　　〈野營的合法與非法——駁郭奇先生〉一文以"杜凝"筆名發表在
1991 年夏的《新聞自由導報》上，反駁當時以"郭奇"筆名發表《焚燒
國旗無罪與非法野營》一文的"馬悲鳴"（這是該作者十幾年來比較常
用的筆名）。當時因為本人曾編輯《新聞自由導報》，和該作者在電話
上有過若干交往，並曾因其有所請而給予承諾，至今從未翻悔或背棄。
他知道我常住洛杉磯，時常在導報發表一些文章；我也大致知道他的去
向。大約 2000 年，發現他在網路上廣告售書，書中收錄了我的這篇文
章，卻從未主動與我聯繫，直接侵犯版權（我的原文此前只在導報發過，
網上流傳的應該是他自己打字輸入上傳的）。2007 年六四紀念期間，
在"自由中國"網站相遇，仍不悔改，再次張貼，且拒做任何說明。

　　與此同時，該作者卻在"自由中國"網站挑戰，要和我就八九六四
公開辯論。我答以"道不同，不相與謀"。有朋友不解，認為他的很多
觀點非常迷惑人，有必要正面回復。這些朋友不明白，該作者的主要論
辯手法是美國律師式的，其目的並不在於探討社會歷史事件的真相和意
義，而在分離出個別情節，每次專攻一點不及其餘；不但在各個孤立出
來的論題中拒絕考慮政府方面的非法因素，而且對他自己各次論題之間
的關聯也能坦然置之不理。八九六四是大規模歷史性事件，史實細節當
然值得收集考量，但我認為，該作者的論述方式絕無可能說明人們深化
對歷史的瞭解和認識。為什麼和他無法辯論？因為我們並沒有類似的出
發點，既不是爭奪同一個公職位置，也不存在對政治體制變革的相似期
待，所以，沒有辦法選擇一個相對中立的主持人來保證程式，以便對雙
方都公正。我關注的是辨析史實以及相關的重大歷史因素，為什麼要把
自己捆綁在該作者那種孤立出小事件來打邏輯牌的狹小格局裡？

　　我在當年的反駁文章中，有一個重要問題沒有展開。這就是現代國
家的政治合法性問題。筆名郭奇或馬悲鳴的作者，從來不願考慮與政治
學和現代國家政治理論相關的問題，因為這些超越了他能玩弄美國式律
師技巧的範圍。可是，在美國退伍老兵要求福利的示威和馬丁‧路德‧

金領導的民權運動之間，最大的不同正是在於後者直接質疑美國政治制度的正當性（legitimacy，又譯合法性），而前者對政治體制並不構成直接挑戰。這也是菲律賓的人民運動，韓國和臺灣的民主化運動，以及1989年前後蘇聯東歐一系列民主化運動的政治本質。這些運動遠遠超出要求經濟福利的一般示威，造成對現存體制和現任政權的直接衝擊。在這種衝擊面前，一個無力控制局面的現代政府，最合乎正當性的應對，只能是自己辭職下臺，而不是濫用公權力殘殺百姓。該作者從來沒有解釋過，柏林牆的倒塌是否符合"非法野營"條款，前東德的軍隊是否應當堅持向當時沖向柏林牆的群眾開槍掃射，就是他論辯方式專走偏頗的一個最好例證。冷戰結束和科技發達，使得此前因意識形態對立而投入武裝鬥爭的政體變更模式走入歷史。過去二十多年裡，多國民主化起始於民眾在大都市中心廣場集結的和平抗議，大約也可看作這位作者的論說難以繼續服人的外在因素之一。

4. 略論學生的群體形象及影響
——兼談對八九民運的研究

　　一九九一年，我為《新聞自由導報》寫過一篇題為〈一次人民的示威〉的文章，記述八九民運時的「四‧二七」大遊行。文中，我曾試圖強調這次遊行的成功不是由於學生組織得好，而是由於北京市民承擔了主要的壓力。一九九二年五月一日，中國留學生主辦的中文電子雜誌《華夏文摘》連載該刊「史料選編」專稿〈三年前這一周〉，也講到「四‧二七」大遊行，卻說「此次遊行組織得非常嚴密」。這是否和我的結論矛盾呢？我以為，澄清這個問題，對於認識八九民運期間某些重要現象有決定性的意義。

　　問題在於，北京學生群眾表現出來的高度組織性紀律性是否等同於當時北京學生自治組織的工作能力。這不是說要對某一階段的某一個學生組織作價值判斷，而是進一步地，如果二者不等同，那麼前者施加於市民、政府包括其中的改革派（以及竭力調解派）、社會各界（包括當時的知識界以及後來的海外各界）以及學生本身的印象及連鎖反應會是什麼。

　　以八九年四月份的活動為例。從四月十五日胡耀邦逝世到四月底，幾乎天天有學生上街，但使人們深刻感受其組織性紀律性的主要是兩次：四‧二一至四‧二二的胡耀邦追悼會和四‧二七遊行。我本人是四‧二一夜裡在天安門廣場第一次加入到學生隊伍中的。我當時加入的一個最直接原因就是看到學生遊行隊伍的有秩序。我曾在八九年這樣寫道：「給我印象最深的是他們都有手拉手的糾察隊，顯示出一種出乎意料的組織性、決心和力量。我覺得不能不對這次學運刮目相看了。這時我就很想瞭解其中的內情，……」值得注意的是，目前流亡海外的、當時已捲入學運（或民運）很深的吾爾開希、封從德、沈彤、吳仁華等人都沒有證實過對這次行動曾有過有效的組織準備——我的重點是在「有效」「組織」四個字上。對那次的組織準備工作我沒有發言權，不過，四月

二十二日，我在人民大會堂前幾度以本校學生代表的身份參加各校代表會議，就開始體會到前一天晚上學生隊伍表現出的組織性紀律性與學生中實際存在的組織及其運作能力並不是一回事。事實是，雖然當時還未曾出現一個正式的各校聯合組織，學生隊伍已經開始以其深具自律性的外表震動政府，振奮民心，並壯大自身的隊伍。四‧二七的事情更具代表性。四月二十五日晚，在四‧二六社論廣播的前一刻，北京「高自聯」召開第一次各校代表大會，決定二十七日大遊行到天安門廣場，在廣場舉行不定期靜坐。社論的播出引起嚴重關切，但沒有改變這個決定，大會代表們只是補充了決定的細則：如遇強硬阻攔不能到天安門廣場，甚或不能出校門，則在校內靜坐；如遇強力干涉，則在各校分別絕食。二十六日，上午高自聯舉行了第一次中外記者招待會和第二次代表會，下午北京市委在人民大會堂召開了萬人幹部大會佈置堅決制止動亂。這天晚上，政府方面通過基層學校找到高聯首屆負責人，多方設法施加壓力直至下半夜，迫其以個人名義簽名並加蓋剛在代表會上宣佈為高聯代用章的「祖國萬歲」印鑒，專車送其前往各大院校和高聯聯絡點通知遊行取消。所以，二十七日早上，首先行動的幾個學校的學生不僅是衝破軍警阻攔，而且在出校園第一步時還是衝破了某種統一組織的默契。各校決定出校園的經過不同，目前在海外至少有北大、師大等校學生領袖可作證明。因此，與其說學生群眾表現的高度自律性是由於組織工作的結果，不如說是對政府強硬的政治處理態度的反彈。第一次是由於北京市宣佈四月二十二日晨八時起天安門廣場戒嚴；第二次是由於那篇「文革」腔的社論和層層傳來的各種壓力和消息。即使這樣解釋，仍有簡單化的嫌疑。把運動初期高度自律性的問題開放，才有可能進一步揭示運動後期學生群眾和學生領袖之間相互作用相互制約的關係，揭示事態發展時不同層次的原因。

我相信，一個剛剛成立兩天的群眾組織，其負責人在複雜的政治條件下作出不合實際的決策是非常可理解的事（這位負責人因此而在四月二十八日高聯第三次代表會上辭職獲准）。問題是，「學生組織得非常嚴密」的外在印象引起了什麼連鎖反應。

這裡我只能簡略舉幾個例子，這幾個例子都發生在五月四日以後，

因此有必要再對五・四學生宣佈復課作幾句說明。五月三日夜，全體高聯常委齊集北大準備五・四宣言，幾乎通宵達旦，疲憊不堪，有關五・四遊行的一些安排因此沒有得到深入討論並形成書面決議，其中就包括復課決議。結果，五・四公開宣佈復課引起高聯內部組織危機。五月五日上午，包括主席在內，兩名常委辭職，一常委遭罷免，另一常委院校遭抵制。從五月五日到五月十三日絕食開始，是高聯從總部到大多數院校基層組織的一段危機時期。而外界對學生的內部危機毫不知情，學生保持了一種有組織、知進退（包括知道適時復課！）的整體高大形象。

學生組織實際狀況與外部形象之間的差距首先影響了急於改革的知識分子對形勢的看法。比如，據我所知，在學生決定絕食之前，一些作家和知識分子已經在著手準備他們的〈「五・一六」宣言〉，其中一些發起人現在也在海外，似乎還沒有談過這個情況；又如，五月六日，我正焦灼於組織危機，希望找到不公開管道與政府溝通，以外部成功減輕內部壓力，卻發現我找的那位精英（現在國內）對造反的形勢大為看好，正積極串聯新聞界請願。我認為這兩例都屬於急於改革的知識分子忽略五一以來官方對示威的溫和回應，要乘學生之「勝」追擊，對政府繼續施壓，以加劇政治危機的態勢。

其次，這一差距反作用於學生，加劇了激進學生在復課後的失落感而不是成功感，同時減輕了溫和派學生的責任感。比如，北大五月五日群眾投票，約三分之二的人同意繼續罷課，但到五月九日十日，復課學生越來越多，幾達三分之二，籌委會不得不（這種「不得不」很耐人尋味）在每晚例會上分派積極分子到各教學樓門前宣傳堵截；又如師大五月九日晚在高聯代表會上宣稱要從十日起重行百分之百罷課，但十日晚我在北大即見到師大「特使」手持吾爾開希（這一周內我把他劃入激進派）簽名並加蓋「祖國萬歲」印鑒的條子來求援，索求有關繼續罷課的宣傳品。另一方面，成立於五月三日，五・四後才開始每天活動的對話團，有溫和派的代表性，卻一直處於與基層學生脫節的狀況。最明顯的一個例子是，我幾次請他們將準備的對話內容簡明化、口號化，以便宣傳組織學生群眾，都被謝絕，理由是絕不能在對話正式開始前讓對方摸到己方的底，以至絕食開始時，幾乎沒有絕食同學知道對話團作了什麼

準備工作,對他們毫無信任。這是五月十四日絕食學生衝對話現場的重要原因。對話團負責人對我說過,你們高聯把這些組織工作抓起來就行了。這明顯是將高聯組織理想化,沒有注意到或者說不願考慮當時高聯曾幾近癱瘓的事實。

第三,對學生力量和學生組織的理想化,使政府內的調解派只將注意力集中於若干學生領袖,忽視了——或者說這種情形幫助他們無意中回避了——直接向群眾施加影響。就在最近,我得知當時致力於調解的一些幹部仍然認為他們曾說服了某某學生頭兒,只是受到另外某某學生的阻礙,才再次陷入僵局。但這只是非常表面的現象。五月十三日絕食開始第一天,發起絕食的十一人成為當然絕食代表,其中大約五人參加了晚上與當時統戰部長閻明復的座談,五人中至少三人在十四日中午已同意停止絕食。但這些學生和與之交涉的官方人員一樣過高估計組織和領袖的作用,一旦發現自己無法把握群眾,就開始有意無意地將責任轉嫁給持不同意見的學生領袖。

第四,這種理想化對北京市民的影響相當大。特別是在絕食開始以後,市民大批湧入廣場。其中參與欲強的人總是試圖找到學生核心獻計獻策。除了新聞界提出了自己獨立的口號和政治要求以外,其他各階層都有意無意、或多或少地以學生的高大形象掩蓋回避了自己的獨立聲音。只是在一些學生領袖的耐心說服解釋下,五月十五日,若干市民積極分子才開始組織市民聯合會。事實上,學生形象對市民影響的最好例子是五月十七日百萬人大遊行。我想,目前流亡海外的北京學生領袖中沒有幾個人能說出自己實際參與了多少這次遊行的準備工作。

以上所說基本上都還是事實的羅列,只是這些史實的細節和這種排列組合提供給我們一些不常見到的認識八九民運的角度和問題。我以為,討論八九民運時只談學生運動,討論學生運動時只談學生領袖——不論是談功勞還是指責其應負的責任——無助於深入理解八九年發生在北京的歷史事件。在學生領袖和學生運動之間從來不存在一個發揮作用的強大的學生組織。因此,問題不在於哪個學生領袖哪些決策做錯了(如沒有「見好就收」等等),或是哪些決策水準高(如「勇敢也是一種水準」等等),而在其他一些方面。比如,為什麼在這一個特定的時

刻學生們選擇此人為領袖，在下一個時刻卻拋棄了他／她？又比如，假定學生的自律是因為政府強硬態度的反彈，為什麼北京市民需要以學生自律的群體形象作為號召作為權威來依附？再有，當我們把討論八九民運的重點從學生轉到市民時，我們必然會遇到這樣的問題：為什麼八七年學潮時市民基本沒有反響，八九年時反響卻如此強烈（為了使問題突出，這裡我重點指四·二七時的反響，不是指絕食開始以後）？還有，當政府官員和激進知識分子都假設自己在學生群眾面前沒有發言權，必須經由學生領袖才能起作用時，這種政治反應方式的特點是什麼？這些特點和四十年來的國家政治運作體系的關係是什麼？這種反應方式與中共高級領導人危機時期長達半個月以上的銷聲匿跡有無共同之處？從這個角度回過頭看學生領袖，我們才有可能提出一些新的問題。比如，學生領袖在學生群眾的心理需求面前都有哪些選擇的可能性（猶如埃列斯庫面對布加勒斯特的示威群眾有哪些選擇可能性）？當時的選擇是否如後來的辯解那樣充滿主動和自覺？如果不是，哪些客觀力量迫使學生領袖作出當時的選擇？

　　要回答這一類的問題，我們又需要蒐集更多相關的史實和資料，使自己的結論能和基本事實不衝突。比如，魯迅談到「五卅」後的北京時說：「他們〔指學生〕所能做的，也無非是演講、遊行、宣傳之類，正如火花一樣，在民眾的心頭點火，引起他們的光焰來，使國勢有一點轉機。倘若民眾並沒有可燃性，則火花只能將自身燒完，……」這只是個一般性結論。用來考察八九年的北京市民，就不僅要找出其事前的可燃性，還要看其燃燒時的具體形態是否與假定的可燃性互證。我曾在不同場合談過，在北京市民情緒最高漲時期，「反貪汙反官倒」只是一個次要的口號。這是一個非常重要的事實。絕食期間北京市民最統一的口號包括兩個內容，一是「救救孩子」或「聲援學生」，一是要求對話。前者以難於抗拒的人道主義旗號開路，為具備可燃性的北京市民提供了參與的可能性；後者則曲折反映了他們參與後的政治要求。三年來，對八九民運的研究受到「六·四」後基本價值判斷的極大影響，概括論述多，梳理史實少，現在應該是重視資料和細節的時候了。

　　回到本文所談學生組織的問題，很顯然，這個問題和當時的學生

領袖如何提供不為外界所知的資料有關。三年來，當時的學生領袖（由於本文題目限制，我狹義地使用這個稱呼）流亡海外的已有十一人，七人名列通緝令，兩人曾任對話團負責人，一人曾任絕食團副團長並參加與李鵬對話，另有一人為北大籌委會負責人。由於當時各學生組織中曾有矛盾衝突，現在哪一方也不願先授對方以話柄；也由於海外事先設定的北京學生形象的影響，誰也不願破壞這個自己也屬於其中的集體形象；同時也由於我的孤陋寡聞，至今我還沒有見過這十一個人（包括我本人）任何檢討本組織和本人實際工作的嚴肅文字。這種沈默掩蓋了一個空白，我們剛剛加以討論的空白，而且常常迫使這些學生領袖（公平地說，我很少受到這種壓力）站到一個遭人指責並需為自己辯護的位置上。

——1992.5.5.

關於本文的說明，兼評「撤與不撤」的爭議（2008）

抵達美國的前幾年，我寫過若干有關八九民運的討論文章。前面這篇是我在 1992 年連續發表的四五篇文章之一。當時似乎沒有引起多少反響，後來我也沒有繼續有關討論。

那時人們的注意力似乎更集中在所謂的「學生領袖」個人身上。根據李錄回憶錄改編的電影《移山》1993 年開拍，1995 年發行；同年卡瑪的電影《天安門》也正式放映，對八九民運的熱情集中在學運上，對學運的關注又聚焦在「學生領袖」頭上，終於發展到要指名追究學生個人的責任乃至強烈譴責。

到八九民運十週年的 1999 年，大多數關注八九六四的同胞再次意識到主要問題在於政府而不是學生，主要的關注應該在於被難受害者而不是少數「領袖」，同時，由於主要批評對象柴玲等人退出相關爭論，這些譴責也開始慢慢冷卻下來。

大約在這個背景下，反思八九民運和學運的焦點逐漸從個別學生領袖人物轉移到學生組織上來。在這些嘈雜的指責中，始終不屈不撓地為

柴玲和其他人辯護的一個主要聲音來自封從德。封從德長期以來致力於收集有關八九民運和六四鎮壓的史料。由他主導的「六四檔案」網站，已成為相關資料的重要儲存庫。在為後人尋求真相而保存史料的努力中，封從德功不可沒（與他類似但比他開始得早得多、收集面也更多的，有香港支聯會；同樣致力於這種努力的還有很多其他人）。

反思聚焦於學生組織之後，封從德的辯護方式發生若干變化，主要是在那些沒有直接受到指責的人（比如我本人）或組織（比如北高聯）當中尋找與柴玲等人類似的言論。在我看來，他的長處是堅持依賴第一手原始記錄；短處則在於忽略具體言行的具體場景因素。例如，他找到當時的錄音磁帶，說明我在 1989 年 5 月 14 日夜裡也曾表示「不撤」，作為回答別人指責絕食學生堅決「不撤」的論據。首先，我以為，是否同意撤離廣場，不足以成為評論當時組織和個人的決定性標尺，這一點，封從德的論述是正確的。但是，這一點以外，如何理解並進一步闡釋當時關於「撤」與「不撤」的持續爭論，卻被擱置一旁，則未免遺憾。

其次，具體到個人經歷，絕食初期的一些重要細節，關係到釐清史實，梳理脈絡。我從 5 月 12 日夜到 5 月 15 日淩晨的活動，範圍相當廣，包括和戴晴的接觸，在廣場上和王丹、馬少方共同召開絕食後的第一次新聞發佈會，參加 5 月 13 日夜在統戰部與閻明復的對話，5 月 14 日上午到下午爭取十二位學者上廣場，當天下午衝擊正在進行的閻明復、李鐵映和對話團的對話，等等。到了代表高聯在廣播喇叭裡說「不撤」的時候，那十二位學者早已離開了廣場（這裡提到的情節，請參照本書「回憶與史實辨析」各章節）。在這一系列活動中，雖然身體極為疲勞，精神高度緊張，常常出現言不及義、出言不慎甚或言義相違的情況，但我的前後言行中並非毫無邏輯可尋。僅僅尋章摘句般找出「不撤」的錄音，並不足以說明問題。

最後，在我看來也是最重要的是，這種論述方式很容易重新陷入一個誤解的怪圈，即：八九民運就是學運，學運就是學生組織，學生組織內部非常混亂，所以八九年就是一片混亂。這樣的推理方式，只是把從前那種論述裡的「學生領袖個人」置換為「學生組織」，然後在這個孤立出來的目標內部找缺陷，從而達到抹殺整個八九民運的結論。問題其

實出在玩弄定義模式上，把八九民運這樣波瀾壯闊的歷史事件在定義過程中窄化又窄化，這個怪圈才能玩得轉。

正是在這一點上，對比封從德等人近年來關於學生組織的論述，我以為自己這篇論述學生群體形象的短文雖然是十多年以前寫的，但還是包含了較多的歷史性思考。八九年的學生組織，無論名頭怎樣，畢竟都是在倉促中建立的。任何類似的政治性組織，處於瞬息萬變壓力巨大的事件中心，要想表現得「黨外無黨，黨內無派」，萬眾一心，有著鋼鐵般的紀律，恐怕都不過是天方夜譚。當時學生組織內部狀況的史料和細節，必須收集整理，才能使後人更清楚地瞭解當年的真相。但另一方面，我也堅信，以學生組織在絕食發動前後的混亂來評價八九民運，尤其是以此來評價六四死難者的意義，是根本錯誤的。

學生運動在社會上形成的巨大感召力，其實是在學生組織仍處於雛形狀態時爆發出來的。無論是社會民眾還是共產黨和政府，當時都是在對這個巨大的感召力做回應，而不是回應哪個實際存在的具體的學生組織。歷史地分析認識八九民運，我們有必要適當區分「學生組織」的形象和學生組織的現實存在狀況；區分外人眼中「學生」的高大形象和事實上紛繁多端的學生狀態。

5. 從政治代理人的角度看六四

在紀念「六四」八週年時，我想進一步討論的是一個與民主理論相關的視角，即，可供選擇的政治代理人。

從政治代理人的解釋角度看，任何國家的民眾都不可能長期地、絕對地控制在只關心考慮自己最短期最切身利益的狀況。文化經濟變化帶來的社會張力發展到某種極限程度時，人們尋求解脫的眼光就會落到較為抽象的政治領域。這時，如果是西方國家，已經有公開活動和組織基礎的在野政治派別就會出來填補執政黨無法滿足而民眾高度需要的政治想像真空，成為釋解潛在危機的政治代理人。法國剛結束的國會提前改選就是一個現成的例子。一般西方觀察家都把左派在選舉中的勝利歸因於多年積累的高失業率和歐洲貨幣統一前景的壓力。身在西方，這些觀察家沒有也不必特別討論這些經濟壓力和政治場面之間並非直線連接的微妙關係。不應忘記的是，右派希拉克總統當然也考慮過這些壓力，他動議提前選舉的賭注就是右派會在經濟困境中取勝，這正是他急忙到中國訪問、簽訂大筆貿易合同的主要動因！可是，說到底，民眾會在多大程度上願意和希拉克總統討論中法合同創造法國就業機會的細節呢？

更有意味的一個例子是上個月剛結束的伊朗大選，前任文化部長出乎所有內外觀察家意料，擊敗了現任總理拉夫桑賈尼支持的國會議長而高票當選。伊朗實際的政治狀況會因此有多大改變姑且不論，考慮到伊朗所有年滿十五歲的國民都有權投票，而年青人求新求變的呼聲正逐日累積，這位曾因抗議保守的文化政策而辭官的前部長填補了民眾急需的政治想像真空，可以說是毫無疑義的。

回過頭來看中國，這樣的例子對我們有幾重涵義。第一，在政治文化的意義上，它提醒我們，除了保障個人自由之外（見龔小夏《多數決定與個人自由》），建立一個能持久的民主制度還必須依賴於允許不同的政治代理人的存在。換句話說，保持立場對立的多黨（或多派）公開共存比一黨專制更有利於疏解危機。雖然毛澤東說過「黨外無黨，帝

王思想；黨內無派，千奇百怪」，中國大陸自一九四九年以來已形成的運作規則實際上是，只有「團結的大會」才是「勝利的大會」。因此，雖然黨就是政府，無論是原則上的還是政策性的「內部」分歧都不應該向「外」洩「密」。長期以來，這樣的規則不僅造成了頑固的「黑箱作業」傳統，而且影響了一大批知識分子的思維。八九年戒嚴令的消息剛傳出，趙紫陽手下的「三所一會」發表了《關於時局的六點聲明》，「呼籲公開高層領導的決策內幕和分歧」。象戴晴這樣長期堅持獨立的自由派知識分子，第一個反應就是，黨內權力鬥爭正在試圖利用群眾運動群眾，言外之意，一是運動不「純潔」了，二是雖說黨政一家，「高層」分歧只等於「黨內」分歧，應受黨紀管理，不存在「政府」分歧應對民眾公開的問題。由於這種黨文化、黨政策、黨實權的壓力，廣場學生後期的反應與戴晴類似，反覆聲明要「保持運動的純潔性」，拒絕考慮任何可操作的政治代理人。象這樣，永遠把公開高層分歧等同於文化大革命時的以毛澤東的絕對權威來拉一派打一派，中國的政治運作就很難進入公開政治辯論的階段，同時，對個人自由的保障必然會在很多情況下流於空談。

第二，在觀察史實時，法伊選舉事例幫助我們認識危機狀況下的真空所在和政治代理人的性質。由於多年的一黨專政，也由於現有民主黨派相對於青年團的「老年團」性質，當中國大陸的社會不滿積累到一定的邊界狀態時，社會現有政治體系就表現得高度僵化，無法填補這種危機狀況所創造的政治想像真空以及隨之而來的集體焦躁。即使趙紫陽的手下公開呼籲示威學生和群眾把趙作為自己的政治代理人，趙往年在體制內累積起來的形象卻沒有足夠「不同」的感召力，同時，他在胡耀邦逝世以來的策略選擇對亢奮中的群眾來說又過於細膩，難於體會。結果，我們看到的是一黨專政或軍事獨裁的第三世界國家常有的現象：學生以其非政治、遠離實際利益的社會形象充當了社會危機時的政治代言人。其結果是，倉促成立的學生組織必須在保持其「非政治」和「選區」性質的同時，能不斷地談論有關政治的話題。有前者，才有代表社會需求的資格；有後者，才能完成代表社會需求的任務。可以說，前者和後者的矛盾，八九年時突出地表現在絕食團和對話團之間，而最終的發展

是，前者壓倒了後者。至於高自聯，如果有倖存活，它的重要任務恐怕就是設法保持自己的群眾基礎。

第三，伊朗的事例至少說明，我們過去關於中國政治改革的討論中還存在盲點。伊朗的工業化程度並不比中國高，十五歲以上成員的平均教育水準同樣未必高於中國十八歲以上有投票權公民的程度。在經濟政治上，伊朗都還有相當嚴重的各種內外矛盾和問題。就在這次選舉前，還有很多申請候選人被取消候選資格，造成選舉只是走過場的印象，全部觀察家的預測都落空。

這和目前中國正在試行的鄉村選舉有重大不同。中國的試驗，雖然是差額選舉，並不認可集團利益的對立，也沒有把建立落選集團的政治活動規則納入日程，極類似於經理選舉。而伊朗的情況在於默認高層內有不同利益集團，也默認利益集團間會有的政治衝突，因而目標不僅是被動地維持穩定，同時是逐步確立處理高層衝突的法理基礎和規則。雜文作者馬悲鳴曾引用作家阿城的話，說過去皇帝皇太后的作用，不在直接制定政策，而是象國共兩黨或台海兩岸這樣兄弟吵架時，可以有人有資格扮演和事老，這就是處理衝突的法理基礎問題。伊朗目前還談不上高層衝突的公開，但正在發生的這種高層政治規則的建立，實際上就是逐步認可，在沒有皇帝或宗教領袖能解決矛盾時，公民投票所代表的「匿名的大眾」是衝突的最終仲裁者。這是向政治公開化邁進的重要一步。

最後，還想多說幾句的，是關於封從德最近的文章。封從德發表文章（《新聞自由導報》235期，《世界日報‧世界週刊》1997.6.1），強烈呼籲試圖解釋六四者尊重歷史細節，並以八年前廣場上「撤」與「不撤」之爭為例，批駁影片《天安門》的製作者。因為他在文章中提到我今日的外界形象和我當年立場轉變之間的矛盾，引起一些朋友的好奇，希望聽到我的意見。

原則上，我很同意解釋者必須尊重歷史細節的提法。這也正是我本人幾年來一直強調的一點。但隨著時間距離的增加和對學術界研究時間的逐步瞭解，我也越來越認識到建立假說以及在各種假說基礎上進行辯駁的重要性。只有開展這樣的辯駁，才有可能逐漸深化我們對歷史事

件的認識，而不至於被歷史細節束縛住手腳和眼光，終此一生只是那次事件的參加者，最好也不過是在道德反省基礎上（側重於心理需求）的精神十字架的負擔者，卻不能發展出具有思想深度（側重於知性）的反省精神和批判眼光，以深化我們及後代對這一重大事件的認識。換句話說，即使身為核心參加者，即使名列政府通緝名單的人，也並不當然地具有解釋六四的權威。缺乏知性的道德反省，如同缺乏深層道德感的理性探索，不可能支持幾代人持續的努力，也很難形成有益的文化積累。

具體到封從德最近的文章，我以為至少有兩個問題。

首先是對影片《天安門》的評價。顯然，封從德對這部影片很不滿意，但他並沒有說中這部影片的主要問題。我對該片也不甚滿意。在我看來，《天安門》的第一個問題就是以「紀錄片」的名義製作「政論片」，特別是其前半段關於中國近現代史的部分，手法酷似《河殤》，對歷史事件歷史畫面的剪裁取捨原則全在是否能服從於一個事先擬定的解釋口徑。我無意否認「政論片」的存在價值，也無意在此將該片與中國共產黨多年來發展出的整套文宣傳統作比較（這種比較的可能性不是不存在）。問題在於，當我在言論自由的美國看到過其他關於中國的歷史紀錄片，看到過蔣經國、杜聿明、蕭華等政治立場截然不同的重大歷史人物被置於同一紀錄片中，以提醒觀眾歷史事件與歷史解釋間的多重複雜關係時，我不能不對「紀錄片」《天安門》的製作者感到失望，對他們回避提及自己「政論」立場、近似愚弄觀眾的態度和做法感到懷疑和不滿。

其次，放過「紀錄片」與「政論片」之不同，假定該片製作者正是我們要在解釋層面上展開討論的對手，該片對六四的解釋是否如封從德所說，集中在廣場的「撤」與「不撤」上，也是一個大可懷疑的問題。據我看過的記憶（現手頭沒有錄像帶），該片並沒有特別提及學生組織核心中的所謂「溫和派」和「激進派」之爭，更不必說具體到把我作為「溫和派」的代表了。如果封從德不滿意該片對「撤」與「不撤」的解釋，那麼，以我本人也公開主張過「不撤」為證據，並不能在任何意義上證明該片的解釋錯誤，充其量不過是把該片未曾提及的王超華也一並歸入到製作者們尖銳批評為「失去理性」的學生領袖一堆裡去而已。

至於該片實際上的解釋思路，我認為並不能簡單歸納成關於「撤」與「不撤」之爭。我把這部影片的解釋歸在我所謂「三方互動」式的解釋模式中，我對這種模式的主要批評在於其對政府行為邏輯和責任能力的寬宥，以及對民眾行為中主動性因素的忽略（參見拙文《抗拒無形的黑名單》）。

　　　　——2007 年 6 月

6. 工人為什麼沒有發動起來？

　　許多朋友在總結八九民運時都曾表示遺憾，認為學生們沒能把工人發動起來是民運未能成功的重要原因之一。我覺得這種說法有道理，但並不完全準確。工人未能形成大規模有組織的運動，不是因為學生沒去發動，而是因為中國工運還沒有足夠的獨立意識。

　　我們可以回憶一下歷史。1919 年「五‧四」運動時，學生運動持續了一個月，焦點始終是在北京。直到軍閥政府逮捕了千餘名學生，才引發了「六‧三」大罷工，焦點迅速從北京轉到上海，從學生轉向工人，僅十來天，就逼得政府不得不作出重大讓步。「六‧三」罷工是因為「五‧四」學生對工人的宣傳組織更得力嗎？我認為並不是。關鍵在於此前上海工人已有過多次成功的經濟罷工經驗，集團意識（階級意識）相當清醒，才能在這第一次政治罷工中顯示威力。

　　再看去年的北京。在八九民運中，北京有幾十萬工人上街聲援絕食學生，人數、規模絕不在 1919 年之下。但是，絕大多數工人隊伍都是以「全廠」也就是說包括勞資雙方在內的名義上街的。當實際上的怠工罷工已形成時，工人們仍反復強調自己對國家對企業的「主人翁責任感」，強調自己是在基本完成生產任務後才上街的。這從當時的國內報紙和電視報導中可以得到證實。從台灣版的《大陸民運》錄像帶中，我們可以看到工人們在中華全國總工會大樓前辯論的鏡頭。幾乎所有的工人都覺得必須要乾點什麼了，不能再等待了。但是「幹什麼」呢？「怎麼乾」呢？茫無頭緒。號召大家對國家生產負責的演講者被「噓」下來了，號召罷工的人也並沒有得到熱烈反應。他們矛盾於這樣的情感中：我們要站出來，因為我們要對自己的國家負責，對公正的社會秩序負責；但是我們的站出來，會不會正好是對國家不負責，對社會秩序不負責呢？可以說，把自己的全部利益交給共產黨代理四十年之後，工人們已不知道該如何代表自己去協調與「國家」、「社會」、「企業」不盡相同的政治經濟利益要求了。

試想，這在一個各方利益能夠通過受到保護的管道而表達的政治制度下，應當是一個不難解決的問題。我們只要號召第一步的有限罷工48－72小時以觀政府後效，必定會吸引絕大多數尚在猶豫的工人群眾，也必定會比有限絕食48－72小時要有效得多。但是，當時沒有人想到這一點（包括我自己在內）。能夠勇敢地站出來組織自治工會的工人，只佔了極小的比例。

　　這是中國工人、中國工運面臨的一個重大課題：把自己的集團利益與自稱「工人階級先鋒隊」的共產黨統治者的利益區別開，把自己的集團利益和政府－國家利益區別開，把自己的集團利益和企業所有者的利益區別開，學會使用有效的手段在不同場合下保護自己的利益，學會「保護自己的利益不一定等同於剝奪對手的利益」，「保護自己的權利不等於剝奪對方的權利」，解除犯罪感和「不負責任」的顧慮，理直氣壯地要求工人的自治組織，要求工人的罷工權利，而不必僅靠「玩貓膩」。

　　事實上，十年經濟改革之後，特別是三資企業大量出現，國內企業也實行承包之後，勞資雙方的利益並不一致在中國已成為不言自明的事實，而且已成為社會不安定的一個重要的潛在因素。各地曾先後出現承包負責人與工人的激烈衝突以至凶殺案件，都是證明。自治工會的成立已是呼之欲出之事物，六四鎮壓後遭到官方通緝的韓東方、賀力力等工人正是代表時代潮流的先行者。工會自治化是歷史的必然趨勢。

　　但是共產黨卻不承認這個事實，遲遲不實行它自己也在談論的政企分家、黨政分家，遲遲不放棄它既當勞方代表又當資方代表的矛盾身份（這在市場經濟體制中簡直可以說是天大的笑話）。它一方面通過各單位工會聲稱代表工人，一方面又通過各級有國家身份背景的政企機關授權承包人（在三資企業則以資方代理人身份出現）。在國內經濟不景氣的情況下，連篇累牘的宣傳文章號召工人增強主人翁責任感，其結果，必然是犧牲工人的利益以換取政治統治集團的利益，同時加劇社會矛盾，加劇社會不穩定因素。僅從這一點，也可看出，民主改制建設必須與經濟市場化同步進行。

　　因此，就中國工運的目前狀況而言，最迫切的任務就是要求工會

的獨立。從每一個基層企業開始，宣傳韓東方等人的主張，揭露共產黨同時充當勞資雙方代理人的非法身份，要求工人的自治組織保護工人自己的利益，由此逐步發展行業工會和工會聯合會。再比如，還應當要求工會對工人政治權利的發言權，同樣宣傳北京工人自治會，宣傳韓東方等人的主張，揭露共產黨同時充當公民代表和全權行政長官的不合法地位。

在確定了工會自治化這一任務的前提下，我們可以通過不同途徑來完成這一任務，既可以在條件成熟的地方成立獨立於政府操縱的工會以外的工人自治組織（如在深圳臨時工中就存在這種可能性），又可以在條件不同的地方努力使原工會從政府行政部門中剝離出來，轉化為獨立組織。具體的做法必須配合宣傳工作，必須提高工人的自主意識。只有在工人的自主意識有了長足的長進之後，在工人運動有了一定保護自我利益的實踐之後，我們的工人運動才能成為民主運動的堅強基礎，才能成為中國將來向民主發展的保證力量。

——1990 年

7. 工運領袖李旺陽與八九六四

　　六四二十三週年甫過，湖南邵陽八九工運領袖李旺陽「被自殺」
猝死，震驚了所有對中國維穩體制抱有疑慮的人，也首次將人們關注
八九六四的目光聚焦在學生之外、北京之外，並讓我們再次注意到八九
年的工運萌芽。這是一個海內外輿論都經常忽略的殘酷事實：二十三年
來，因參與八九民運而遭受迫害的大多數人，並不是當時的在校學生。

　　八九民運震驚世界的重要原因之一，是學生佔據了天安門廣場，而
各國新聞機構，因戈爾巴喬夫訪華，正以前所未有的規模聚集北京。他
們去捕捉中蘇交惡二十餘年後的和解新動向，卻迎頭撞上八九民運。電
波傳遞，天安門的學生在全國乃至世界各地都獲得高度象徵意義，也成
為統治集團必欲除之而發動血腥清場的對象。其後很多年裡，天安門、
廣場、八九學運、六四，是可以互相指代的詞彙。中共當局費盡心力才
逐漸使前兩個詞彙在互聯網上脫敏。

　　大學生成為運動的中心，與八十年代的政治氣候有關。改革開放的
口號攪動社會人心，既支持了當局改變路徑也影響到中共獨斷的可能。
1983 年發動「嚴打」，僅從網上不全的信息來看，就有數萬人喪命，
造成「社會青年」的寒蟬效應。大學生卻因當局強調科技和知識的重要
性，仍有天之驕子的虛妄自豪，在僅僅一年後的國慶遊行隊伍中打出自
製的「小平您好」橫幅。

　　一直到八十年代末，學生身份都是參加抗議示威時，相當有效的保
護傘。六四後被捕入獄的學生和知識分子，受到的懲治遠比工人和一般
市民為輕。當時為「殺雞儆猴」而從嚴從重從快處死的「暴徒」，沒有
一位是在校學生。當時嚴判長達二十年徒刑者，也幾乎全都不是學生。
近幾年，北京因六四入獄者陸續刑滿釋放，他們生活無著，貧病交加，
家人也難以承受負擔，雖然海外人權組織多有呼籲，卻很少得到輿論重
視。

　　大學生參與政治抗議的相對優勢，也造成當時社會各界傾向於以

「聲援」身份上街，而且大多以「工作單位」為依託。當時北京有「社會閒雜人士」嫌疑的摩托車「飛虎隊」，四處增援，傳遞消息，當局很快就將他們視為便於攻擊的薄弱環節，六四前已經在媒體上進行抹黑。

但隨著抗議擴展，民眾的憤怒和抗爭，已經超出這些長期積累下來的謹慎。戒嚴令發佈當天，運載部隊的軍車就被成千上萬的民眾圍堵在長安街大北窯路口，雖然當時還沒有互聯網，震撼人心的現場畫面卻口耳相傳，人人皆知。宣佈戒嚴後的兩個星期，廣場學生組織堅持固守，縮小視野，「維護學生運動的純潔性」。北京全市範圍內的大規模抵抗，基本都是市民自發維持，並積極邀請各校學生加入，以壯聲勢。

事實是，從外地調入的戒嚴部隊，一旦得到指令，強行入城清場，開槍射殺抗議者時，無分老幼婦孺，遑論學生市民之別。即使是路邊住宅的高幹樓和外交公寓，也並不稍作區分。有證人目睹也有照片作證，當年倒在長安街和天安門廣場，或者從街頭和廣場周邊緊急送往醫院救治的，有不少學生，特別是外地赴京聲援請願的學生，但大部分都是北京市民。他們當中的絕大多數人，至今沒有確認身份。

這是政府針對平民百姓，濫用國家暴力機器的惡性事件。李旺陽本人生前遭遇，以及他因接受香港有線電視採訪而「被自殺」後，家人親友遭到控制至今消失不見的事實，在在顯示，當局既恐懼民眾的公開抗議，也害怕受害者揭示鎮壓真相，不惜濫用再濫用，使惡質更惡質，責任者作惡益發無所忌憚，官方幾乎完全沒有糾錯可能。

六四開槍之後，很多省市地區的抗議，持續延燒了整整一星期。這是各地進入真正全民抗議的一周，也是很多地方工人力量取代學生成為抗議主力的一周。此前的工人示威，大多數還是以聲援姿態出現，成立工人自治組織的，只是極少數。李旺陽是少數先覺者之一，成為邵陽工自聯主席，並因此先後兩次入獄長達二十餘年。

如果說學生群體當時還有社會地位的優勢，八十年代的工人已經開始面臨遭到背叛的前景。以鄧小平為首的中共當局，一心致力於引入市場經濟，除了挑戰以往僵化的意識形態藩籬之外，並無意鼓勵開放的思想交鋒，也無視對基本原則立場的梳理和辯論。在討論及試行破產法和勞動合同法的過程中，關注的只是效率和發展，工人的工薪保障、就業

保障、福利保障，全都沒有進入議程。工廠內部改革，同樣只強調保護國家和企業作為資方的利益，並借用以往意識形態，誘使工人以「國家主人翁」身份，勒緊腰帶為國家分憂解愁作貢獻，放棄自己應得的權益。

一些新左派學者，以此為根據，證明八九年抗議運動中的工人成分，主要是出於抵制當時這種新自由主義經濟政策改革，希望返回原有的社會主義體制。筆者以為，這是對當年工人狀況的一種簡單化誤讀。

全國各地產業工人在六四鎮壓前並沒有大規模參與抗議，但在六四鎮壓已經發生後，義無返顧地走上街頭，參與堵路、封橋等激烈行動，其中重要而連貫的內在邏輯，正是以往工人階級作為國家主人翁的意識形態。六四前的按兵不動，帶有促生產不添亂的意味；鎮壓發生後的有限爆發，既有一種不能容忍的道義衝動，又有等待國家自己糾錯的猶豫。六四鎮壓後的黨國，最大限度地利用了這種心理狀態，極為便利地拋棄背叛了幾千萬曾為國家工業化付出幾十年心血的整整一代國企工人。

與此不同並意識到工人必須在主體意識上與國家資本切割的，有北京工自聯的韓東方等人，也有湖南邵陽的李旺陽。不少當時的學生和知識界人士，曾經與他們站在一起。他們才代表了當時對新自由主義改革的警惕。他們反對旨在剝奪工人權益的經濟政策，也公開主張工人必須自下而上地組織起來，獨立自主地參與政治事務。這使李旺陽遭到令人髮指的殘忍迫害，再清楚不過地揭示出，今日中共當局站在資本一方殘酷壓榨勞工的本質，揭示出中國崛起背後，勞工權益特別是政治權利被剝奪的現實。

中國政府必須追查李旺陽死亡真相，必須還李旺陽親友以自由！

——2012 年夏

8. 釐清幾個紀念口號

　　年復一年，時光無情飛逝，「六四」已經過去十六年。受難者的親屬中，祖父母一代先後謝世，父母一代漸入老境，當年牙牙學語的子女，如果沒有意外，如今也已在艱難或非正常的環境下長大成人。他們是否有條件有可能瞭解十六年前那場影響了他們人生道路的重大歷史事件？是否能夠公開提出他們的疑問、討論心中的不解、祭奠死去的家人和前輩、向外人坦誠介紹自己的家世？「天安門母親」團體主要成員在近兩年的遭遇，非常明確地告訴我們，在今日的中國，這些都是不可能的。僅僅為了這個簡單的事實，我們也必須堅持紀念「六四」，堅持要求調查真相，要求官方對「六四」受害者及其親屬的徹底平反，要求追究「六四」屠城責任。在這個基礎上，為了紀念「六四」死難者和他們位置死難的理想，我們還必須堅持要求中國政府立即結束一黨專政，還權於民，立即開始國家政治體制的民主化改革進程。

　　當「六四」死難者及其親屬仍遭受著國家專政機器的持續「汙名化」和直接強力壓制的時候，如筆者一樣曾參與那場偉大的人民民主運動的人們，沒有權利放棄對真相和責任的追究會，也沒有權力將追究的目光輕易地從這個一黨專政的國家機器旁邊繞開。無論當時的學生和民眾曾經有多少弱點和錯誤，都不能成為政府和執政黨逃避責任的藉口，更不能成為我們自己放棄追究政府責任的藉口。

一、為「六四」平反，為八九民運正名

　　2003 年因大膽公開中國「SARS（非典）」疫情而聞名於世的蔣彥永醫生，在去年「六四」十五週年前夕給中國領導人寫信，公開呼籲為「六四」「正名」，並因此受到接踵而來的各種「關照」，行動言論都失去自由，直至今日。雖然蔣老先生本人並沒有就他的措詞多做解釋，此後，海內外很多人卻開始著迷於「正名」與「平反」兩個詞之間的置換。

我對蔣老先生的道德勇氣非常欽佩景仰，衷心希望他能夠有機會擺脫壓制，自由公開地討論各種問題和看法。但是，我不認為他所用的「正名」一次囊括了所有有關「六四」政治要求的可能性。尤其是從死難者和仍在繼續受迫害者的角度看，「為六四正名」和「為六四平反」之間，並不存在非此即彼的關係。情況很可能使恰恰相反：只有在「六四」真正得到平反以後，何名為正以及如何正名等問題，才有可能得到更加充分公開的討論。

　　大多數支持以「正名」代替「平反」要求的人，都主張「歷史」已經為「六四」做了最偉大最正面的結論，沒有必要再向共產黨要求「平反」。他們認為，凡是堅持要求「平反」的人，都是對共產黨還保有幻想，是脊樑還太軟，頭腦太僵化，不敢發出自己獨立的聲音，總以為「六四」的定論必須要由共產黨來做，眼光未免過於窄小了。

　　我以為，這樣的論證，至少是混淆了歷史評價和法律政治程式這兩個明確有別的層次。無論歷史評價如何，當年絕大多數倒在槍口坦克下的參與者都沒有要求過「推翻」現政府，更不必說再此後的十六年中，他們的家屬和親人也並沒有這樣要求過。可是，這個政府卻動用了（而且還在繼續動用著）具有公共授權名義的法律和行政權力，持續打壓死難者及其親屬。在這種情況下，「平反」意味著在不追求推翻現政權的基礎上，堅持要求追回法律和政治程式上的正義。

　　換言之，要求「平反」的前提，不僅是說當局對這個歷史事件的定義錯了，應該在歷史評價上作出修正，而且是明確指出，事件中有活生生的公民因為當局的錯誤而受到生命損失，因此必須在程式上予以糾正。「平反」因此而成為死難者及其親屬不可放棄的正義要求。事實上，在今年給胡錦濤的公開信裡，以丁子霖老師為首的「天安門母親」受難者及難屬群體提到，早在十年前，他們就提出了把「六四」問題的解決納入法治的軌道，現在仍然堅持這樣的要求。他們的信，是不能放棄「平反」要求的最有力的說明。

　　除了「平反」代表著在尊重國家法律基礎上對程式正義的要求以外，「正名」由於是在歷史評價含義上提政治要求，也容易造成混亂。在掌權者舉棋不定、心理緊張時，這種提法固然可以引發正面效果，帶

來意想不到的轉折；但是，在統治相對穩定、迫害逐步升級的時候，要求「正名」不但不一定有任何作用，而且可能恰恰相反，會轉移注意力，使我們忽略忘卻仍在繼續受侮辱受迫害的「六四」死難者及其親屬，忘卻向當政者討還正義，而是糾纏於如何定義（或者如何貶低）當年那場偉大的民主運動。

深入探討如何理解當年那場民眾運動的歷史意義，絕對是必要的。但是，這樣的討論絕對不應當和譴責罪行相混淆。我們認定中共政府鎮壓「六四」是對歷史和人民的犯罪，是基於現代人民與政府之間授權和代理關係的原則（即使是江澤民和胡錦濤，作為帝制終結後的現代領導人，也只能玩弄「三個代表」的言說，不可能回到「君權神授」的時代）。人民和政府二者間的衝突到了難以繼續維持這個假定關係的程度，政府就失去了權力來源的正當性。在這種情況下，不但不辭職，反倒動用正規軍武力鎮壓，事後還不允許獨立調查，繼續逼迫受害者及其家屬接受謊言，這就是濫權害民，是同時侵害「民權」和「人權」，因而是必須追查的罪行；這個定罪，並不完全依賴於如何為 1989 年的運動命名。

二、「勿忘六四」，「追究真相」

對照中共政權對「六四」和對日本的不同態度，是以丁子霖為首的「天安門母親」群體今年「六四」前夕給胡錦濤公開信的重要內容之一。堅持真相，譴責對歷史的歪曲和對歷史罪行的淡化，不應該雙重標準，內外有別。而迴避國內的歷史和現實問題，掩蓋真相，無法始終一貫地堅持正義原則，正是胡錦濤治下中國政府對日外交中的尷尬；根子就在中共政權在過去十六年中拼命掩蓋「六四」屠殺，抹煞對「六四」的記憶。正因此，在紀念「六四」的時候，我們必須堅持拒絕遺忘，同時，對中共政權，絕不放棄徹底查明真相的要求。

「拒絕遺忘」的提法並不僅僅是針對我們自己作為每個個人，而更是為了抵制因政治獨裁造成的民族的群體性遺忘。丁子霖、張先玲等難屬，方政等「六四」傷殘者，李海等 1989 年的積極參與者，都以自己 1989 年以後的經歷反覆提醒我們，「勿忘六四」並「拒絕遺忘」，是中共當權者最為忌恨，也迫害最烈的。人們常說，其實最忘不了「六四」

的就是中共當權者自己了，每年六月前後的緊張就是證明。但這只是一方面。稍加觀察，不難注意到中共當局近來同時在力圖削弱「六四」這一特殊日期的特定涵義，有意選擇這個日子組織舉辦各類活動，而且這種努力已經不動聲色地擴張到了海外。面對中共的囂張，「勿忘六四」也就成為更為必要也更加重要的口號。一方面，無論「歷史潮流」在一段時期內會向什麼方向流動，即使「六四」會經歷比韓國十七年才平反的光州事件更長的日子，會比台灣超過四十年才翻案的「二二八」事件拖延得更長久，堅持「勿忘六四」都應該也必須是我們自己歷史良知的底線。只有這樣，如果將來中華民族遇到了再出發的新時機，新的世代才有可能找到堅實的立足之處，重建正義理性。

由於中共當局的鎮壓和控制，「勿忘六四」比「毋忘南京大屠殺」要更加困難得多，最重要的困難，就在於至今還沒有可能對「六四」屠殺作出獨立的調查。在「納入法治軌道之內」解決「六四」問題以外，這正是「天安門母親」群體多年來反覆重申的三項要求李的另外兩項：「以獨立、客觀的調查讓事實來說話」，「公佈調查結果讓全國人民來判斷」。

實際上，可以說今年強調「查明真相」有著特別的原因。過去幾個月來，海外若干出版物先後收到署名為「一個老教書匠」寄送的電子文件，聲稱是軍隊內部檔案記載，「六四」屠殺後由部隊經手毀屍滅跡的死亡人數統計，總數高達三萬多人。由於官方嚴密控制，無法查證資訊來源及可靠性，這樣的檔難免引起懷疑，至少，負責任的作者都會比較小心，迴避引用這樣的數據。在我看來，這些都可理解。比較難解的，是有人要聲色俱厲地指責這些數字。我以為，這是絕對沒有必要的。尤其是我們身在海外，即使是多年致力於收集八九民運和六四屠殺史料者，也沒有資格、沒有權利指責那些提供更多疑點的人。像「老教書匠」這樣的人不應該受到責難，真正應當受到責難的，只有中國政府和中共當局。

數年前參加一次紀念「六四」活動時，曾經與人發生爭執。對方堅稱，中共軍方在廣場範圍內極為自製，沒有開槍傷人的跡象，並提出據說是十分強硬的證據，即，以為西班牙的電視記者在六四凌晨廣場黑

燈時分，曾經駕車在紀念碑南側四處攝像，一直到人民大會堂的南側，都沒有受到阻攔，也沒有遭到武力威脅。當時我的回答是，天安門廣場範圍廣大，即使是白天，加入人群擁擠，煙火瀰漫，那麼，無論是步行還是車行，也都很難講廣場全部情形一覽無遺，何況是夜間，而且是軍方有意熄滅一切燈火的時分。以這種局部經驗來否認其他部分的不同可能，在目前的政治狀況下，只能說是幫助官方逃避責任。

在「查明真相」這個問題上，我們必須堅持絕無通融餘地的底線，這就是：官方必須允許公開獨立的調查，必須提供一切合作，包括軍方的一切合作，徹底查明當天清場的全部經過和細節。在這個底線沒有達到之前，任何人都沒有權利認定目前已知的死難者人數就是全部的死難者人數。而且，在這個底線沒有達到之前，所有提供新的疑點的人都應該受到絕對保護，他們如果遭受到任何意外，中國政府都有不可推卸的責任。

三、「追究屠城責任」和「提倡和解」

最近幾年的另一個熱門話題，是「提倡和解」。這樣的提法在紀念六四時出現，讓人感覺極為痛心。我們是要提倡誰和誰的和解呢？是「天安門母親」群體的難屬們，還是當局應當承擔「和解」的責任？這樣的提法，似乎是在針對流亡海外的民運人士和民運團體說話，也似乎是在對仍然堅持紀念六四的廣大香港同胞說話，而唯一肯定的，就是並沒有針對六四受難者及其親屬。如果我們接過這個話題，在根本沒有任何清查，也沒有任何責任承擔的時候，也來大談所謂的「和解」，我們就是在明白無誤地背叛六四受難者群體。作為倖存者，我們沒有權利這樣做。要和解，首先的條件就是中國政府必須同意追查真相，並且追究屠城責任。

六四已經過去十六年了，每一年都會讀到很多發人深省的紀念文章。1997年，胡平發表過一篇題為《把罪惡看作罪惡，把罪人看作罪人》的文章，討論對鄧小平的死後評價問題，極為精準地表達了當時我心中早有但筆下尚無的感想。其中最重要的就是：「對過去的罪惡辯解，就是對未來的罪惡縱容。」寬容與和解，必須建立在對以往罪惡的認定上，

而且必須也只能來自於身歷罪惡的受難者。正如「天安門母親」群體在「六四」十六週年前夕給中共領導人的公開信裡提到的，六四受難者和第二次世界大戰期間日本軍國主義在亞洲各國的受害者類似。日本必須反省自己的侵略歷史，向其戰爭行為的受害者道歉，而這過去的戰爭行為是否能在「和解」的目標下得到寬恕，只是在最後一步的時候才會取決於受害者。同樣的道理，作為中國當代史上最大的政治災難之一，「六四」屠殺是否能以「和解」作為最終的政治結局，必須走出的第一步不是取決於受難者，也不是取決於海內外的政治異議人士，而是要看中共和中國政府能否正視自己犯下的罪惡，能否把真實還給中國人民的歷史記憶。

在面對六四的罪惡時，必須首先追究屠城責任，才能談得上是否有「和解」和「寬容」。這就必須要在政治家的責任之外，同時提出軍隊的責任問題。中國軍方在六四清場過程中，對人民犯下了重罪，也給了中國人民和大多數東歐中亞民族國家的人民上了重要的一課。六四以後，柏林牆的倒塌，「蘇東波」的澎湃，都和那裡的軍隊有關：他們受到「六四」屠城的震動，意識到自己其實可以選擇，決心拋棄作為一黨工具的地位，恢復並實現了軍隊國家化在這些地方的現實可能。這也應該是中國軍隊的發展方向。追究軍隊的責任，是為了查明真相，也是為了防止類似事件的再次發生。軍隊中的個人，負有責任者，不能逃避；軍隊整體，也不應該諱疾忌醫，拒絕追查。只有真正查清，才能真正為軍隊國家化的理念打下基礎。

今年春天，在中國各大城市抗日風潮迭起期間，所謂的軍方少壯派也很活躍。後來更在網絡上出現了諸如劉亞洲等的文章和談話，大膽提倡在中國進行民主化政治改革，可是同時也強調，這樣的改革現在要看軍方的力量了。這些東西，很快得到海外一些人的響應，而且，當國內某些人對「軍人干政」的趨勢表示憂慮時，海受到了海外人士的批評，認為不能放過與軍人聯手爭取民主的可能機會。

這些海外的批評者沒有注意到，當劉亞洲總結軍人在民主化進程中的重要性時，他舉的例子全部是貧窮的第三世界國家，而且沒有一個是能夠堅持民主化到底的。可見他真實的注意力，其實不在是否要開始中

國的「民主化」進程,而在於他和他的同類們是否能有更大的政治決策權。耐人尋味的是,海外的熱心人回應劉亞洲時,舉的例子全部是東歐以及前蘇聯的加盟共和國的民主化歷史。那裡的民主化,軍隊的首要表現就是保持中立,決不為一黨政治開殺戒。仔細讀一讀劉亞洲,他和他的夥伴們,在政治動盪中,會滿足於「保持中立」嗎?

我以為,對這些軍人最好的試金石,就是看他們是否同意追究軍隊在「六四」屠城中的責任。只有當他們能夠正視軍史中不光彩不令人驕傲的過去,能夠在老百姓面前真正卑微時,我們才能考慮他們如果能真正堅持「中立」時的正面價值。

四、「結束一黨專政」與「告別中共」

從 1989 年開始,香港支聯會連續幾年提出的紀念口號都是「平反六四,查明真相,追究屠城責任,結束一黨專政」。我相信,直至今日,而且在可見的未來,這都將是我們紀念八九民運和紀念六四死難者時最有力的口號。

今年有很多朋友提出,紀念六四的活動中,應該加上「告別中共」的口號,有些人更進一步提出要掀起退黨大潮,「退倒中共」。我以為這是不妥的。我認為,「結束一黨專政」和「告別中共」這兩個口號之間,有很明顯的區別。

第一,「結束一黨專政」是在向中共喊話,向中國政府喊話,把要求的目標和施加壓力的目標,都集中在政府當局身上。而「告別中共」的口號,卻是把目光從當局身上移開,將道義壓力轉移到了個體公民的身上,使得那些已經受到當局直接政治壓力的小人物們,在希求海外聲援時,又不得不針對「告別中共」這個口號決定自己是否要或公開或匿名地表態。在我看來,這是「表態文化」和「表態政治」的一種變相。所有希望促進中國民主化的人們對此都應該有所警覺。

當然,如果是中共幹部公開退黨,我們應該大力支持並爭取給予實際幫助;日前中國駐澳大利亞使館官員陳用林,以及接續幾位申請避難的叛逃者,都屬於這樣的例子。可是,與此同時,我們也必須想到,還有大批的「六四」直接受難者、難屬和同情者,十六年來受到的種種打

壓，還沒有能夠站出來，哪怕是公開談論他們親屬遇難的日期和地點，更不要說公開祭奠他們死去的親人了。丁子霖教授的尋訪結果，到目前為止，也還只是非常不完全的一份名單。如果所有紀念六四的活動都加上一個「退倒中共」的前提，那麼我們是在幫助那些沈默的難屬發出聲音呢，還是在對他們施加更大的道義壓力？憑什麼他們必須承受「認清共黨本質」這個提高政治覺悟的重擔呢？和共產黨仍然有聯繫又有瓜葛的難屬，就不應當得到我們的同情和支持嗎？與此類似，那麼多受到欺辱的拆遷戶、下崗工人和失地農民，本來都應該得到我們的同情和支援，而不是從我們這裡接受道德壓力。可是「告別中共」這樣的口號，都使他們變成了接受呼籲、採取行動的對象。而他們的具體情況，卻僅僅成為暴露中共黑暗的又一個案例，不過是在已有的一團漆黑上，再加上一筆而已。這樣的強迫表態，對他們的困境，又有什麼真正的幫助呢？

第二，「結束一黨專政」和「告別中共」之間的不同，還在於前者包含了將來的目標，而後者在目前主要強調的是對將來被審判的恐懼心理。「結束一黨專政」的政治目標非常簡潔明確，就是要求在國家法制基礎上開放人民參與政治的管道，實現真正的公民參與下的民主政治。由於這些統一在一起的目的，「結束一黨專政」也同時為社會各階層人民開放思考和參與的思路，這就是建設一黨專政以外的公民社會和公民參與，呼籲、提倡、並以各種方式實踐公民維權的活動。這個口號，可以很容易地和各種維權活動結合起來，即使是海外華人社區，和中國大陸有密切商業關係的同胞們，也可以認同這樣的口號。我們紀念六四時，同時要求「平反六四」、「查明真相」和「結束一黨專政」，實質上就是在要求一個公開、透明、廣泛參與的政治文化，要求一個活躍有序的公民社會和法制社會。這樣的社會，只會有益於活躍而健康的社會福利，有益於透明開放的工商環境和長久的經濟發展，何樂而不為？我以為，這也是為什麼六四紀念活動在香港能夠持久堅持的重要原因之一。這些社會各界的同胞，如果一定要面對「告別中共」的表態壓力，就很難認識到紀念六四和他們的生活與未來能有什麼關係，無形中割裂了八九民運與中國民主前途的內在聯繫。

第三，不可否認，海外民運正處於低潮，這是很多支持「告別中共」口號的朋友們強調的。他們認為，海外民運應該向法輪功學習，和法輪功結合在一起，才能有持久和強大的聲勢。我可以理解這種想法，而且，我確信在紀念六四的時候，法輪功信眾不應該受到排斥；相反，他們受到的迫害也是我們堅決要求結束一黨專政的原因之一，是要求中國政府還政於民、恢復並保護公民信仰自由權利的重要內容。

　　不過，為了追求長久和強大的聲勢，就放棄更廣泛更有原則性的訴求，卻很危險。《大紀元時報》的「九評共產黨」系列社論，不妨是一家之言。藉以警醒尚未關心過類似問題的讀者，參與各種相關討論，應該是它能夠達到的最好效果。可是隨之而來的退黨運動，卻把討論的可能性擱置一邊，為了維持「運動」的態勢，這個系列社論成為檢驗個人立場的標準，造成一種面對共產黨統治下的今日中國，只能是「非黑即白」的選擇。這未免類似於基本教義派的方式。從根本上說，這是民主制度可以容納，但絕對不可以遵循的；這是屬於類宗教的信仰問題，而不是政治制度的建設問題，更談不上是公民社會的孕育發展問題。

　　簡言之，各種追求改變中國現狀的海外力量合作時，必須考慮合作中的最大包容性，讓各種力量都可以有發言機會，都可以也應該互相支持，但不應該出現互相取消的狀況。「告別中共」和「退倒中共」這樣的口號，如果成為主導，就有可能出現取消建設公民社會空間的效果。

　　四年前，我曾著文說明自己對於 1989 年「學生有錯，政府有罪」的整體評價。這裡，我願引用自己那篇文章的結尾，作為對六四十六週年的紀念：

　　「中國社會在經濟發展的同時，正在滑向社會文化全面腐化的進一步危機；而八九年『六四』期間中國人民所表現出的同舟共濟、大無畏的犧牲精神等理想主義品質，正在被全社會刻意遺忘。

　　「為了我們曾經的理想，為了因為理想而生、為理想而死的輝煌，我們永遠懷念六四死難者。堅持紀念六四，是幫助我們保持良知、正視現實的最佳方式。」

　　——2005 年 6 月於美國洛杉磯

9. 八九年的民主權利與權限

　　在多年迴避之後，中共官員 2007 年重新在公開場合拾起民主改革的話題，似乎時光和謊言已經堆積出足夠的屏障，可以保證他們的聽眾不至於再把「民主」這個字眼和八九年的運動聯繫在一起，他們也不必再面對自己曾依賴「六四」血腥鎮壓維持統治的尷尬史實。

　　但是，像王維林那樣獨立長街的個體公民，以及八九年千千萬萬和平示威者與正規軍機槍坦克的對峙，將會在歷史上留下永久的巨大問號：當時支撐這些人與暴力專制工具相對抗的，究竟是什麼樣的政治信念？

　　「一時衝動」之類的說辭，絕對無法解釋那些曾經震驚世界的歷史景象。自八九年至今，我始終相信，這是一場追求民主的群眾運動。

一、參政議政的動員潛力

　　從民眾的參與方式和動員方式看，八九年時大多數民眾白天上街遊行，都會打出工作單位的旗號，似乎這樣能讓人們感覺更加理直氣壯，反映出在當時社會條件下，參加者希望集中表達的政治意願，是在增加「參與」的機會，而不是推翻現政權。注意到這方面，才能更準確地理解持續一個多月的運動，為什麼會有那麼強的自律品格，而且當時的自律並非出於對官方「秋後算賬」的恐懼，毋寧說是帶有極強烈的自豪和對官方強迫治理方式的挑戰意識。其核心精神正是民主所以來的廣泛參與。【註】

　　而一到晚間，人們就更多地以個人身份走上街頭，更為暢所欲言，也更加頻繁地與官方代表發生正面衝突。這種日夜兩面的參與方式，到運動後期逐漸溶合，越來越向拋棄單位面具的方向發展，既提醒我們當初「四二七」大遊行時那種鋪天蓋地、完全不借助於「工作單位」的民眾參與，也說明，即使學生曾試圖以喚起「同情」為主要手段，當時真

正有效的動員機制卻遠遠超出同情和聲援。「同情」只是表像，無論是「四二七」，是戒嚴令，還是六三夜間開槍，最大規模的參與，總是發生在直接反對政府強硬措施的時候。不妨說，八九民運和今天的維權很相像：被粗暴否決的公民權利，總是能最有效地實現對民眾的最大動員。動員的真正基礎，則是對民主參政的響往和要求。

絕大多數六四死難者，都是以普通公民的身份，因為不能接受當局對公民權利施暴，而在致命時刻出現在致命的地點。紀念「六四」和要求「還政於民」，從來難以分割。在這個意義上，我們可以毫不含糊地說，他們是為追求民主而流血犧牲。

二、「如果學生成功了……」

不願正視或有意掩蓋八九年民主內涵的人，總是迴避運動當時的全民性質，只看著學生，並經常根據各種細節，振振有詞地質問：「如果學生上臺，不是會比共產黨更獨裁嗎？」這完全是無中生有。

八九年不但民眾追求民主參政，學生也決不僅僅是在博取同情，更談不上要脅政府、妄圖取當局而代之的問題。儘管由於長期箝制而缺乏建立組織的實踐經驗，八十年代畢竟有其開放反思的社會背景，尤其是方勵之等人關於民主改革的言論廣泛流傳，自治和公開的原則逐漸得到重視。胡耀邦逝世不到一週，經由悼念活動開始的學生運動已經形成很多自治組織的萌芽。一旦個別活躍份子（如劉剛）牽頭，跟上來的就不光是匿名的隊伍，而且各校都有以真名實姓站出來的學生代表，這是與以往學運的最大不同之一。

以學生證為證明，用真實姓名參加運動的學生，首先面臨的是自己言行的責任，其中包括與本校學生群體的關係。當時高度壓縮的時間空間以及巨大的政治壓力，為學生組織民主程序化帶來重重障礙和阻力，使這種關係常常停留在經不起檢驗的虛擬狀態。即使如此，一直到運動後期，甚至到天安門廣場清場的最後時刻，廣場指揮部的封從德等人仍然以公開「投票」的方式決策，就說明當時學運內部對民主授權方式的高度依賴。

再看一直為人詬病的學生「排斥民眾」。如果以學生組織為當時全

民運動的自覺領導者，這自然是非常錯誤的傾向。可是如果是看學生對授權來源的自覺，這又正表現出基於民主原則上的不肯越權。其實，以「文革」歷史驗證，學生運動被「摘桃派」劫持的真正危險，恐怕正是來自不排除知識精英並有實權的既得利益集團，而不是站在抗議前列的學生組織。根據八九年的認知和實踐水準，我們可以十分肯定地說，假若那時政府在民眾抗議面前垮下來，接踵而至的，絕不會是學生組織的獨裁和專制。學生組織將會第一個要求各界通過選舉授權來分擔學生已不堪負擔的過重的社會責任。而全國人民代表大會，將最有可能成為承擔下一步民主進程的代理機構。

三、民主這個好東西

關於民主的言說層出不窮，尤其是在今日中國，頗有越說越糊塗的趨勢。其中很重要的，就是模糊民主的基本含義和功能，使其陷入相對主義的不知所云。在簡要說明這個問題之前，我想也許有必要先釐清「共和」和「民主」的基本差別。我以為，所謂「共和」（republic），強調的是參與者的資源結合與起始授權。而「民主」（democracy）則側重於結合後的政治操作程式。中國早已廢棄君主制，建立「中華人民共和國」，只有承認「共和」在前，才能實現「民主」於後；只有實現「民主」，才能保障「共和」的原始精神。二者並非相互排斥，而是互證互補，同樣強調社會成員相互之間平等的政治地位和政治參與權利。

例如，八九年絕食學生內部就類似於一個小共和團體。但如果他們以各校一般代表的名義發言，就會在「共和」和「民主」的意義上同時發生越權危機。這是當時已經意識到的。至於說「民主」，雖然實踐中有很多重大問題，可那時學生和民眾已經有共識，相信民主的基本功能就在於選舉和決策，在於保證不同主張的人都有機會充分說明立場，供參與者選擇。這應當就是對民主最簡要的認識了。

以此衡量，則國內政治現狀距離實際民主相差甚遠。這正是新的社會衝突和矛盾的根本原因。中共當局持續反腐敗，為什麼收效甚微？就是因為幹部選拔制度已經退到比皇朝科考舉士還靠不住的「政績」考核。一方面無法控制任命體制下傳統調任和迴避制度的節節退縮，退到

只有省市高級領導能被「空降」的孤家寡人地步，一方面又拒絕民主選舉和監督。難怪腐敗網絡乘隙孳藥。同時，地方決策權隨著經濟高速增長而擴大，官員利益地方化掌控下的決策機制，不斷激化民眾和地方官員之間的衝突，達到不勝防堵的程度。中共當局一天不開放民主決策的管道，一般民眾與地方和中央特殊利益集團之間的突發性衝突，就永無消滅的可能。

民主這個好東西——八九年的學生曾直覺地珍視他們尚不完善的民主實踐，八九年的民眾曾勇敢地以熱血和生命捍衛他們追求的公民權利。在紀念八九「六四」十八週年之際，我期待著當年的精神再次弘揚，讓中華各民族的每一位公民早日施行自己民主選舉和民主決策的權利。

　　——2007 年 5 月 7 日於美國洛杉磯

【註】八九年時大多數城市居民與工作單位的關係既密切又複雜。一方面，因為毛澤東時代那種通過工作單位對個人施加政治控制的局面已在日常生活中淡去，單位同仁一起遊行時，較少政治猜忌，多了些共進退的保障；另一方面，面臨市場化經濟改革帶來的巨大而潛在的不確定因素，各單位內部的基層集體社群色彩和向心力都有不同程度的增強。但這種跟著單位參加遊行的政治姿態，其實並不能等同於包容不同社會成員的普遍民主，事實上也不如晚間的參與方式更尊重獨立個體。更多討論可參考本書〈抗拒無形的黑名單〉一文。——2019 年加註

10. 天安門精神與「重評六四」

　　一九八九年，震撼全球的天安門愛國民主運動在六月三日夜間遭到正規軍坦克機槍的血腥鎮壓。許多人因此失去生命、受傷致殘，許多人就此改變命運。但更重要的是，「天安門大屠殺」（Tiananmen Massacre）已成為世界政治詞典中「恥辱」的代名詞。中共統治集團中，幾乎所有當事人對此都有默認，也都因此而不願以個人名義公開承擔直接責任。這恰恰襯托出，天安門抗爭的實質，是共和國公民群體共同發聲，要求執掌權力者認明，公民群體才是國家權力最根本的正當性來源。今天中國的眾多困境，很多可以溯源到六四鎮壓。六四記憶，是保護人類道義和民族精神不能迴避的責任，也是認識歷史和現狀的最佳鑑鏡之一。

高漲的自豪與勇氣

　　同樣值得自豪但較少為人提及的，還有長期大規模示威中，堅守「和平、理性、非暴力」的立場。這個在最後兩星期裡出現的口號，與其說引導了運動，不如說是表達了一直充溢在運動中的基本精神。從四月十五日胡耀邦逝世，直到鎮壓前一兩天部隊試圖強行進城，一個半月的時間裡，北京、上海、廣州、武漢、長春，一系列大城市見證著上百萬人的遊行隊列多次穿行於繁華商業區，卻沒有發生任何嚴重治安事件。抗議第一週曾有報導西安和長沙商家被襲，當地學生控訴政府栽贓，果然，政府有所收斂後，兩地在此後益發擴大的示威遊行中也都平安無事。

　　世界近現代史上，各國都曾發生各種大規模抗議示威，可是，只有中國八九民運，出現了千百萬人和平抗爭，長達五十天無事故，堪稱獨一無二。八九年中國民眾抗議運動，在暴力鎮壓面前表現出驚人的勇氣和熱情。素不相識的人們在長街上同仇敵愾，即使手無寸鐵，也不懼於

面對槍口痛斥法西斯。危機時刻，相互扶助，不留姓名。隻身阻擋坦克車隊的形象，傳遍世界，是那時人們正義精神的縮影。大街小巷，無數類似的身影，領當政者不敢信任北京人，不敢信任北京員警，也不敢完全信任他們自己的部隊。這本應是民族歷史上最值得自豪的一頁。

這並不是說，八九民運具有超乎尋常的組織能力。事實恰恰相反。儘管八十年代校園生活很活躍，但當局一貫打壓自治組織的立場，造成幾乎所有運動參與者在規劃和組織那年的政治示威時，都缺乏必要的知識和實踐。二十三年來，對當時學生組織的批評數不勝數，足以說明，運動有其自身邏輯。

沒有力挺某一高官，也沒有集中攻擊某一政策，整個八九民運最持久的要求是「對話」。北京、上海、湖北、湖南等地的學生，分別和中央及省市領導進行了對話。而各界聲援民眾，支持的正是學生的對話要求——為什麼政府不能和公民平等對話？反腐敗、反官倒，要求言論自由、結社自由，都是有效動員群眾的口號。但仔細考察民眾支持的狀況就會發現，將這些既抽象又具體的條目連接在一起的，是「對話」體現的公民與政府平起平坐的認知。事實上，這也是當局最難以答覆的要求。官民平起平坐的內涵，賦予民眾作為公民的自豪感。運動期間的自律，並非只是出於恐懼的謹慎。

同時，運動要求於當局的，並不僅限於「對話」兩個字涵蓋的意義。經過前一年 18% 的通貨膨脹，民眾帶著對政府強烈的不信任走上街頭，拒絕接受「摸著石頭過河」的安撫。誠然，任何前人沒有走過的路，都需要以探索精神開拓，但這不等於無原則地原諒當局，人們要求政府提出改革方向，更要求政府有承諾，有信用。這是前一年的經濟危機轉化為八九年社會運動時的核心政治議題。

不是幾個學生領袖，也不是僅有民主雛形的學生組織，而是千百萬自豪的共和國公民，共同創造出八九民運令人震驚的世界紀錄。

坦克開進天安門，扼殺了改革開放以來最為輝煌的民族精神，埋下了今日維穩體制的根基。

重評六四？

　　最近，一些中共當局有意為六四「平反」的消息正在蔓延傳播。五月底以來，國內各地民眾紀念六四的趨勢，也比往年更為活躍而且公開。特別是各地訪民，重新發現天安門的感召力，在紀念六四中寄託著他們微薄卻堅韌的希望。最近，更有消息說中共當局有意重評六四，至少會先從撫卹難屬和允許流亡者回國探親入手。

　　二十三年來，死傷者及其家屬在政治高壓下承受了難以言傳的苦難，其中包括少為人知的那些以「暴徒」入罪服刑長達二十年的普通市民。面對個人遭受的冤屈，官方做出的任何補償，都值得歡迎。但是，我們必須區分人道補償和重建社會公義，在重評六四時，前者不但無法全然取代後者，而且需要以後者為支撐。

　　官方人士曾私下接觸個別受難者家屬，提出賠償可能。「天安門母親」群體倍感侮辱，發出公開信拒絕。這裡的首要問題，在於政府能否痛下決心公開承擔自己的罪責。而首要的步驟，則應當是開放獨立調查，公佈儘可能完整的受害者名單。否則，無異於金錢收買仍在忍辱堅持的家屬。

　　六四流亡者回國，同樣有人道關懷和社會公義兩方面。當陳光誠及其家人受到無時不在的監控和侮辱，當陳光誠的維權朋友們仍受到國保威脅，當劉曉波仍因《08憲章》受監禁，而他的妻子劉霞並沒有受到任何起訴卻不能如自由公民那樣生活，那麼基於人道理由的流亡者回國，就只能倍理解為相當於囚犯家屬可以探監。這樣的條件，與重評六四所能許諾的，相差無乃過於遙遠？！

　　問題在於，無論現任還是即將接任的中共高層領導，都無法有效轉變他們自己對維穩體制的依賴。即使如傳言所說，溫家寶確實真心呼喚政改，他也沒有能力做出承諾，沒有能力讓地方政府受他本人承諾的約束。普通公民無妨對溫家寶本人有期待甚至有同情，但要以他的言談作為槓桿追求社會公義，卻只會落入沈重的無力與無助。

　　畏縮規避，不可能解決六四為中國留下的沈重負擔。只有恢復天安門運動的精神本質，將公民尊嚴還給公民，將政府置於必須提出明確承諾、必須可以檢驗、必須有信用的憲法制度保障，與六四相關的人道

補償才能談及重建社會公正與道義，有可能為公民參與公共政治開闢空間，並取代「穩定壓倒一切」、「發展是硬道理」等嚴重破壞社會肌體的惡性立場，重建國家「主權在民」的政治正當性。

——2012.6.4 於美國洛杉磯

11. 有真相才有和解

　　在「六四」二十七週年到來前夕，由丁子霖教授發起並始終參與的「天安門母親」群體一如既往，再次向當局提出公開正面的抗議和要求。令人唏噓的是，為死難親人公開發聲的近二百位難屬中，已有四十一位先後離世，其中包括丁子霖教授的老伴蔣培坤先生。然而，這個人數極為有限的民間互助群體，卻仍令中國政府如臨大敵。官方在「六四」前夕再次增加警力，限制「天安門母親」成員們的自由。「天安門母親」成員們在百般壓迫下發出的微弱聲音，直接威脅到貌似強大的中共政權，從根本上挑戰著當權者的統治合法性。這再次證明，歷史的正義，屬於「天安門母親」等堅持紀念「八九六四」的人們。其中的關鍵，正是八九民運和「六四」抗暴的真諦，呈現在香港支聯會歷年不變的要求當中：

　　「懲辦屠城兇手，平反「六四」；結束一黨專政，還權於民。」

　　一九八九年的天安門抗爭震驚世界，也見證了兩岸三地之間前所未見的同聲相應同氣相求。「六四」鎮壓之前，已有台灣音樂界傾力合作的歌曲《歷史的傷口》問世，呼籲「讓世界都看見歷史的傷口」，表達「永遠不忘記」的決心和願望。如今，這首歌已成為香港和海外各地每年「六四」紀念集會的一個保留曲目，其象徵意義遠遠超出參與歌手之後在個人選擇上的變化。中國走過一九八九年，留下創痛巨深的「歷史傷口」，謊言和暴力層層遮蔽，卻始終無法癒合。事實在於，一九八九年因胡耀邦逝世引發的大規模抗議運動，曾波及全國一百多個城市，直接參與的高校師生超過百萬，市民更是不計其數。這是一代人的集體記憶，絕非人為控制就能徹底抹煞。更重要的是，這樣的集體記憶，絕不會侷限在一代人心目中。只要當年拼死爭取的政治民主權利仍然沒有實現，人們心中永遠會對中共政權的統治正當性抱有懷疑。而且，沒有人能夠阻擋這種懷疑在青年人當中一代又一代持續傳布。

　　謊言和暴力的遮蔽確實十分嚴重。多年來，中共政權以各種手段管

制新聞媒體和網絡社群輿論，一方面以國家暴力機器打擊自由發言的個人，特別是打擊那些在茫茫人海中尋求同道相互支持的人們；另一方面，又投入巨額資金設立大批官方「輿論導向」職位，用人海戰術在涉及社會價值的公共議題上混淆是非攪渾水。政府主持的管控系統，公然以威逼利誘為標準手段，以維護現行體制乃至現任官員為行動目標，對社會價值和民族精神造成的傷害，影響深刻而長遠。在這種惡劣氛圍中，不但八九民運和「六四」鎮壓及抗暴仍然是民眾無法公開談及的話題，而且越來越多的公共議題成為禁區。這兩年輿論環境尤為惡化，那些曾經轉發香港「雨傘運動」和台灣「太陽花」學運信息的人也紛紛遭到關押迫害，就連中共曾主導公開檢討的「反右」和「文化大革命」等歷史事件，也再次成為討論禁區，只有《環球時報》一類的官方八卦風格小報能夠任意歪曲事實、模糊是非判斷而不受追究。

但時間的積累也讓我們擴展視野，見證世界範圍的變遷和歷史的縱深，瞭解不同人民的類似命運。韓國九十年代中期曾開庭審判前軍事獨裁首腦全斗煥和盧太愚，起訴兩人當年發動軍事政變和鎮壓光州起義，以及利用特權收受賄賂設立秘密賬戶洗錢數千億韓元的重大貪腐。當時海內外華人就極為關注，紛紛將光州與天安門比較，看到民主化與重建正義的關聯。八十年代末台灣解嚴，曾經被壓制塵封長達四十年的「二二八」事件，不但再次進入公共輿論空間，得到平反，而且成為民主化進程中的一個重要標誌。過去十幾年，「二二八事件紀念基金會」每年舉行「中樞紀念儀式」，都有在任總統出席悼念受難者並向倖存者及家屬致歉慰問。更為震撼的是印度尼西亞一九六五年政變期間的大屠殺。數十萬平民慘遭殺戮，軍事獨裁者蘇哈托將其視為大勝之役。那些參與殺戮者，在長達半個世紀的時間裏，津津樂道自己的「功績」，並不覺得需要隱瞞，而受害者家屬和倖存者，卻不得不忍氣吞聲，至今仍承受普遍的社會歧視。美國導演奧本海默就此拍攝的兩部紀錄片，《殺戮演繹》和《沈默之像》，為世人揭示歷史傷口的猙獰慘酷。其中的謊言和暴力，比起中共對待「六四」和天安門，恐怕是有過之而無不及。但在國際輿論和國內民主化壓力推動下，印尼政府和軍方在 2016 年終於開始公開面對這一頁慘痛的民族歷史。可以想像，從這裡到徹底清

查，還有漫長的路要走。值得注意的是，當年追殺的主要藉口是「反共」，而印尼歷史上的共產主義運動至今仍屬社會禁忌。中國媒體渲染中國崛起在印尼重新面對歷史時的作用，不提「反共」，只說「反華」，完全無法解釋面對在國際上慣於「在商言商」的中國，印尼已經廢除了蘇哈托時代的各種排華法令，為甚麼在北京並未明言施壓時還要繼續追究真相。事實上，印尼國內推動變革的壓力，更多來自於當年尚未出世的年輕一代。他們經歷著民主化進程，在參與民族政治、承擔共同政治責任方面，比長輩有更強的自覺和敏感，是各種人權組織和社會運動的主力，也是持續呼籲追尋真相的主要聲音。有理由相信，同樣的情況也會發生在中國。毛澤東當年以真理化身出現，到了文革後期，還是擋不住人們對基層黨官作為真理代表的質疑，何況今日已經無法維持意識形態立場的習近平政權，黨官指令換來的大多是虛文敷衍。有精力有想法的青年世代，不會滿足於附和謊言，尤其不會在民主化前景將臨時仍然固步自封。

　　印尼人權組織正在呼籲政府設立「真相與和解委員會」。歷史傷口必須正視，才得得到癒合的機會。「六四」二十五週年前後，一些國內知識份子和海外媒體曾熱衷於呼籲「六四」海外流亡者不要總是控訴抵制，要有「和解」和「原諒」的胸懷和心態；有些流亡人士也做出反響，表示「原諒」對「六四」鎮壓負有直接責任的鄧小平和李鵬等人。這在我看來是很奇怪而且沒有是非的提法。「和解」的主體應該是那些倒下的死難者，那些在獄中耗費了全部青春的所謂「暴徒」，那些堅持「真相、問責、賠償」的「天安門母親」群體成員，還有那些已經沈默太久沒有發聲管道的家屬和弱者。流亡者當然也是受害者，而且每個受害者個體都可以也應該為歷史提供自己那一份證言。但是作為個體，他們卻沒有資格也沒有可能在真相澄清之前，代替他人翻過那一頁血寫的歷史。對於「受害者」共名之下的群體，對於承受著歷史傷口道義負擔的整個民族來說，「和解」的前提必須是「真相」，是能夠開放所有檔案，由獨立於政府的協力廠商進行調查，是讓所有受難者都能以自己的真實姓名得到有尊嚴的安放和紀念，是讓後來人都能光明正大地奉上悼念與感懷。

不接受謊言和收買，為死去的親人要求最基本的人道，最起碼的真相，這是「天安門母親」群體堅持二十七年不變的訴求，也是生活中的普通人越來越意識到不可放棄的底線。天安門抗爭期間社會上煥發出的向上精神，「六四」抗暴時爆發出的忘我、犧牲、互助，存留在人們心底。這樣的精神超越世代、種族、宗教，在屠殺的恐懼漸漸消退之後，仍將困擾所有的親歷者和後來者，滋潤他們尋求生命意義的旅程，為中華民族保有珍貴的火種。對此，奢談「中國夢」的政客無法理解也不願理解。即使只在這個意義上，我們也有理由相信，不管中共政權換了多少屆領導人，「六四」鎮壓都將是其負資產。只有結束一黨專政，建設民主政體，實現還權於民，才能真正走向民族精神的復興。

　　——2016 年 5 月

第三輯

回憶與史實辨析

1989 年 5 月 20 日，靜坐請願的學生在上海市政府前，聲援學生的商店退休工人立起一尊自由女神模擬像。（網刊《華夏文摘》「中國 '89 紀念館」）

1. 從 4.26 到 4.27

我們都知道，1989 年 4 月 15 日胡耀邦的逝世引發了大規模民眾抗議示威運動，政府與人民對峙將近兩個月之後，終於大開殺戒，製造了殺傷大批和平示威民眾的六四血案。事實上，如果更仔細地追蹤事件過程，不難發現，最初 10 來天裡的示威主體基本上還是局限於學生。4 月 22 日胡耀邦追悼會，那天下午長安街上自發送別靈柩的民眾並不多，遠遠趕不上 1976 年 1 月周恩來逝世時那種震撼人心的場面。

1989 年從學運向民運的第一次轉折，發生在 4 月 27 日。而 4.27 大遊行的直接導火索，就是臭名昭著的「4.26」社論。當時由於 1988 年經濟改革受挫和 1989 年初輿論控制大幅收縮——很像 2009 年金融危機和 2019 年中美貿易戰陰雲下，中共對社會控制的直接反應就是輿論收縮——社會上積壓的不滿情緒本來已經非常普遍也相當嚴重，這個社論使用文革語言表達，充滿殺氣騰騰的暗示和威脅，立刻在北京市民中激起強烈反彈。整個城市都在醞釀著不滿，恰好遇到學生上街，乾柴烈火相遇，成為當時最大規模的民意爆發口。

4.27 大遊行發生時，學生方面，新生的組織不僅不健全，而且還遭到政府釜底抽薪的事先破壞。因此，雖然遊行最終取得巨大成功，卻既不是某些人想像的出於「理性」的勝利，也無法如另一些人建議的那樣「見好就收」。相反，這是北京市民支援下的成功，是社會整體在堅決地拒絕返回文革後期定型的動員管理模式，也有力地展示了 89 年抗議運動要求民主改革的政治性本質。

社論威懾，風雨欲來

那幾天發生的事情我記得很清楚。

4 月 25 日晚，各高校代表在政法大學舉行第一次正式會議，我和我們學校（中國社會科學院研究生院）另外兩個男生同時參加了這次

會。坐在那個教室裡的約有三四十人，我在最後排找了個座位。忘記了主持者是誰，只記得會上先介紹了經籌備成立的「北京高校學生自治聯會」（「北高聯」或簡稱「高聯」）和包括王丹、吾爾開希等在內的第一屆高聯常委，並宣佈政法大學的周勇軍為高聯主席，然後開始討論。當時初步決定第二天在政法大學召開宣佈高聯成立的新聞發佈會，同時各校組織動員，在第三天也就是 27 日舉行高聯成立後的第一次遊行。正在討論中，忽然有人拿來一個手提收錄機，說有重要廣播。這就是那天晚上新聞聯播節目提前播出、即將在第二天見報的「4.26 社論」《必須旗幟鮮明地反對動亂》。大家聽完後有些騷動，但 4.27 採取行動的計劃沒有變，只是增加了備用措施，例如假如遭到圍堵出不去校門，就在本校靜坐乃至絕食，以及小院校同學可前往西北郊大院校參加行動，以免在本校失去聯繫，等等。

　　當時聚集在一起的學生代表們，也許除了那幾位常委，大多並未立刻覺得受到針對個人的威脅，仍然頗有士氣，堅持不能取消行動計劃。但畢竟是要挑戰殺氣騰騰叫囂著的當局，同學們也並沒有可以輕鬆戲謔的感覺。我是第二天早上聽家裡人說，才知道已經有政治笑話在流傳：是不是張春橋從監獄裡放出來了？是不是姚文元又出來寫社論了？（這是文革後期「四人幫」裡的兩位筆桿子，1980 年公審後被監禁）。「4.26 社論」標題使用的「動亂」這個詞是審判「四人幫」後，中共召開四千人大會給文革做結論的時候用來定義文革為「十年動亂」。北京居民聽到社論的普遍反應就是，大家之所以不滿意文革，主要就是不滿意「四人幫」用意識形態隨意給人扣帽子、打棍子，用自上而下的「運動群眾」壓制真正群眾運動的這種統治。本來以為改革開放意味著給大家更多的說話機會、更多的公開討論的機會，怎麼剛開始提意見，馬上就又來這一套？學生雖然沒有多少直接的文革記憶，但同樣感到吃驚和氣憤，不能接受「動亂」的帽子，也不能接受社論那種惡意定性、向敵人展開鬥爭的語氣。所以，遊行決定在各校受到普遍歡迎和支持。

　　4 月 26 日上午，學生如期在政法大學教學主樓門前召開新聞發佈會，宣佈高聯成立和遊行計劃。我們學校那兩位男生這天沒有來，只有我自己在場。發佈會時，各校代表坐在大門前的台階上，幾位常委在前

面站成一排，面對著好幾位外國記者，簡短答問。之後大家登上頂樓會議室繼續開會。這個會有香港學聯林耀強、陶君行、潘毅等同學出席介紹香港情況，記得好像主持和主要發言的人都是吾爾開希，他還出示了一個刻有「祖國萬歲」字樣的印章，用作各校聯絡時代表高聯的印信。為了第二天的遊行，指定了城區各個方向的聯絡員。我主動擔任了東郊方向的聯絡員，負責聯繫我本校、經濟學院、廣播學院（今日的中國傳媒大學）等院校，早上先在大北窯集結，再從那裡往西向天安門廣場進發。我的上級聯絡站設在二環路西南角的中央音樂學院，我應該到那裡聽取新的資訊，再打電話或騎車通知東邊的同學們。

學生組織「北高聯」剛剛宣佈正式成立，4.16日下午北京市委就在人民大會堂召開全市教育系統黨政幹部萬人大會，嚴詞部署控制學生，顯然有防備第二天大遊行的目的在內。我是下午回家後，接到朋友電話才得知這個情況（那時沒有手機，我使用父母家電話對外聯繫），不禁有些擔憂形勢緊張。晚飯後騎車出去看看，北大學生好像並未受什麼影響。我又去了清華。從清華南門進去到宿舍區和食堂的十字路口時，就見一小群一小群的人在議論爭辯著什麼。路口有新貼出的標語，「清華只有懦弱的領導，沒有懦弱的群眾！」、「到北大去！」，等等。我很好奇，如果這是在北大，自認不懦弱的學生，一定早就不甘於當群眾，要自己跳出來當領導了。聽了一會兒路口的各種爭議，才知道清華學生自治的籌備會又散攤子了，沒有人出來承擔責任。這也是大小院校的不同之處。清華這樣一萬多學生的大院校，總要有人站出來才行，而如我們學校那樣只有五百來人，匿名領導也行得通，只要能及時通報消息，大家並不在意有沒有領頭的或者誰是領頭的。反正主力在北大，沒人領頭時，同學們自己就紛紛「到北大去」了，而清華人要「到北大去」則難免感覺蒙受一層羞辱。後來終於聽到有人說，明天能拉出去多少去多少，清華就是出去十分之三也是好幾千人呢！這句話給我印象極深，以後常常據此要求清華張銘、周鋒鎖等常委同學提供人力支援。

4.27一早我就給學校打電話。那邊的同學說，頭天晚上已經和廣播學院等東郊院校聯繫過一次，今早還會再聯繫一次，確認沒有變動。我到北大和清華的學生宿舍區各轉了一圈，學生們正在集結，清華校區

路上，各種大旗正向西校門方向移動。北大校園裡，校方開始反覆廣播通告，要求學生們遵守法規法紀不要外出遊行並有一切後果自負之類的警告。我在一個包裡裝上雨衣、麵包、毛衣，好像還帶了點水，拜託母親照顧孩子，說我晚上可能不回來，完全是準備去天安門靜坐的架勢。結果，在後來的遊行路上我一直後悔帶了這麼一大包東西增加負擔。

這時已近九點，為了趕路，我避開北大南門方向的遊行學生，走上中關村路，那裡的路口已有幾十個列隊準備堵截學生的軍警，路兩邊都有不少人散聚，議論觀望。一路向南直到長安街，每隔一段就會看到準備攔截的軍警，著綠色軍衣，徒手，有些大路口還有工人糾察隊模樣的成隊人士在維持交通。我一邊琢磨著不知學生能否較和平地闖過這些防線，一邊找到了中央音樂學院的聯絡點。這裡的校園一點緊張氣氛都沒有，那個房間裡只有幾個充當聯絡員的男生在，常委一個也沒來。他們拿出一張紙告訴我遊行取消了，是高聯主席周勇軍半夜一點多鐘跑來通知的，上面有他的親筆簽名，記得還有那個暫充公章的「祖國萬歲」印鑑。想到一路上的情況，學生們可能連人民大學那裡的雙榆樹路口都沒過去就回校靜坐了，我覺得這個指令也不無道理，沒去深究其由來，急忙奔向大北窯。從長安街路過時，可以看到中南海前戒備森嚴，武警組成了層層人牆擋住大門。天安門廣場也如戒嚴一樣空無一人，武警五步一哨十步一崗沿著廣場邊的欄杆排開，監視著長安街。

我到大北窯時已過了原定 10 點的集合時間，那裡並沒有預期中東郊院校的學生隊伍。路邊的軍警不算多，但是有很多態度蠻橫的工人民兵，持續巡視清理路邊站著不走動的人，應該是學生難以集合的主要原因。我來回挪動著，無法確認其他院校學生，只是看到面善的我校同學時就搭訕一樣地說：聽說遊行取消了。同學們並沒有因此就折回，大部分都自行向西去了。半個多小時後我也決定離開。

這時長安街上騎車的人比一個小時前多了很多。路過天安門廣場時，周邊滯留的路人也明顯增多，還不斷有人言詞挑逗欄杆裡的士兵。快要走過廣場了，忽然看到人群一下都湧向人民大會堂北門，我也跟了過去。因為視力不佳，開始還沒看清，只覺得台階上像是有一排洋鐵桶。後來移動起來，才發現是一隊防暴員警，整隊跑步在那裡繞了一圈，一

手拿著幾乎是與身等長的大盾牌，另一手拿著警棍，我數了數，一共有98人。圍觀者有人說那盾牌是玻璃鋼的，警棍是帶電的。這真是大開眼界，以前只在國際新聞電視裡見過，並不知道中國也有。他們跑了一圈後轉向西邊，最後進了大會堂西邊路北的一個大院。圍觀群眾完全沒有被威懾到，追著他們起哄，特別是他們開始進院門時，馬路上一片哄聲。這不到百人的新裝備警隊應該是預備用來保護中南海和人民大會堂等處，最後並沒有在堵截學生時上場。對比大北窯那邊十分有效率的工人糾察隊，可以看出當時社會管制從毛澤東時代向鄧小平時代的轉變還不是那麼完全徹底。

蹊蹺的取消通知

　　當時我真的相信遊行確實是取消了，便跑到上學以前的原單位光明日報博覽群書雜誌編輯部。原來的同事們午飯後有的午休，有的上外語課，很快就剩了我一人。我在那裡給學校宿舍樓打電話，好不容易才找到一位認識的同學，卻說是學校空空蕩蕩，大家都沒回去。我於是請其留意，同學們回校後告訴我一聲。大約一點多鐘的時候，我正在那間辦公室裡休息，忽然有人進來，很吃驚地說：你怎麼在這裡？學生隊伍都快到阜成門了。我大吃一驚，蹦起來就直奔中央音樂學院的聯絡點，正好碰上幾個聯絡員在述說傳達取消遊行通知的情況：北京外國語學院的學生坐在馬路邊，就是不解散；商學院的學生差點兒上來打他　　。常委們不在，聯絡員也只能幹看著。我看問不出個所以然來，就跑出去查看實際情況，順二環路向北沒幾分鐘，剛到復興門就沒法騎車了。學生隊伍還看不見影兒呢，自行車已經堵滿了路，只能把車先留在那裡，徒步向北走。復興門立交橋北面不遠處就有一道徒手軍警的警戒線。我向北走時，這批軍警還在路東的行道樹下，人們過來過去，既迴避著又誠心找碴兒地擠他們撞他們。快到阜成門時看見了學生隊伍，人民大學打頭，後面的旗幟綿延不見盡頭。隊伍佔著路西的一半走，路的東側整個是自行車流陪伴，隔離墩上站滿了吶喊助威的人。從這裡回頭看向復興門，立交橋上也是黑壓壓的一片人頭。我跟著隊伍走了一會兒，又擠回人群向南去找我的自行車。這時發現原來在行道樹下休息的那群軍警，

已經手挽手橫在了二環路的西半邊，準備阻擋學生隊伍。但是，周圍市民越聚越多，人數比他們多得多，推來搡去，把軍警隊列擠得像波浪一樣。我離開這裡時，人民大學的隊伍正停在這道軍警的小行列前面，眼看不費力就能衝過去，但學生們似乎仍想通過協商請他們讓道。

我急奔回聯絡點，找到那幾位聯絡員說，學生大隊已經快到復興門了，趕快去通知你們各人負責的學校出來，別最後就那幾個學校被拉下，對高聯不滿；而且也好給已經出來的大院校壯大聲勢。聯絡員們都很樂意接受這個新決定，馬上分頭出發了。我又在附近胡同裡找到一個公用電話，打到學校裡讓大家再出來。後來才知道，我校很多同學根本沒回校。

我一直沒多考慮那個取消遊行的通知，認為那只是常委們在研究形勢時對力量對比沒有信心的反應。我們在 4.26 上午的會上已經說得很清楚，學生不準備惹起暴力事端，實在出不去校園，我們也已經設想了中策下策。面對軍警阻攔，學生不會硬衝，就象我剛剛看到的，人民大學的隊伍在復興門北面堅持要和攔阻的那一小群徒手軍警交涉那樣。問題不過是在群眾情緒高漲時能否及時改變決定跟上去。既然聯絡員們從接到取消通知後就再沒見到常委，焉知頭頭們不是使遊行成功的組織者之一呢？但不少學校對取消的通知反響強烈。北航自治會的學生代表（包括事後遭通緝的鄭旭光）後來指責法大同學說：我們同學都準備好了要出去，就看著我們幾個打頭的了，你知道你們那個通知給我們多大壓力嗎？要是別的學校都出去了，就我們沒出去，我們當然要挨同學罵；可要是就我們學校自己出去了，這好幾百人的安全就都在我們幾個身上了！人大的同學則提到，他們一路打先鋒時，就怕後面跟著的人太少，會被軍警分截包抄。

我自己學校其實也受到影響。我校很多人上午不到 10 點就離開了大北窯，因為當天早上沒能與廣播學院和第二外語學院聯繫上，在大北窯又沒發現有學生聚集的跡象，他們就決定去北大，半路上加入了遊行隊伍，但快到復興門時才打出旗幟。一些較晚離校的同學也是在向西走的途中先後加入遊行隊伍的。另有一些在我離開後才到大北窯的同學，去了天安門廣場，等到正午仍不見隊伍就回校了；回校後聽說大隊進城

了又重新趕出來，成了大隊中後來補充的生力軍。我在大北窯的半個多小時，為我贏得了「政府密探」的嫌疑，有同學說我是假傳通知要取消遊行，好在聽過我解釋的同學也沒太重視取消遊行的事。可知周勇軍的通知確實曾在學生中引起混亂。

那個取消通知的由來稍後才慢慢為人得知。高聯在 4 月 26 日上午新聞發佈會之前已經散發「新學聯一號令」，宣佈 27 日將舉行遊行。官方自然要設法阻止。北京市 26 日下午的萬人大會傳達鄧小平講話，要求貫徹「4.26 社論」精神，反擊「動亂」，佈置的任務之一就是勸阻學生。但做這工作談何容易，學生們根本不聽勸。據說北大一位系領導只好在略為肯定學生熱情後勸告他們「要注意保護自己」。大約勸阻無效的報告反饋回去了，市委又知道周勇軍是本屆高聯主席，就派出幾個幹部找到他，對他個人施加壓力。談話的具體內容不得而知，大約總不外是渲染可能發生的暴力場景，要他對幾萬學生的安全負責一類吧。總之，據他自己後來說，開始他回答說無能為力，無法更改決定。又說決議是常委會提出，代表大會一致通過的，他個人也無權更改。後來可能說走了嘴，說成是他個人說改了也沒用，被對方抓住不放猛做工作，最後周勇軍同意以他個人名義去通知取消這次遊行。這時已是下半夜。我記憶中他曾說北京市學聯派車帶他去送通知，大約跑了五六所院校，同時還以他個人名義簽名蓋章發了通知給各個聯絡點的聯絡員們。【註1】政府方面是否相信這個通知已經生效，所以才沒在各校門前重兵把守呢？周勇軍曾強調他只是以個人名義提出取消，但問題是，如聯絡員和各校代表所說，在 4 月 25 日晚和 26 日上午兩次會議的短暫接觸中，大家本來只記得他是主席，他發通知大家自然認為是高聯發通知了。通知發下去沒起作用，在清華大概是因為當時找不到領頭的人。在北大，籌委會組織同學們表決，大多數同學仍要求出去，於是北大以同學意見為準，沒聽周勇軍的。【註2】北師大的具體情況我不知道。人民大學和北京航空航太大學則為自己不顧這紙通知衝出校門而自豪。這件事極大地打擊了法大的威信，周勇軍為此辭職，吾爾開希接任主席，此後高聯總部便改在北師大活動。

感天動地的民眾支持

回到 4 月 27 日下午兩點左右，我在小胡同的公用電話和學校再次聯繫後，繞出胡同，第三次回到長安街。

這時，遊行隊伍正從復興門立交橋下穿過去再繞上來。隊伍還沒上來呢，長安街的交通已經中斷了。滿街都是來來往往的人，自行車佔滿了整條大街，就像學生隊伍的先導，氣氛緊張而熱烈。我還記得我一邊走一邊自言自語地說，遊行的市民比學生還多！因為知道我校很多同學離開大北窯後都想去北大，我也想等北大的隊伍來了找一找我們同學。我跟著隊前的市民向東走了一陣，把車子放到民族宮斜對面地鐵隧道旁，就走上了大街。這一來，正好走在了開道的學生糾察前面，也就不想換位置了。我用學生證混進了糾察隊，但大家都說，開道危險，女生快到後面去。我只好在稍後一點點的大旗附近磨蹭著，讓人轟來趕去的好幾回。

很快隊伍來到西單路口，圍觀的人擠得啊，恨不得平地裡堆起個人山來，卻還是給學生隊伍留出保持隊形的空間。從這裡往東，離中南海就不遠了，已經可以看見路口東面，軍警排起了厚厚的人牆。但市民還是比軍警多得多。路口東南角的大廣告牌上一片人頭，上面的人拼命敲打廣告牌，加上站滿一溜屋頂樹杈的人都在起哄，真是聲震屋瓦，比起英國足球迷的聲勢來恐怕也毫不遜色。噪聲中，隊伍停在路口，學生們猶豫著不知是否該繼續前行。此時因為我已經沿著隊伍前後跑了兩趟，自認對市民的狀況有所瞭解，因而力主繼續向東前進。這意見受到一位女生的強烈反對。她是：市民管什麼用，挨打時就該學生挨打了。我極不同意這種說法，但當時太亂，而且也無暇爭執。另有一位男生，竟擠到路口中心向交通警察求援，請他們幫忙疏散北面人群，好讓隊伍向北拐。交通指揮臺上站了四五個員警，全都冷冷的不予理會。我堅決反對這個提議，說寧可向南也不能向北。向東，前面有中南海，官方怕學生衝，很可能有重兵把守，咱們可以從南二環繞到天安門去。這幾個學生跑到一處商量，同時，前衛一線的糾察們已經過了路口，在東側人群中湧來湧去，路口中心留下了一小塊空地。我正激動地看著東邊的推擠，忽然另一個男生跑來問我說，南邊盡是商店，萬一出事怎麼辦？我有些

不耐煩。反正擠了那麼多隊伍在後面，你根本無法向西折回去；你們不願向東走，那北面的商店不是更多嗎？

　　其實，英國球迷怎麼能和北京市民相提並論。在長達一個多月的所謂「動亂」中，北京從沒發生洗劫事件，刑事案件率甚至有所下降。這足可證明北京人的水準。學生們還在爭執不休時，市民們一陣陣鼓噪擠揉，軍警人牆已經有了缺口。此時因為後面隊伍積壓，北大也來了幾個同學瞭解情況，其中一人跑到剛沖開的缺口處，和市民們一起在那裡招呼：大旗，大旗快過來！人大的大旗不再等那些學生頭頭們商量，過去後從偏南的一個缺口衝過武警防線。人們都應聲歡呼起來。後面的一系列旗子看到前面的已經移動，也都不耐煩地往前移動，於是隊伍自然繼續前進了。缺口很快就打開得更大了。同學們此時似乎都已義無返顧，一路向前走去。我恰好在人大校旗後不遠處發現我校的旗幟和同學，顯然他們和我類似，從東邊過來，很容易就直接加在了打頭的人大學生後面。我於是與他們同行，只是興奮勁兒仍然難已，走到人民大會堂北側時，又擠到前面去了。我說要想避免衝突，可以不進入廣場，遊行一圈回校。人大幾位同學都說他們也是這個意見，只是商量了一下，從王府井或東單向北拐都不大合適，必須走到建國門，再取道東二環路回去。於是隊伍從廣場北面走過。將要走出廣場範圍時，人大同學說是累了要休息一下，就原地坐下了。這下後面隊伍不滿意了，紛紛來人質問，大家只好說不打算進廣場了，要走回去又太累了。記得有個北大同學當時建議繞廣場一周，也遭到反對。其實現在想來，那天進駐廣場靜坐是完全可能實現的事，可惜缺乏組織，在隊前開路的幾個學生無意中承擔起指揮進退的重責，已是心力交瘁，巴不得趕緊有個最後決定了。這樣，大家只好站起來繼續前行。

　　此時大約已近下午 3 時。後面一些學校已經超到前面去了，我已找不到我校同學，便又退出隊伍，四處觀望，恰好看到政法大學的隊伍走過來。大家看到他們抬的憲法摘錄和對人民日報的起訴書，無不拍手稱快。同時，隊伍裡不斷有人帶著大家跟念《鄧小平文選》134 頁語錄的聲音，大意是說一個政黨一個國家最可怕的就是鴉雀無聲。這也受到群眾熱烈歡迎。這樣耽擱了一陣，再想追上先頭部隊已無可能，我只好跟

在隊伍旁邊跑。過了王府井路口，兩邊逐漸有下班群眾急於穿行，我就幫忙疏導。

這種長途遊行，前面隊伍走著不覺得什麼，後面的隊伍簡直就是疲於奔命，象萬米長跑一樣，尤其是當糾察的同學，側著身子跑還不敢鬆手。大家都盼著快點找一個機會稍微喘息修整一下了。又乾又累的時候，來到東單路口，又是非常多的擁擠圍觀的人。與此前不同的是，北面隔著隔離墩上的人牆往隊伍裡不停地飛來麵包，頗為壯觀。這前後也常常有市民買來汽水雪糕塞給學生。大家到建國門之前，本來累得不想喊也不想唱了，沒想到立交橋上圍的人比西邊更多。這裡的人可能等隊伍都等著急了，對學生格外鼓勵，幾乎每一面校旗都能換來一片掌聲。疲憊萬端的學生們看到人們的熱情也不由得要整整隊，打起精神呼一呼口號。過了建國門，下到二環路，果然各校都坐下來稍事休息。二環路交通也早就阻斷了。這裡的市民開始和學生們聊天。我繼續走到東直門北面，天色已晚，才坐在路旁休息到隊伍過完。和周圍一些民眾聊天時，路邊的大喇叭忽然開始廣播新聞，說是中央將和社會各階層展開對話，人群中響起一片歡呼聲，到處可見 V 形手勢。據一老者說，起草 4.26 社論的人已被停職作檢查，是個副主編，也不知真是假，但足見當時民心。

「歷史將記住這個日子！」

歇了一陣後我坐地鐵到復興門，再走到民族宮對面找自行車，感覺走了很遠才找到。騎車回去時我從西單往北，試圖追蹤學生隊伍。果然，過了新街口、豁口之後，就見到人大的隊伍，又隔一段才見到師大的隊伍。人都不多了，但旗子和開頭部分還都維持著聲勢。師大隊伍來到自家校門時，原來在馬路上等候的一群群的人都歡呼起來，似乎還放了鞭炮。這之後我的心勁才慢慢平靜下來，緩緩騎行著，自己也覺得挺累。忽然聽見有人招呼：師傅，能帶一段嗎？我馬上笑答：行是行，可應該你帶我呀。打招呼的小夥子無奈，只好帶上我。他說他的自行車放在雙榆樹青年公寓那兒了。我們一路聊起來，原來他是工人糾察，昨天夜裡兩點下夜班，早上 5 點就要到安定門集合，也累了一天了。他說他們接到的通知就是攔截遊行的學生，但大家也只是執行任務而已，學生真要

硬衝他們也不會怎樣攔的。據他講，化工學院等東北方向學校的學生打著旗子遇到攔截後，一部分從小胡同繞道走了，另一部分也就從攔截中衝過去了。他提到工人們有麵包汽水，沒提津貼，聽他的意思他們也很辛苦。和他分手後，我又看到了人大校門前歡迎學生歸來的場面。

不過，最熱鬧的可能還是北大。在人大附近我就見到零星的北大隊伍在路東打著旗子走，同時就有北大的校車在路西緩緩開過，不停地招呼同學們上車，但有些人就是不上去。從南面騎來的自行車紛紛主動超載帶人。我實在帶不動人了，又不好意思招呼別人帶我，只好跟著他們慢慢走。到中關村路口時，一個三稜體的鐵皮交通標誌被敲得震天價響，學生們大呼小叫著，接人的校車開回路口的車庫，學生們在路口重行整隊，高舉旗幟，唱起國際歌，向著南門走完了最後一小段路程。校門口鞭炮轟鳴，21樓22樓處，從樓上懸下巨幅標語：「歷史將記住這個日子：4.27！」還有「歡迎勇士凱旋歸來！」等等。到28樓前，更聽見廣播喇叭中傳出國歌國際歌的樂曲聲和表示慰問的廣播。廣播還告知同學們食堂準備了熱飯菜，水房有開水等等。學生隊伍歡呼著——「感謝28樓！（意為感謝留守的同學）」慢慢散開。我上了28樓，得知封從德負責留守，找到他，又看到柴玲滿面倦容地來找他，希望能回家休息。封從德表示還要研究動態，今晚不能回家了，柴玲還有些不情願。我和他們告別後已是半夜兩點多鐘了，看著食堂裡吃飯的學生滿心羨慕，當時倒沒想到我母親也在家裡熱了飯等著我呢。

回想「4.27大遊行」的全過程，從凌晨開始，高聯主要領導人在當局施加的圍攻和高壓下，被迫決定取消原定27日的遊行，導致第二天上午各校都發生或大或小的內部分歧，拖延了隊伍出校。但是，雖然明知有取消遊行的通知，西北郊方向大院校的學生們還是先後衝出校園，很快匯集在一起，向天安門進發。最重要的是，學生隊伍還在二環路向阜成門走來的時候，西長安街一帶車輛已經停駛。來自各個方向的市民，漸漸擠滿了寬闊的長安街，隨後在西單和六部口等地成為衝破軍警攔截、為學生開道的主力。此後，自中南海向東走到建國門，聲援民眾的數目和聲勢都大大超過已經開始感到疲勞的學生。傍晚時分遊行還

沒結束，街頭多年來沒用過的公共廣播系統忽然開始報道說，政府將與各界各地人士廣泛對話。學生和市民都清楚看到了人民抗議的力量，對後續事件有重要影響。

政府方面，對抗議運動的處理從一開始就和內部權爭交織在一起。4月22日胡耀邦追悼會後，趙紫陽到朝鮮（北韓）出訪，任由學運處理落入威懾的舊套路，才會有「4.26社論」的出爐。4.27傍晚官方態度的大轉彎，據說是因為在中南海觀看監測螢幕的老人們都被民眾的反響震驚了，不得已改換軟的一手來處理。這時趙紫陽還沒有回京，明顯可見，決策者在一定程度上仍然舉棋不定，既然硬的不行，那就讓軟的來試一試。這之後，才有電視播放的4.29袁木等人與學生對話的大部分內容，才有趙紫陽5月初幾次關於經濟要過「市場關」、政治要過「民主關」的講話，也才有戴晴向胡啟立要求自由發表學者意見的版面這種「新氣象」的可能。沒有4.27的成功，何來這些動向？動輒指摘學生運動在5月下旬「捲入黨內權力鬥爭」，破壞了多麼好的形勢，未免過度美化了此前的局面了。

1989年衝突的根本，在於人民要求參政權，而中共當局堅決不肯與社會分權。在這方面，王軍濤等人發表的《六四事件20週年白皮書》是我看到的迄今為止最中肯的分析。為了紀念六四亡靈，我們必須共同堅持「天安門母親」群體的信念：

說出真相，拒絕遺忘

尋求正義，呼喚良知

——1989年10-12月初稿；2009年打字修正；2019年定稿

【註解】

1、吳仁華著作《六四事件全程實錄》稱周勇軍只同意以個人名義送出條子，而且本人一直留在政法大學，並未參與送通知。該書亦稱周勇軍一直拖延到27日凌晨3時才妥協。見該書頁96.

2、上引著作中說，北大也有反覆。參見該書頁97-98。

2. 我與十二學者上廣場

【說明：八九年六四之後，我在中國國內躲藏了半年有餘。躲藏期間，有感於中國政府對六四史實的歪曲宣傳，曾寫下十幾萬字的回憶。承蒙朋友們熱心幫助，這些已部分發表於海外各種報刊。可能是由於其瑣碎和缺少概括性評介，我的回憶很少引起讀者注意。但我以為，近年來海外評價六四中的一個最大問題正在於概括多、概況草率，缺少對史實細節的搜集和研究。因此我仍將繼續努力於提供有足夠細節的基本事實。這次提筆，是應陸鏗先生之請，就戴晴對八九春夏之交的回憶中涉及我的部分作些相應的敘述，並非摘錄我原有的回憶，因此增加了一些評述，以便讀者瞭解我的心態和觀點。這裡寫的主要是發生在五月十二日至十四日的事。雖然只有三天，重要細節卻相當多，根本無法一一講到，因此，我只能談談這三天中我與戴晴及其他一些知識分子接觸的情況，其他方面的內容有待以後補充。——1993 年 1 月 10 日】

要絕食了

我相信，到現在也還相信，八九年五月的絕食能夠形成具體計畫並付諸行動，是和吾爾開希等人五月十一日夜裡的聚會與策劃分不開的。這是五月十二日上午絕食號召陡然在各校公開的直接起因。我是在當天上午「北高聯」（北京高校學生自治聯會）的常委例會上得到消息的，當時我們正在討論如何設法長期堅持民主運動。具體地說，正是在這個會上，我們得到了香港學聯歷年章程的三個不同版本，討論佈置了儘快完善高聯章程的任務；也正是在這個會上，香港學聯的朋友們第一次知會我們，一個台、港、大陸的學生聯誼夏令營正在籌備申請之中。台港同學代表已有默契，一旦抵京，即行宣佈他們在大陸方面的聯誼對像是北高聯。

形勢仍然不確定，一切都可能有希望，一切都依賴於我們可能付出的堅韌不拔的努力。

然而，絕食的消息來了。而且，「絕食是同學們自發組織的，誰也沒有權力阻止！」高聯當然也包括在這個「誰」裡面。高聯「勸阻絕食」的決議是在我的倡議下作出的，但不到一個小時，我第一個嘗到了碰壁的滋味——我的「勸阻」被柴玲打得落花流水，敗下陣來。

　　當我垂頭喪氣地回家時，心中的無可奈何之情真是難以形容。我不停地和腦子裡的「假想對手」辯論，頭昏腦脹之中，忽然想到，絕食的基本要素是以犧牲為號召，我反對現在絕食並不等於我害怕犧牲（典型中國人的思維。為什麼我們應當不怕犧牲？）。要是我拿著一把菜刀去三角地封從德他們的「民主論壇」廣播站，當眾剁下左手來，同學們就應該相信我，重新考慮絕食的行動！

　　可惜的是，無可奈何之情並不是絕望之情。我沒能激動到那種程度，掙扎了半天也下不了這個剁手的決心。

　　這時，又一個忽然想到觸動了我。胡耀邦追悼會後，柴玲曾滿腔熱忱地要我幫她和戴晴取得聯繫。戴晴！這才是真正有能力勸阻柴玲的人。我的直覺告訴我，戴晴一定會同意我的意見，她不會同意現在絕食。

　　傍晚時分，我騎車趕到戴晴住處。她不無驚訝地接待了我這個一坐下就抹眼淚的不速之客。不過，她確實很快就明白了我的意思，而且好像也確實同意我的看法。她挺誠懇地問我：你覺得我現在能做什麼？我告訴她，現在北大有一個叫做「民主論壇」的公開討論活動，每天晚上在著名的三角地舉行。我說：你最好能去演講。你在學生當中有威信，你去一定能勸住他們。我當時真是把扭轉學生情緒的全部希望都寄託在她身上了，我想，我的姿勢、我的語調和我的話，一定都顯示著一種熱切、急切的心情。她沈吟了一會兒，說：我一個人去恐怕也不管用，我們可以多叫幾個人一起去。她問我：湯一介行不行？這回是我猶豫了。我和如今的大學生年齡差距太大，實在不知道他們崇拜什麼人。要不是柴玲求過我，我對戴晴的實際威望也並沒有把握——雖然我本人非常佩服她的文章，可這時我個人的衡量標準毫無意義，要知道的是學生會聽誰的。我們家和湯一介、樂黛雲夫婦曾有較多的交往，我就更拿不準青年學生如何看待他們了。戴晴可能看出了我在猶豫，就說：湯一介也不方便，他最近剛剛犯過心臟病，正在家休息。這樣吧，我打電話找幾個

人試試。

　　她到裡屋去打電話，我在客廳，捧著一杯熱茶，坐立不安。她第一次回來時，提到幾個著名青年作家的名字，說：一個人也找不到。我知道李陀他們今天晚上在一起起草一個「五一六宣言」，可是不知道他們在哪兒【註1】。她若有所思地說著，轉了一圈，又接著去打電話。我一個人坐在那兒心裡納悶兒：這些人是怎麼回事兒呀，還嫌不熱鬧嗎？還要發宣言，還要叫「五一六」，這不是存心火上加油嗎？——最糟糕的是會給激進學生的絕望情緒火上加油。正想著呢，忽然注意到戴晴打電話的聲音。她說：家其，我這兒有一個學生，　　。她講完之後，似乎沈默了好長時間，才聽到她再次說話：那你是不會來了？好　好　。回到客廳，她對我解釋：我們這些人都有默契，不介入學生運動。嚴家其就是因為這個原因不願意來。她說她也不知道怎麼回事，今天晚上誰也找不到，而她一個人去不會有用的。這樣吧——她可能注意到了我掩飾不住的失望，說——你在這兒哭對我的壓力太大，你先回去吧。我一定會盡力想辦法。我們還不知道，就在她到處都找不到人的時候，已經有好幾個知識分子和北大教師跑去對學生演講了，只不過不是要勸阻學生，而是被學生的決心所感動，去表示欽佩和支持。

　　告辭出門，我意識到她今天晚上不會去見學生了。這意味著我已失去了最後一個說服學生的可能性。我知道自己毫無演講或煽動的能力，因此我自己絕沒有對著一群熱血沸騰的學生去潑冷水的信心和膽量——包括沒有膽量去剎手。何況我還希望保持當時主要由我為代表的高聯的形象和它已經十分脆弱的威信。所以，可以說，在離開戴晴家的時候，我已經決定不再反對絕食，把高聯「勸阻」的立場改為「同情和理解」。

　　晚九點，原定常委再次碰頭匯報「勸阻」的情況，又是在我的倡議下，變成了研究聲援和保護絕食同學的措施，我同時起草了高聯關於絕食的聲明，對絕食同學表示「同情和理解」，並「呼籲」政府採取積極態度回應同學們的要求。這時，我們，至少是我，還企圖在高聯和絕食學生中間劃一條線，企圖使高聯保持低姿態，為將來保存組織留後路。

　　我相信我離開以後戴晴一定又做了努力。但我不知道她做過什麼樣的努力。在校園裡沒有見到她的身影，這使我想到她並沒有真的理解我

的意思。在這種關鍵的時刻，任何不直接面對群眾的努力，都等於放棄努力。這在當時就是我的基本看法，也是我自己「放棄努力」的根本原因。

絕食尚未開始

五月十三日中午，多數高聯常委仍堅持高聯不應捲入絕食，於是仍留在北大開例會。我由於個人原因，聲稱要辭職，不再參加常委會，自告奮勇並徵得大家同意，作為高聯代表去協助絕食同學的組織工作。中午十二點以前，我趕到北師大，發現師大校園仍是冷冷清清，便找到廣播站，和梁二（梁擎暾，亦被通輯）一起佈置絕食的宣傳。正說著，劉曉波推門而入，叫到：你們都在這兒，太好了！快跟我來，有重要的人要見你們！我們兩人隨著面帶興奮之色的劉曉波來到他的住處，在那間用書櫃作間壁的狹窄的學生宿舍裡卻只見到他的妻子。他有點不安，急著打電話詢問；我們也有點不安，急著要去操場。這樣堅持了一會兒，才等到了來人——原來是周舵。印象中他有點既興奮又緊張，很簡要地告訴我們，今天上午他們見到了統戰部長閻明復，閻明復表示願意和能負責的學生頭頭見面談談。他特別強調，「不是對話」，而是要和「有實際影響力的學生組織領導人」談談。

誰屬於這個範疇？我和梁二必須立即作出回答。很可能我仍在面對群眾情緒卻控制乏術的無力感衝擊之下，當時脫口而出的回答是：現在學生有三個組織，高聯、對話團和絕食同學。要談，就要三個方面都有代表。這是在絕食學生出發之前，是在絕食學生尚未形成自己獨立的政治代表機構「絕食團」之前，而且是在吾爾開希等人仍力圖造成「高聯在組織絕食」的外界印象之時，政府方面（不管是改革派還是非改革派）恐怕對高聯和絕食行動之間的實質關係並不知情　（假如我當時不是這樣回答，　）。另一方面，學生這兩天造的輿論都是絕食隊伍下午兩點從師大出發，這些人一定要趕在學生出發之前通知我們，焉知不是試圖將事態控制在形成既成事實之前？可是在他們表示接受我的建議之後，我接下來的話卻是：那就這樣吧。我還要去操場幫著組織隊伍呢！絲毫沒有意識到任何政治資訊都包含著特定的政治姿態，我們——學生們必須以特定的行動作為反饋，才談得上確有政治訴求，而且也才談得上確實是在為實現自己的訴求而努力。

這種重大的政治機會曾在五月十七日再次出現，並且再次被我漫不經心地放過。

　　在政治局勢微妙之際，當事人個人言行的是非功過只能留待歷史與後人去評價。

　　走出劉曉波那個宿舍樓的大門，一輛小汽車緩緩駛來停下，從車中走出來的竟是戴晴。她一見我就和我見了她（一個普通讀者見到大記者大作家）一樣興奮，剛打完招呼就對著另一輛車旁的人高叫：李肅！李肅！這就是那個學生領袖！那邊的人正在跟樓裡陸續走出的周舵和劉曉波等人打招呼，沒有過來，於是她向我提到了閻明復要見學生的消息。我說我們已經知道了，並想從她那兒得到些更具體的消息，這才知道她沒有參加這天上午閻明復與青年知識分子的座談會，她參加的是胡啟立與新聞工作者的座談。後來我才知道，正是在這個會上，胡啟立允諾《光明日報》（或是允諾戴晴）可以用一個整版組織一個自由知識分子的座談會。不過當時戴晴並未對我提及此事。

統戰部

　　五月十三日晚與閻明復會見時，總共約有十六七個學生出席，三方面的學生代表幾乎是自然而然地分別在三處就座。此外還有二十來個人在場，我卻大半都不認識。我認識的只是坐在我對面的劉曉波和周舵。甚至在場的人互相稱名道姓時，我仍覺得毫無印象，不知道這些青年知識分子都是何等人物。印象中，我和劉曉波在這次會談中是態度最強硬的兩個發言者，我事後還曾為自己未能把握好分寸而後悔不已。但當時我並沒意識到這一點，反倒在發言表態之後就以廣場需有人負責為由，提前離開了會場。當時有另外兩個同學和我一起提前退場，其中之一好像就是柴玲。

　　總之，從絕食正式進入日程以來，我就感到最重要的問題是與群眾打交道，最關鍵的位置是直接面對群眾。但是，儘管我意識到了爭取群眾的重要性，由於我生性對於群眾場面的恐懼，在以後的日子裡，我常常滿足於「身在廣場」，並沒有能做出實際有效的努力和成績來。撇開我個人後來的經歷不提（這點已超出本文內容），可以說，當時我對那

些青年知識分子沒有多加注意的原因之一，就是覺得這些人恐怕很難對絕食學生發生直接影響。我當時已經發現，作為絕食主要發起人的王丹和吾爾開希是準備通過談判與政府達成某種妥協的，但柴玲等北大強硬派絕食學生根本不想和政府打任何交道。在閻明復的會議室裡，柴玲一言未發。後半夜（五月十四日凌晨）廣場學生中起了騷動，謠傳吾爾開希和閻明復作交易，要求追查的主要是北大的強硬派學生（反諷的是，當時仍是由我這個曾反對絕食的高聯代表出面調查澄清）。我以為，在政治官僚以及某些知識分子看來可能是舉足輕重的政治表態性行為，對一門心思以犧牲自己為號召的青年學生幾乎毫無影響，更不必說那些敏感微妙的政治辭令藝術了。這一點，在絕食第一天的夜裡已經可見其端倪。

這一夜到天明，我曾數次奔波於廣場與統戰部之間。十四日上午，聲援的人漸漸增多，我在人群中居然遇到一個往日的朋友，很偶然地知道了當天下午在光明日報將舉行一個著名自由知識分子的座談會。當時，我還沒有把這件事和我面臨的困難直接聯繫起來。

幾乎是緊接著，我們又有了一個機會與閻明復會面。這次是在一間小會議室。可以肯定的是柴玲、封從德等絕食堅定分子及對話團的同學都沒有去。在場的也許還有別人，但我只記得王丹、吾爾開希和我。我們三個坐在一邊，閻明復坐在我們對面。

閻明復告訴我們，官方同意與學生正式開始對話，跟十三日上午信訪辦答覆不同的是，這次官方願與學生指定的對話代表對話。官方代表包括李鐵映、閻明復本人、國務院秘書長羅幹，及其他官員　。王丹和吾爾開希試圖表示，官方的級別不夠；閻明復有些曬色，說，李鐵映是國務院副總理、政治局委員，我本人是書記處書記，你們覺得哪個級別還不夠？我們無話可說，同意了。於是開始安排技術細節，對話團在哪裡，有多少人，要個什麼樣的車去接，等等。自然就說到了如何使廣場上的學生瞭解對話進展，這本來就是掌握局勢最關鍵的技術問題之一。我們幾個說，需要現場直播。他很乾脆地表示不可能，說是對話地點就定在統戰部，這裡沒有直播設備，而電視台的轉播車又都去準備採訪戈爾巴喬夫了，調不出來。我們實在是對控制學生情緒沒有把握，僵持了

一會兒，他表示，可以現場錄像，由學生代表監督封存，送往中央電視台，保證當晚播出；學生可以現場錄音，隨時送往廣場播放。

這個條件似乎可以接受了，但我們仍在支吾猶豫。他顯然知道我們的難處在哪裡，直截了當地說，中央已經決定，不管學生是否從天安門廣場撤離，歡迎戈爾巴喬夫的儀式都不會在廣場舉行了。現在撤不撤，完全是你們學生自己的事了。就算你們決定撤，你們有把握把學生帶出來嗎？印象中他甚至明確提到了我們「對局勢的控制」這幾個字。我以為他是在對我們即將控制失效給以警告，但很可能當時他已流露出我還無法體會的憂慮。不過，這幾句話的嚴重性我們都領會了。顧不上在場人之間政治對手的關係，我們幾個學生開始爭論把隊伍帶出廣場的可能性。當時我心裡一定很清楚自己對激進絕食學生的無能為力，才會再次惱火於王丹、吾爾開希發起絕食的不負責任。我提醒他們主要問題在那些如柴玲一樣的強硬者，而且挺嚴厲地問王丹有沒有把握說服他們。王丹也在緊張地思考，有些遲疑地回答我說，要是那些著名學者肯出面就好了。記得我還追問了一句，你覺得學生會聽他們的話嗎？當他給以肯定回答時，我馬上說，我知道今天下午有一個座談會，很多著名學者要出席，可以把他們請來！王丹不知有過多少次不成功的經歷，狐疑地看著我，你能請得來嗎？我說，既然沒有別的辦法了，那就必須想方設法把他們請來！接著，在大家的猶疑中，我就自告奮勇去當這個說客。閻明復在這期間本沒有說話，只是觀察著我們的混亂，此時才開口對我說，你可以坐統戰部的車去。

找學者去！

所以，我是被統戰部的車送到光明日報社的。

在報社門口就聽到有人在談論這個座談會。跟著這些人，我很容易地找到了會場，在會場門口見到了戴晴。

在這天所有我能見到的著名人物中，戴晴是唯一的我與之有過個人接觸的人，而且我也相信她也是唯一一個瞭解我的學生「領袖」身份的人。雖然在光明日報的大院裡上過兩年班，每天經過戴晴所在的評論部，我卻分不清他們的兩位部主任。所以，儘管我並不知道戴晴是這個

會的策劃人，我的希望卻只能是她了。她顯然對我的出現感到驚訝，我顧不得那許多，馬上說明瞭來意：廣場情況危急，我能不能進去和學者們講一講，請他們去廣場勸學生撤離？她聽了似乎沒有猶豫，依舊是往日潑辣幹練的樣子，立即把我介紹給了座談會主辦者的「官方代表」，部主任陶鎧，很順利地把我從門口聚集的人群中引入會場。給我安排了一個座位後，戴晴向在座的人介紹了我，我滿腦子只有自己著急的事，一看我的「廣場身份」吸引了所有人的目光，馬上就想開始呼籲，誰知眼淚還沒來得及流出來，戴晴就說：你先坐一下，今天最重要的是把這個座談會開好，我們發完言以後會給你時間介紹廣場的情況。她的態度那麼正式那麼有權威，我一下就被鎮住了，不敢再打斷他們的會。

我坐在戴晴的對面。我的左邊是李洪林，再過去好像還有劉再復等人。右面是誰卻記不得了。隔了一個人是陶鎧，然後就是坐在桌子端頭的嚴家其。戴晴那一邊作家比較多，蘇曉康、李陀、麥天樞都在那邊。溫元凱好像也是在那邊。評論部的一位青年負責錄音。戴晴作開場白，除了談到主題，還特別強調了第二天可以全文照登會議紀要，強調利用這個機會的重要性。然後名人們開始輪流發言，很有默契的樣子，一人一次，當中也沒有互相幹擾或討論。

開始時我真是如坐針氈，急躁難耐。我認為五四記者公開上街遊行就是藉著學潮的東風；現在胡啟立允諾了一些新聞自由度，也和學潮的壓力緊密相關。如果學潮控制不住，你們這個會開下去又有什麼意義呢？退一步說，就算這次的紀要給你發了，你仍然是最沒有保障的。（正是出於這種認識，我才在學潮一開始就提出請徐四民回國辦私人報紙的建議，希望為這些名人們爭取一個今後政府很難輕易取締的言論園地。）面對當前的學潮危機，你們怎麼還能坐得住清談呢！

我急躁的另一個原因是，當時絕食同學尚未形成自己有權威的、獨立於高自聯的組織架構，我可以清楚地感覺到，廣場形勢瞬息萬變，機會稍縱即逝，我們賠不起這麼多時間。

再急也沒辦法，我只能坐在那兒聽著。聽著聽著，我倒聽出了點門道。實際上，整個會場似乎已經被我的出現影響了。幾乎所有的人都在談論著學潮的危機，「時局」無形中等同於學潮，是否已出乎戴晴之預

料了呢？在發言中，包遵信的話給我的印象最深。我記得是他談到，「危機」「危機」，既是「危」險又是「機」會，關鍵就看怎樣處理了。【註2】這正是我要借助他們去做的事。他還說到這樣一場運動的性質，認為說到底這是一場「護憲」運動，人民要求政府兌現憲法允諾的各項權利（類似的話其他學者也談到了），這樣的運動不僅會在歷史上贏得與英國憲章運動類似的地位，而且有著憲章運動所不及的現代思想高度。這真使我茅塞頓開，情緒大漲。我親身體會到自己的終日忙碌被名人高度評價時的滿足，同時隱隱意識到這將是說服激進派學生的有力武器（激進學生在五月四日至五月十一日之間曾反覆經歷失落和絕望情緒），即，讓他們有成就感和滿足心態。我對這些名人的信心一時大增。

終於輪到我了。

我不知道為什麼戴晴記憶中會是溫元凱提出到廣場去勸學生，而對我有許多溢美之詞。我自己知道，從我奔這個會來的時候，我就是打著主意要把名人們拉到廣場上去的。不過，我確實不擅辭令，當時說得也是顛三倒四。除了企圖說明激進學生的絕望情緒以外，記得我還試圖強調學生隨時會受到鎮壓，而這是非常危險的。確如戴晴所言，我從發言一開始就不停地掉眼淚，說到一半時，已有至少一半學者作家在抽泣了。記不清是不是戴晴了，有人問我，你覺得我們能做些什麼？你希望我們做些什麼？我直截了當地說，你們應當到廣場去勸學生撤離，現在只有你們能說服學生。我那麼急於將他們推出去，簡直就沒有餘力像戴晴那樣去注意這些人之間的異同。記得我身邊的李洪林一邊擦著眼淚一邊說，我們應當去，我們不能看著學生們被鎮壓　。其他人也情緒激動地說著類似的話。

學者作家們的《緊急呼籲》大約就是這時開始起草的。確實是，有個什麼人先念了一份草稿，大家還在琢磨如何反應時，又有人叫道：曉康這兒也成了一稿了。於是聽蘇曉康念，而且立即都傾向於這一篇。我對這一稿也不是很滿意，但又說不清哪裡不對勁兒，只是在桌子對面徵詢的目光前，以我對激進學生的瞭解，搜腸刮肚地想著最有說服力的勸說角度。發現我無法清楚地表達自己對勸說的想法，而且無法有效地影響作家們對呼籲稿的修改後，我又提出，如果呼籲書就這樣定稿的話，

光有這麼一篇文字恐怕不能起到說服學生撤離的作用，老師們最好先和最堅決的學生見見面，要是這些學生能被說服，到廣場上去就會比較有把握了。

　　如果不是戴晴點他的名，我也許還不會注意到，坐在桌子端部的嚴家其一手支額，低眉垂眼，一言不發。在嘈雜聲中，戴晴的女聲很引人注意：家其，你的意見怎麼樣？大家都靜下來，目光集中在嚴家其身上，只見他抬起頭，非常嚴正地說：我不懂，我們現在為什麼要去勸學生！我們應當勸的是政府！【註3】這真是一語驚人，太出乎我的意料了，我正以半權威的身份介紹我關於勸撤的想法，根本沒想到這一招，當時就回了他一句：你也得勸得動呀！這話也是說了白說，沒表示任何實質性的不同意見，相反，倒像是在支持他。結果，討論的話題轉到了政府讓步的可能性上。我對這點沒有信心，因此也不感興趣，只記得此時已有人開始談到趙紫陽或李鵬出來見學生的可能，而且記憶中戴晴還挺認真地表示可以向這個方向努力。

　　在學者作家正式發言結束後的這片混亂中，戴晴打了若干次電話，與上層聯繫，設法安排一個與絕食學生代表見面的地點。開始說是在人民大會堂，我記得她就是在會議室裡給人民大會堂撥了個電話，問清在哪個方向的門前等候等等細節。因為她打電話的熟稔語氣，我還聯想到她廣泛的上層交往。

　　他們決定要去了，我又開始出難題。我說，據頭一天的經驗，要是有一群頭纏白布條的絕食學生往人民大會堂走，人群馬上就會變成一個大尾巴跟在他們後面，他們壯烈犧牲的情緒就又抬上去下不來了。最好是找個安靜點、沒有這種外界干擾的地方。我這麼說的時候，心裡想的是統戰部，並不知道此時統戰部已成為熱點中的熱點，已被絕食學生和市民包圍了。我的這個建議好像也已說出來了，因為我記得戴晴為此向統戰部撥了一次電話。但是不行。這之後才得到通知，說是已安排到永定門外的國辦、中辦信訪局去。我又嫌太遠了，可是這回我的意見不起作用了。即使神通相當大的戴晴也無法（同時也不願）再往這麼幾經周折的安排上加佐料了。

　　我應該去安排他們要見的學生代表去了，但我還沒走。他們和閻明

復通電話時我還在場。我記得戴晴明確問對方：趙或者李出來見學生，有沒有可能？而且嚴家其也提到了這個問題。我當時的感覺是，嚴家其是趙紫陽智囊團的，他也許是對趙出來見學生有把握才提出這個問題的。但是，在那一刻，學者作家們看來並沒有得到任何肯定的答覆。可以肯定的是，閻明復願意與學者作家們的斡旋配合，願意提供可能的幫助，比如，提供車送絕食代表去與學者作家們會面。閻明復的這個態度我上午在統戰部時就已經知道了。

　　我必須走了。坐著溫元凱朋友的車，我趕回了統戰部。

什麼是斡旋？

　　萬萬沒有料到，統戰部等著我的是那樣一副混亂的場面。我好管閒事的「責任心」又開始作祟。對我來說，丟下這裡不管、去和絕食代表見那些名人，忽然成了不可接受的事。我抓住一位在高聯兼職的北大同學，把召集代表的事交代給了他。麵包車已在待命，我提的要求就是，一定要把柴玲拽上，一定要包括另外幾個最強硬的北大同學。

　　這之後我在絕食同學和對話團之間的活動，是另一個過於複雜的話題，這裡暫且不提【註4】。學者們來到統戰部的時候我還在那裡。我曾追著他們問談得怎麼樣，得到的回答是，挺好，同學們很通情達理。正是這個看來過於順利的回答引起了我的疑惑，使我忍不住要去找柴玲核實一下。

　　我是在廣場找到柴玲的（能找到依靠的也是身為個中人的特殊嗅覺）。我問她見了戴晴他們沒有，談得怎麼樣。她既疲憊又不以為然地說：談什麼！以為我們什麼都不懂，就會教訓人！我心中一驚，忙追問她自己說了什麼，她毫不在意地說：我什麼也沒說。我禁不住叫苦連天，心想，這一招棋算是完了。

　　我一直以為戴晴們將柴玲等人的沈默不語看作了認同，根據戴晴的回憶，還不是這麼回事。我希望能有他人證實我的如下猜想：一定是王丹和柴玲一起去了，見面時學生方面主要是王丹在說話。可是這個見面說實在的不是為王丹這種態度的人安排的呀！但是，即使我的猜想被證實，這又不能只怪王丹。柴玲在整個運動過程中有過不止一次的機會會

見帶有官方色彩或企圖為官方斡旋的人，我一直以來都有這樣的印象，即，在這種場合中，一言不發是她行為舉止的基本特徵（很希望能見到她本人對這一判斷的反饋）。除非有人意識到這一點，在會見時正面要求柴玲說出她的立場和觀點，否則會見的各方一定會被假像蒙蔽，因為柴玲們回到廣場以後進一步號召群眾的手段之一就是：「有人在出賣我們的運動」，或是「有人在和政府做交易」。任何意義上的妥協都變成了與絕食犧牲相對的一種罪孽。

這時天已黑下來，廣場上已是人山人海，學者作家們要來的消息已經傳開。我費了好大勁向孫中山像旁旗桿下的廣播站擠，途中還是被糾察隊攔住，眼看著那十來個名人一個一個地被硬從湧來湧去幾乎沒有空隙的兩堵人肉牆中間塞過去。我試圖藉他們的光進去，他們自顧不暇氣喘吁吁地表示無能為力，還告訴我，李澤厚因為有心臟病，受不了，已經離開了。人們的臉漲紅著，似乎都變了形。在「保駕」的學生中，我竟連一個熟識的面孔都沒發現。沒有人可以把我帶到中心圈內，我高聯常委的身份也不起作用。費了九牛二虎之力，我才擠到前面，找到一個緊挨中心的位置。說是「緊挨」，也只是能見到那一小圈人中面朝西的幾位，其中似乎有包遵信，另外兩個人卻想不起是誰了——不是現在想不起，而是當時就不能確認。

學者們開始講話了。我聽到的都是我最怕聽到的。在如潮的人群面前，他們選擇的不是老師的立場，而是小學生的立場。「我們要向你們學習！」「我們和你們在一起！」很多謙虛的話以夫子式絕對真實的謙虛態度說出來，在「廣場氣氛」中無可避免地減輕了他們試圖表述的理念的力量。令我著急的還有在他們的言談中被突出的群眾與政府的對立，特別是包遵信，重複地說：「政府還不出來見學生，這個政府就是一個無能的政府！（歡呼聲，掌聲）就是一個腐敗的政府！（歡呼聲，掌聲）」（大意）我無法理解，這和我下午才聽過的包遵信簡直就不是一個人。我隔著糾察，聲嘶力竭地對他們喊：「別講這些！別喊口號！講你們下午的發言！」他們中間不知是誰，也回過頭來對我喊：不行呀！沒有時間講那些！

這些人中的大多數現在都在國外。我想我的這點記憶會被其中的某

些人證實。

可悲的是，記憶不一定可靠。我和戴晴的記憶已經有了很多出入。如果這十幾個當事人每人寫出自己的回憶，那一定是十幾種不同的版本。就說這些人在廣場的演說吧，我記得當時確實「沒有時間」讓他們站起來又坐下地苦口婆心勸學生。他們只能每個人發言一次，一個一個輪流，和下午座談會的輪流發言可以媲美。我記得戴晴是在最後念那份《緊急呼籲》的。給我印象最深的是以下兩個細節。

其一，戴晴念呼籲書時提到，如果政府仍不能表現出誠意，「我們明天也要站到遊行的行列中，和你們在一起！（大意）」和名人們說的好多其他的話一樣，這句話也在廣場上引起了歡聲雷動，掌聲雷動。現在看來，這有點像知識分子來向學生和群眾表態。

其二，念完呼籲書了，歡呼完了，戴晴開始講解學者作家們希望學生們做什麼。她講的時候，廣場相當安靜。她提到下午的座談會和第二天的一個版面，但是很顯然，在那種氣氛中沒有人能理解這個版面的意義。她還試著再次肯定學運的成績，但語氣並不激昂，人群也就保持著安靜等她往下說。我當時真的覺得這種無法預料的成千上萬人的暫時安靜很可怕。終於，她開始說到讓趙紫陽或李鵬出來見見大家，大家就撤回學校去。人群中有些騷動，但基本上還是安靜的，有人大聲問：他們出來說什麼？戴晴似乎對這樣的問題也沒有準備，略停了停才說，讓他們對大家說，同學們好！大家辛苦了！（她把聲調提高）我們就回去，好不好？聽得出來，她在極力設法讓人們接受她的方案，這個「好不好」喊得甚至帶有煽動性口吻。

這回人群真的開始騷動了。我記得，或者是，我當時覺得，人們像歡呼一樣高喊著回答她：「不——好——！」我不記得在戴晴之後還有學者發言。而且，雖然好幾個人都證實過，我也不記得封從德領著念《絕食宣言》的事。我在「不好」聲中被心灰意懶的失敗情緒籠罩了。

我大約花了個把小時（或者我覺得似乎有那麼長）才恢復過來。幫我恢復的有一次不知誰召集的高聯常委就撤離問題的表決。也可能就是我自己召集的，但一定不是我自己提議的。這次同意撤離的表決結果因為「只有五個常委」參加而不被絕食同學接受。幫我恢復的另一個因

素是有人跑來報告，學者作家們回到統戰部後都哭了。這個消息刺激了我，使我感到對這些名人的一種責任，我要過話筒開始演講。我講到這些名人可能被抓「黑手」的處境，聲稱「他們」面臨的危險比「我們」要大得多得多，我告訴群眾「他們」都流下了眼淚的消息。我還講到學生們應當意識到自己的責任，等等等等。其實我最想說的就是：「我們撤吧！」但是目睹了剛才的那一幕以後，我沒有勇氣說出這幾個字。我不停地轉彎抹角著，直到封從德覺得我在動搖軍心，掐斷了我的廣播，我才找到了發洩口，對著他大叫起來：「你要對歷史負責！」

若干日子後，我對一個新認識的北京市民提到這件事，他笑起來："噢，原來你就是那個囉哩囉嗦的女的呀！"我被他弄得哭笑不得。

話說回來，有哪個個人能對這段歷史負責呢？【5】

——1993 年 1 月

【註解】

1. 陳小雅著、台灣風雲時代 1995 年版《天安門之變——八九民運史》頁 285 轉引包遵信回憶錄《未完成的涅槃》，證實 5 月 12 日晚確有四十餘記者作家知識分子集會起草《五一六宣言》。「5.16」一詞既可指 1966 年標誌文化大革命正式發起的中共中央《五一六通知》，又泛指 1967-74 年間中共在全國範圍內開展的追查打擊「五一六反革命分子」運動，與文革記憶密切相關。

2. 據接觸到當天錄音的陳小雅在 1995 年台灣風雲時代版《天安門之變——八九民運史》裡說，這是溫元凱在會上發言時的說法，不是出自包遵信。見該書頁 274。

3. 陳小雅在前述專著中將到會者分為三派：「其一，以溫元凱為代表，道義上的學運派，立場上的政府（改革）派。在同情學運的前提下，希望顧全大局，給政府臉面。　是為一種『現實政治』的態度；其二，以嚴家其為代表，道義與立場上均為學運派，　是為『理想政治』與『原則政治』的方式。比較獨立的第三種意見由蘇煒個人提出，　合理的社會結構應該是知識界獨立於政府與學生之外，充當社會的緩衝機制。」見該書頁 277-78。

4. 參見本書《審視史實，檢討本人的重大失誤與過錯》一文。

5. 封從德在其 2014 年版《六四日記：廣場上的共和國》的序言裡聲稱持有當晚錄音，可以證明我在廣播裡明確表示「不撤」。我以為，我當時應該不會是以個人身份表示不撤的態度，最大的可能是在表示高聯已經同意「不撤」。但我本人並未聽過這個錄音，無法核實。

3. 高層有人來找我（5.16 夜）

【說明：要在十年以後靠個人記憶來準確回憶起八九年春天學生在天安門廣場絕食期間我所經歷的一切細節是不可能的。其實，早在八九年就已經不可能了。從五月十三日絕食開始的大約十個日日夜夜裡，我一直像許多其他學生一樣，盡力堅持在絕食現場。同時，由於身處學生組織的中心，為了使絕食能及時結束，我也參與了許多圍繞廣場形勢的沒日沒夜的奔波。結果，還不到三天，我已經常常記不住日期，或是忽然從小寐中醒來，弄不清究竟是凌晨還說傍晚。對下面將要敘述的事情，我當時確曾有相當清晰的記憶。不過，如今要動筆了，也還是有很多拿不準的地方。好在當年海外出版了大量紀實性資料的書，得以核查諭知相關的日期和事件。與此同時，我也誠懇希望與此事有關的諸位能在沒有當局壓力幹擾的情況下，補充校訂有關史實。——1999 年 2 月 16 日】

事情發生在五月十六日夜裡。入夜不久，一位學運開始後才認識的新聞記者到紀念碑東南角下清華學生掌管的「學運之聲」廣播站來找我，說是「中辦」有人希望見領頭的學生，瞭解學生的要求。我直覺地相信了他的話。

從絕食開始，就有數不清的人試圖和學生中心取得聯繫。我在無形中成了代表「北京高校學生自治聯會」（「北高聯」，當時又簡稱為「高聯」）回應這種需求的主要人物之一。十五日開始時是在紀念碑東面灌木叢外，當時糾察隊保護下的絕食圈內。絕食團認為絕食學生身體已經很虛弱了，何堪其擾？當天晚上就要我們搬出去了。大約是十六日中午，紀念碑上的第三層被清理出來，由糾察隊守候，成了高聯名義上的總部。雖然形勢瞬息萬變，令人既焦慮不安又心力交瘁，我卻發現在這第三層上面，除了收捐款、數捐款和睡覺，並沒有多少事可做。既然難以把握絕食團廣播站，為了在必要時能送出高聯自己的聲音，我又下到

底層，成了常駐「學運之聲」的代表，一天不知要接多少個報情況、提建議的條子，也不知要聽多少陌生人當面的誠懇進言。我和這位來聯絡的記者雖然只見過幾面，不知為什麼，卻有相當明確的印象，認為他有高幹背景，如果本人不是高幹子弟，也一定有某種與高幹的直接聯繫。這一印象在當晚肯定起了作用。不過，當時更具決定性的，恐怕還是他言簡意深中的嚴肅，以及嚴肅中的那一份壓抑著的緊張、興奮、神秘。

另一方面，學生正在經歷與官方接觸的困難。作為首批十三個絕食發起人中的帶頭者，王丹和吾爾開希從絕食開始的當天（十三日）晚上就著力於與官方（當時是以中共中央統戰部長閻明復為代表）進行建設性協商，希望儘快結束絕食。學生和官方的接觸先是在五月十四日達到前所未有的新高度，隨後又在五月十五日落入極為不確定的新低谷。五月十六日下午我趕到統戰部時，一輛小麵包車停在大門內，幾個絕食學生坐在裡面，印象中吾爾開希和程真都在，王丹正要陪著閻明復登車。王丹告訴我，閻部長要親自到廣場上去勸絕食學生撤離。我不以為然，閻部長個人去能起什麼作用呢。閻明復立刻停住腳，說，既然她說沒用，我還去幹什麼。王丹一臉焦急，讓我別再添亂。我雙腳趕不上小麵包，留在了統戰部。閻明復以個人身份向絕食學生的呼籲宣告無效後，學生和官方的接觸在接下來的時間裡就不僅是陷於停頓的問題，更重要的是似乎忽然間失去了接觸的管道。這是我立刻對這位記者的建議給予正面反應的另一個主要原因。

這位記者的具體措辭自然是記不住了。從我的反應和他的首肯來推測，當時傳達的有這樣幾點意思：一是「上面」的人希望瞭解到底在什麼條件下絕食學生可以撤出廣場；二是只要這個情況能得到準確說明，並不需要找很多學生領袖，一兩個就可以了；三是希望直接瞭解絕食學生的要求。當時就決定了我跟他去，同時決定了要找一個絕食學生的代表。找到絕食團廣播站，總指揮柴玲和該廣播站的負責人封從德都被送入醫院了。在我當時的印象中，這夫妻倆與王丹和吾爾開希不同，他們原則上拒絕參與任何與官方的直接交涉。不管是正式還是非正式，即使出席，柴玲的行為特徵也必定是一言不發，有什麼都要等回到學生群裡再說（我曾在其他回憶文章裡提到這一印象，並曾因此得到柴玲態度相

當友善的一般性否認。由於我的印象並沒有遇到具體事例的反證，特在此重提，以待反饋）。當時絕食團的兩個副總指揮是程真和馬少方。在我心目中，這兩位和王丹、吾爾開稀有著比和柴玲夫妻倆更近的關係，因而更有可能和我所代表的高聯合作（我本人屬於先是反對此時發起絕食、後來轉變為要維護學運的整體而不得不聲援絕食的立場），以尋求結束絕食的途徑。除此以外，十五日上午，我曾見到程真逐個走訪絕食學校的隊伍，以絕食發起人之一的個人名義懇請大家不要在蘇俄領導人戈爾巴喬夫到達前去「滾長安街」。那時她既絕食又參與有關對話的往返奔波，勞累虛弱，是由兩個學生攙扶著在絕食圈內躺臥著的各校區域中巡迴勸阻的，給我留下很深印象，認為她有不使形勢失控的願望和責任感。這時到了廣播站，恰好見到她，有一種正合意的感覺，就叫上她一起去了。

穿過廣場和長安街，我們在黑暗中被領入南長街東側的一個舊式院落。木棱格窗平房，灰磚鋪地，一間寬敞但佈置簡樸的廳室，靜謐的家居氣氛給人以不真實的感覺。室內另有兩三人，穿著整潔，和我們廣場上來的「群氓」不可比。他們似乎都有意壓低嗓音說話，增加了一些模糊不定的氣氛。一位婦女要為我們準備吃的，程真堅決地拒絕了，我也含糊其辭地說目前不使用餐，他們都表示理解地連連點頭。起始的寒暄過後，記得室內的人給我們做了一點解釋，也提出了一些問題，主要集中在如何才能使學生結束絕食，撤離廣場。

這是我幾天來一直在設想的「空中樓閣」式的計畫。如果政府方面有人願意聽取我的意見來收拾局面，我自以為我會有比王丹、吾爾開希更實際而具體的方案（很顯然，我的腦子侷限在我和這兩人的比較，也侷限在與閻明復一類人打交道上）。於是，我開始陳述我的想法，是不是徵求程真的同意。我設想的是政府可能採取的三種不同回應措施，前題假設是只有這些措施付諸實施，才談得上學生停止絕食、撤離廣場。我的建議是，效果最佳者，是發一個反 4.26 社論的、同等級別的《人民日報》社論；如果做不到，次佳者是發一個與趙紫陽五四講話級別類似的東西，再加上一個《人民日報》署名文章；頂賴不濟，也要有一個《人民日報》評論員文章才行（大意。具體內容可能有出入）。

如果說我以為「只有」這些措施實施後才談得上學生的撤離，則是否「只要」這樣的措施付諸實施學生就會撤離並沒有進入我的考慮。可是在場的人注意到了這個問題。他們追問我實現這個「只要」的條件。我幾乎是下意識地開始抱怨柴玲和封從德等人對交涉協商的抵制。為什麼是「下意識」？因為自絕食以來，我已經在事實上放棄了所有完善組織的努力。這是從五四後到絕食前我曾集中精力關注的中心人物之一。但絕食一開始，我就認為一切組織上的努力都被這個行動破壞了，並因而放棄了任何有計劃有系統的重建可能性（這個問題直到五月二十三日以後在被動壓力下才再次提上日程）。問我對絕食學生的影響力，坦率地回答只能是「近乎於零」。我當時的反應大約是跳過這個真實的回答，把問題轉移到「誰」在破壞我本人以及高聯對絕食學生的影響力。這樣，問題忽然變成如何排除柴玲和封從德的影響。言外之意似乎是，只要這兩個人不在，一切都好辦。

　　毫無疑問，這正是我當時的言行所傳達的資訊。那位記者和另一位年輕人略為交換了意見，就開始撥電話，要求什麼人馬上通過各醫院查找柴玲和封從德的下落。他們的網絡效率極高，很快就有了結果。於是他們又要求對方設法將這夫妻倆分別滯留在所在醫院，不要讓他們返回廣場。雖然海沒有完全脫離抱怨的狀態，我也為這通天手段而暗暗吃驚了。為什麼當時我會近於無條件地信任這些運國家機器於股掌的權力菁英，而不考慮我的行為可能給學生領袖帶來的個人危險？十年過去了，我仍然不能完滿回答這樣的問題。

　　這之後，就是焦慮的等待。要見我們的人遲遲不來。電話打過去，也沒有確切音信。他們略帶焦急略帶歉意地解釋說，中央正在開緊急會議，爭得十分厲害，已經遠遠超出原定時間了。外面傳來救護車的鳴笛聲，那位記者很動情地說，這幾天每一聽到這聲音，心就揪在一起；旁邊一位老者也說，救護車聲一起，人人心急如焚。我們只能耐心地繼續等下去。疲憊的等待中，記得程真和我都在地毯上倒下睡著了。

　　兩個「上面」的人出現時，至少已經過了半夜了。他們顯得出乎意料的安靜而平和，似乎和同在等待的記者等人的焦慮形成了某種對比。只是急促的行程揭示了內在的緊張。兩個人進門後就站在那裡，等著我

們說，我照著剛才的話重說一遍的時候，他們就記。沒有幾分鐘，我已經把準備好的話都說完了，他們卻並沒有任何回答，只是「知道了」一類的點評，就和主人告別，匆匆離去。我幾乎糊塗了。下麵我該做什麼？問記者，他也說不上來，只說，回去等消息吧，有什麼消息我會立刻去找你。

回到廣場，我開始感覺焦慮。但除了等待，我不知自己還可以做什麼。程真回絕食團廣播站了。即使柴玲和封從德不在現場，我其實也沒有任何方法和勇氣像閻明復和陪伴他去廣場的王丹那樣，去試圖說服或「煽動」絕食同學撤出廣場。可是其實，這個問題當時根本沒有明確進入我的意識。很可笑的，我像一個小學生等待老師指點一樣，以為自己下一步只能是等著「上面」給出進一步的指示。回到「學運之聲」廣播站，我得到一張北大籌委會王有才親筆寫的條子，說是有「要事」要我趕快回北大。那幾天北大校方每天派車到廣場，為學生提供交通上的便利。北大學生因此而得到的流動性也是當時輿論對絕食團紀律有疑問的重要原因之一。我急切地隨著一群青年學生爬上卡車，回到了北大校園，卻發現丈夫正等在二十九樓底層籌委會辦公室門外，而那位原來攻擊我最力者之一的王有才，正和另一位曾和我一樣反對此刻絕食的學生謝健坐在裡面，問我為什麼總泡在廣場，說是他們特意寫條子叫我回來休息休息，醒醒腦子。這個要求現在看來極為合理，可當時我只覺得哭笑不得。問題是我也並沒有想到應該向他們匯報我的秘密交涉，徵求他們的意見，只是匆忙中抓住正在室外等我的丈夫，堅決要求他立即騎車帶我回廣場。

廣場正在其相對安靜的片刻，大多數人都在睡夢中，零星遊蕩的人們帶著飄遊著的煙頭的紅光。沒有人來找過我。我疲倦到了極點，似乎根本沒注意到趙紫陽代表政治局常委向學生發表的書面講話曾於淩晨在廣場播出。新的一天裡我仍陷在雜亂和疲倦中。熟悉當時史實的讀者會注意到，這已經是五月十七日，當時所稱的「5.17」大遊行又一次充塞了長安街和二環路。知識分子和新聞記者大批亮相聲援絕食學生，《人民日報》即將開始享受兩天前所未有的自由，在五月十八日以大字標題登出有關這次遊行的報道：「歷史，將記住這一天」。而我似乎對此全

無知覺，仍汲汲於絕食前所理解的官方報道的狀態，完全沒考慮在《人民日報》上的類似姿態是否還能傳達同等強度的政治資訊。甚至趙紫陽書面講話是否仍能象他五四講話時那樣傳達重要的政治資訊都已成為問題，而我卻並無察覺，並未關心。

1990 年的一天中午，我和許多新認識的留學生一起擠在 UCLA 的中國學生學者聯誼會辦公室裡，像當時的每一天那樣，開始議論中國政治包括八九年的學生絕食。我又開始進入角色，想像當時我曾有多麼高明的見解，卻得不到實行的機會。聽者之一問：你以為在當時情況下，如果政府方面照著你說的做了，群眾意向就會改變嗎？政府哪天不在採取各種措施呢？

如受當頭一擊，我忽然想起了趙紫陽的書面講話，想起那幾天的新聞自由，想起學生和李鵬在人民大會堂的正面衝突，最終想到，這一切很可能都和我那一夜的秘密交涉有關。可是，即使我當時就意識到這一點，整個事件會因此而改變嗎？

——1999 年 2 月

【2019 年 3 月加註：

1、1989 年 5 月 16 日、17 日是北京市群眾聲援學生人數暴漲的兩天。據官方統計，16 日有 120 多單位遊行，廣場最高達到 30 萬人以上；17 日有高達 120 萬人參加遊行。顯然，中共高層的最後動作已經來得太晚了。見吳仁華《六四事件全程實錄》頁 234、251。

2、5 月 16 日下午我錯過了中共統戰部部長閻明復前往廣場對絕食學生講話，那是當時關鍵場面之一。吳仁華在《六四事件全程實錄》（頁 241-42）中引用《北京青年報》第二天刊載的現場報道說，閻明復在代表中央表示絕不會對學生「秋後算賬」而仍有學生表示不信任他的時候，提出願意留在現場充當人質。陪同他前往的王丹和吾爾開希，在保證他安全離去後，分別向絕食學生發出撤離廣場的誠懇呼籲，但隨後各校絕食代表緊急會議統計絕食學生個人意願的結果是 90% 反對撤離。我在這天夜裡接觸「高層」時，對這一情節所知甚少。

3、陳小雅在《天安門之變——八九民運史》（1995 版）裡，節錄了趙紫陽 5 月 17 日凌晨書面講話的主要內容後，這樣描述了廣場上的反應：

「講話在廣場的廣播裡一連播送了二十遍。一心等待中央和政府領導表態，已經堅持了兩天的學生，靜靜地聽完了第一遍。等第二遍播出時，他們便開始齊聲高呼『關掉！關掉！』然後全體起立，唱《國際歌》，並搖晃旗幟，高

呼『對話！對話！』等廣播第三遍時，全場情緒更加激昂，一遍又一遍地唱《國際歌》，中央音樂學院的小鼓『咚咚咚咚』地敲個不停。」

陳小雅形容當時的情景是，那二十遍官方廣播「形成一次與絕食學生耗力費神的『聲浪比賽』。」

這一定是發生在我往返北大的時候，因為在我的記憶裡，那個後半夜的廣場只有一片安靜。下午和夜間兩次錯過影響絕食學生的重要情節，顯示出我當時與絕食學生實際狀況極為隔膜。】

4. 審視史實，檢討本人的失誤與過錯

　　八九年的北京民運，在鎮壓實際發生之前的兩個多月裡，多次成功地動員起上百萬的參加者，有共識有默契地投入具有約束力的集體性行為，成為世界史上罕見的長時間大規模的和平請願事件，為中國人民追求和平美好生活的強烈願望留下前所未有的光輝紀錄。這是八九民運最值得紀念的原因之一。因此，任何關於八九民運的討論，即使可以不直接牽涉這個話題，都不應該忽略北京市民參與的直接背景。任何假定運動機制可以單純從學生組織的決策過程或決策結果來推定的討論都會將我們引入歧途，特別是會將我們引入認為政府有理由開槍鎮壓的歧途。

　　我們不妨在這裡舉幾個這種誤導的假定。第一，以為八九民運是否值得肯定取決於是否從中產生出了偉大的思想家或是偉大的綱領。如果有，即使一時被鎮壓了，它也值得讚揚；如果沒有，既然它最後被鎮壓了，也許就要在當時出面的學生組織內部找尋直接責任者。第二，以為八九民運是否值得肯定取決於作為其領導形象的學生組織。如果能證明學生組織確實有意並有效地建立著「民主」機制，則運動仍不失其正面價值；否則，在一個混亂的組織的領導下，它是否值得繼續受到肯定，以什麼標準來肯定，就都成了可懷疑的事。第三，以為八九民運的主要成績在於其理性方向，而89年五四復課後掌握著並代表著運動理性方向的就是對話團。這個假定常常引出的結論是，這個方向被發起絕食的人們否定了，而且，只是因為代表這個方向的人在絕食開始後仍不斷努力，才保證了運動的理性成分。第四，以為八九民運期間主要成功的方面和事例，與社會支援關係不大，而在於數千學生不惜犧牲自我的絕食。這個假定常常引出另一個假定，即絕食發起前形勢十分險惡。可是按照這個邏輯，戒嚴令頒布前終止絕食時形勢不是更顯娥嗎？那時不更需要堅定地不惜犧牲自我嗎？第五，以為戒嚴令頒布後的中心問題是是否撤離廣場。這個假定可以引出的結論有好幾個，比如說，只要主張過撤就足以證明一個人的政治負責精神；或者，只要反對過撤就是導致政

府鎮壓的直接原因；反過來又有說，堅持不撤有可能被解釋為當時「學生」對可能的後果已經有過精確的估計；或者，撤與不撤本來就是當時廣場「營地聯席會議」每天必有的議題，即使沒撤，也是民主決定的結果，等等。

這裡不可能對所有這些假定一一分別討論。可以看出的共同點是，在這些前提和結論裡，作為社會各階層的市民的存在與作用被漫不經心地忽略不計了，八九年的事件變成了純粹學生和政府之間的互動，即使在多少有一些延伸性考慮時，也不過是在學生方面加上知識分子，在政府方面加上內部的權爭，甚至會把所有的兩個月都歸結為高層權爭的反映和結果。

與這些假定不同，本人一直試圖在充分考慮市民作為社會各階層成員在八九年參與的範圍和程度的基礎上，建議以新的角度，來分析當時學生組織的形成發展鞏固及其鞏固的成功與失敗，以及一些學生領袖個人形象的上升定型過程及這一過程對個人選擇範圍的約束。簡略地說，這種分析將集中於識別：

1、學生組織形成時和學生領袖形象上升時所依賴的正當性原則；
2、同樣的正當性原則在八九年的中國可能具有的特殊含義；
3、同樣的正當性原則當時在動員學生群眾和市民群眾上實際的不同訴求和效果；
4、這些正當性原則對政府形成壓力的不同程度和政府的實際反應。

在我的考慮中，所謂運動中的正當性原則主要是通過當時被廣泛應用而且被抓住不放的一些關鍵詞表現出來的。在有機會時我會對這些關鍵詞逐一進行討論，並根據史實探討它們之間的不同與相關性。這些詞是：自發、自覺、民主、授權、選舉、對話、不是動亂。

讀者可能會驚訝，最後一個詞，「不是動亂」，似乎和前面的一些詞完全不是同一層次的。在什麼意義上它會構成某種正當性原則呢？雖然我不可能在這裡對我的建議展開充分討論，這最後一個詞卻正與我希望在這裡澄清的一些問題有關。這些問題既是史實，也是我的認識，這就是到目前為止，我所認識到的我在當時造成的重大錯誤。聽上去像不像文革時的檢討？也許這正是那個年代給我留下的歷史烙印。無論如

何，我的重點不在深挖思想根源，不在贖罪，不在爭取寬大處理，而在為歷史提供更多比較可靠的資料。這就足夠了，這已足以支持我不輕易接受簡單化的結論。至於我說「到目前為止」，是因為我相信在不斷收集史實的基礎上，我還有可能發現更多的類似問題，這種討論或「檢討」仍具有開放性。

具體到我當時的過失和錯誤，這裡要談的大致有四個問題。

第一，五四復課後，高聯和對話團的關係。我自己從五月三日對話團組建開始，就沒能做好充分思想準備把他們的活動與整個學運通盤考慮，而是有一種責任有人來分擔的輕鬆感。因此，在五四宣佈復課後我負責起草的各校自治會下一步工作重點中，雖然督促各校盡快選出對話代表，但在針對復課後新形勢提出的宣傳口徑中，卻根本沒想到要用對話團的組織和活動來保持群眾信心，使群眾意識到校園民主建設和對話團活動的內在聯繫。為什麼？因為我自己就沒認識到這個內在聯繫。在五月五日至八日間，高聯工作幾乎處於癱瘓狀態，而這卻正是對話團剛剛建立、迅速成形、進入軌道的時期。當我奔波於政法大學的對話團和遷到北大的高聯總部之間時，前者有序和後者無序的尖銳對比常常使我很惱火，也給我留下極深的印象。我曾極力建議對話團成員回到本校後參與動員本校的各種工作，要求對話團召集人定期參加高聯會。項小吉雖然來開會了，但堅持認為運動的事應該由高聯管。到美國幾年了，我還一直以為對話團的最大錯誤是他們的高高在上，脫離群眾，沒有意識到當時我把他的這個意見解讀成「運動的事有高聯管就行了」。這兩種解釋之間的不同在於一個是對原則的認定，一個是對政治態勢的把握。項小吉堅持的是對話團代表被授權的範圍。很明顯，這種對內在聯繫缺乏認識的狀態對學運前期積極份子在這一時期的失落感有重要的影響。

第二，五月十四日下午的終止對話。我從光明日版社回到中共中央統戰部時統戰部內的對話已經開始，對對話不放心的絕食學生也已經大隊地陳列於統戰部大院門外（參見《我與十二學者上廣場》）。雖然他們的先頭部分只是坐在剛進大門的院子地上，雖然我匆忙中見到了項小吉、沈彤等對話團同學，我的注意力卻只在埋怨當時的混亂局面，根本沒有想到我應當先向在場的人詳細瞭解情況。結果，只是在來美國後，

我才知道絕食代表王丹、吾爾開希、程真等人也在二樓的對話會場內，而遲至 1993 年我才得知當時柴玲也在這個對話會場內。在瞭解所有這些情況以前，在對話團同學仍然盡一切努力爭取把絕食同學的意願包括在內、堅持把對話進行下去的情況下，我自以為是地開始對坐在院內等待的絕食同學做工作，勸他們回廣場。當他們堅持不走時，我以為這就是對話團在樓上受到的從廣場來的最直接壓力，自以為很負責和有勇氣地對帶頭的幾個絕食的北大男生表示，我願意去轉達他們的意見。當他們直接說「我們不信任你」時，我主動建議他們出兩個人監視我。這樣，我們三個人衝進會場，由我出面以絕食同學的名義中止了對話。本來在柴玲或吾爾開希等會場內絕食學生和會場外乃至廣場上絕食學生之間有一個假定的代表關係，只要對話還在繼續，對話活動和絕食活動間就會保持有效的內在聯繫。可是，保持這種關係和聯繫的可能性被我的行為徹底破壞了（從可能性來討論，當時守在廣場不同意對話的封從德當然仍然有可能不停地往統戰部送第四批第五批打斷對話的絕食學生，但對比五月十九日至二十日關於是否停止絕食的爭論，當不同意見佔多數時，他那種原教旨主義式的行為不是沒有可能受到有效壓抑的）。

第三，自五月十五日始，我就在思考如何能把絕食學生帶出廣場。這時，我已經在很大程度上把政府方面當做了求援的對象，這也就註定了我既不可能真正被絕食同學接受，也不可能正確接受政府方面的資訊。據我記憶，在五月十六日夜，我有一次機會接觸中共中央高層代表。當時我提出的把絕食學生帶出廣場的建議大約是兩條。第一是政府方面或者出一個與四二六一樣的《人民日報》社論，或者由趙紫陽或李鵬出面對學生直接表態，或者由這兩個人在接見國賓時發一個明確信息再加一個比社論低一級的評論員文章，三者選其一，說明學生運動不是動亂。第二是開始對話。離開這次會面的場所後，由於偶然原因，我在半夜裡回了一趟北大。在這樣的關鍵時刻，我竟再次感到了有人（這次是政府）來分擔我的責任的某種輕鬆。雖然我心急火燎地從北大又連夜趕回廣場，但我急的只是如果政府方面給我一個回信，我會錯過了接收的機會，我會不知道政府打算怎麼考慮我的建議。政府方面實際上沒有任何要給我一個明確答覆、並通知我其行動計畫的意願，而且，在這個

政治關係極為微妙高度緊張的關鍵時刻，我作為學生方面的代表實在夜沒有多少理由這樣期待。可是事實上，所有我要求的都在接下來的兩天裡實現了。先是趙紫陽於五月十七日淩晨（大約二時）發表了公開的廣播講話，講話的簽名者包括政治局六名常委中的五名；新聞控制自五月十七日起開放了，發表了大批肯定學運的言論和報道；五月十八日李鵬與學生代表對話了，對話並向全國原封不動地播發了。在政府方面作的這個姿態裡，最可玩味的是李鵬與學生的對話。以任何理由來解釋，我都不能想像李鵬自己會建議這次對話，或者李鵬曾為分了了這麼個任務而感到高興。可是，我們當時只注意到了他說的一句一句的話，沒有注意這個行為本身包含的政治姿態含義。我不是說左右當時沒注意到其政治姿態含義的人都應該與我分擔一份造成錯誤的責任。我以為，我的錯誤在於，當我自以為我的目的很可理解、我正在忙於勸說絕食學生撤離廣場、而他們不肯聽從的同時，我並沒有意識到，保持清醒地認識形勢分析形勢才有可能爭取主動。

　　第四，我的錯誤同時在我對絕食同學的態度，即對於「不是動亂」的認識。當我在十六日夜裏提出要求時，我同時請政府方面幫助控制柴玲和封從德。如果他們已經在醫院，不要放他們出院；如果還沒有，要設法把他們送進去。由於我還在絕食開始前就曾堅決反對這個行動，我在很長時間裡對絕食學生都有一種無可奈何的感覺，骨子裡覺得他們在找麻煩。因此，我在尋求解決途徑時注意力總是集中在把他們「解決」掉，甚至不惜尋求政府方面類似這種陰謀行為的配合。由於這種態度，在很長時間裡我對八九年絕食行為的動員潛力有相當簡單化的理解，認為它只是依賴於因犧牲自我而喚起的人道主義的同情心。為什麼說這種理解簡單化？因為你不可能在任何時候以任何偶然性的理由為號召發起一次絕食，而仍能達到八九年那樣大規模的、廣泛深入的響應。因此，八九年的絕食行為必須與絕食要求同時考察，我們才有可能理解當時的很多現象，包括四二七遊行為什麼會成功，這一遊行與絕食的內在聯繫；同時包括為什麼在絕食宣佈停止、戒嚴令發佈後北京市民大批湧向街頭阻攔軍車，等等。這些恐怕不是人道主義同情能夠完滿解釋的。我當時對絕食缺乏內在理解，決定了我與絕食學生不可能有默契，不可能有配

合，更不用說有我所期望的通過組織實現的控制了。

　　1989 年在北京發生的是一個影響深遠的歷史性事件。它的複雜性決定了任何因它而崛起的個人都無法像印度甘地那樣以個人形象超越集體形象。正因為如此，任何個人的光輝英勇行為都不足以取代這種運動的群體性光輝，而任何個人所犯的錯誤都無從用來否定整個請願運動。也終因為如此，對八九民運政治上的重新評價就必須時一個徹底的翻案，這時我堅定不移的信念。至於說學術上和道義上的討論，則是另一回事。我們所有當事人和參加者，都有義務盡自己可能，向公眾提供我們的回憶，核查史實，檢討我們曾經做出的各種決定。這也正是我目前正在進行的工作之一。

　　──1995 年 5 月

5. 胡耀邦逝世初期若干史實辨析

　　2019 年將是「八九六四」三十週年。還在半年多前，有去中國訪問的朋友，回來告知，南北走訪，總有人或明或暗地預言，明年會有大事。說起來，2019 年不但是「八九六四」三十週年，也是「五四」一百週年，中華人民共和國建國七十週年，而且還是柏林牆倒塌三十週年。今年又恰逢中美貿易戰，中國經濟本有的一系列潛在危機，早就因增長減速而漸次浮現，如今更是處處掣肘。金融、房產、股市，「爆雷」和「割韭菜」的現實導致安全感嚴重缺失，恐慌悄然蔓延。對政治統治的態度，也出現從無感到困惑再到質疑的趨勢。

　　這一切，都和 1988 年年底到 1989 年年初的社會氣氛那麼相似！

　　那時，經過 1988 年夏末通貨膨脹導致的搶購恐慌，政府經濟政策開始緊縮，可是社會商品化趨勢並未稍懈，1989 年上半年的通貨膨脹率實際上還遠遠超出了上年夏天。人們日常生活的直接經驗，時時陷入由中央政府主導造成的強烈衝突的矛盾之中，而官方輿論控制卻因為經濟政策無法立即見效而更加收縮。社會困惑和恐慌，反映在那年春節聯歡晚會上薑昆相聲的包袱，是天安門廣場被開發成了一個露天大市場；反映在當時還不被正統文學界接納的王朔作品，是誇張荒誕小說《千萬別把我當人》裡政治話語和商業投機的荒謬聯姻。從年初開始，方勵之給軍委主席鄧小平發出公開信，建議後者在改革開放十週年和建國四十週年之際，宣佈大赦，釋放十年前重判的政治犯魏京生。那之後，主持校園民主沙龍的北大歷史系學生王丹就提出，1989 年不但是五四七十週年和建國四十週年，而且還是法國大革命二百週年。北大校園一片懷疑人生的氣氛，一方面「託派」（考託福）「麻派」（打麻將）「舞派」（開舞會）風行；另一方面，那年 3 月底，北大法律系畢業的詩人海子臥軌自殺，校園好友為他舉辦的朗誦紀念會，聚集起數千人，是 1987 年元旦遊行以來最大的一次聚會（見張伯笠《逃離中國》）。學生在五四前後幾乎必然會要有行動。胡耀邦四月十五日逝世，把這個機會提前了。

1、鮑彤「六四政變說」連接黨內與學潮

　　「六四」二十九週年前夕，紐約時報中文版開始連載毛澤東前秘書李銳女兒李南央對趙紫陽秘書鮑彤的訪談，開篇伊始，就提出「六四」實質上是一場政變。在鮑彤看來，胡耀邦逝世僅僅三四天，鄧小平就開始了佈局。為了保證自己享有「馬克思主義者」的稱號，不會被後繼者如赫魯曉夫對史達林那樣在身後遭到清算，鄧小平公然違反黨紀國法，針對趙紫陽發動了一場政變，最終引致「六四」屠殺。鮑彤說：「'六四'是鄧小平為了他自己的利益，由他個人決定，由他個人發動的一次以群眾為對象的軍事行動。」他認為，「判斷'六四'的問題，關鍵是要明確一點：就是自始至終，主動的是鄧小平一個人，其他別的、所有的人都是被動的。楊尚昆也是被動的，……北京市委是被動的，學生也是被動的。」他承認，「說這個話，學生會很傷心：鄧小平根本沒有把我們放在眼裡，原來是把我們當成他的工具來搞趙紫陽的。」不過，他強調，「但是，這就是中國政治的現實。」

　　鮑彤承認，他並不是第一個把「六四」鎮壓看作政變的人。不過，他的確是說得最為明確也最為肯定的一位。而且可以說，他是第一位把中共黨內鬥爭（他認為只是鄧小平的個人行為，沒有使用「黨內鬥爭」這種概念）和學生行動聯繫在一起談論的人。以前，這兩方面的探討很少有交叉。一些人聚焦當時中共內部的事態進展和力量消長，另外一些人則一門心思關注學生內部情況。九十年代，主要討論者關切的都是後者；近年來，隨著越來越多諸如當事人回憶錄等材料出現，前者已經顯示出較前為重的份量。但將這兩方面乃至更多方面綜合起來考察的努力，目前還很少見。在這個意義上，鮑彤的說法有助於推動對「八九六四」更深入的研究。

　　具體來說，鮑彤的「政變說」指向幾個重要的日期。第一，4月18日中共政治局常委會上，趙紫陽說「不能不允許學生悼念」引起鄧小平警覺，並動手取消了這次會議上決定的若干舉措。那之後趙和鄧的幾次見面談話已經都不重要了，都是鄧為了穩住趙，堅持到戈爾巴喬夫訪華之後再處理的策略手段而已。第二，「4.26社論」的產生，包括從4月22日胡耀邦追悼會後到社論出爐，這幾天內李鵬和鄧小平借著趙紫

陽不在國內進行的種種激化矛盾的動作。第三，5月16日送走戈爾巴喬夫，5月17日召開常委會討論戒嚴令，迫使趙紫陽辭職。

但是，鮑彤的陳述有很大問題。一是存在事實錯誤。例如，鮑彤重復趙紫陽《改革歷程》書中的說法，認為胡耀邦追悼會後學潮趨於緩和，一部分學生已經主張復課，所以趙紫陽做了平息學潮的指示以後，就按照原定計劃訪問朝鮮去了。可事實恰恰相反，當時學潮毫無緩和跡象，反倒被追悼會時的經歷（聚集廣場悼念的十萬學生不知道也沒看到靈柩離去、學生代表下跪請願、謠傳李鵬出來接見卻始終沒出來，等等）激化了。北京全市規模的罷課，正是在追悼會結束後才開始的，此前只有零星院校進行過限時兩天的罷課而已。另一個是邏輯含混。例如，一篇旨在通過描述搶救經過來澄清「耀邦是開會時被氣死的」謠傳的文章在4月18日深夜被撤稿（詳見下文），鮑彤相信撤稿是因為鄧小平有意激化矛盾，以便嫁禍趙紫陽。可是說到「4.26社論」激化矛盾時，他卻無法回答：用社論激化矛盾的目的也是要嫁禍於人嗎？趙紫陽當時不在國內，為什麼鄧小平仍然意圖激化矛盾呢？再一個是存在重大疏漏，比如，戈爾巴喬夫抵京前兩天，5月13日發起的絕食，將世界目光集中到天安門廣場，並成功發動起北京全城和全國各地的民眾抗議。這件事也是在鄧小平的操作下發生的嗎？鮑彤並沒有給出令人信服的解釋。要證明廣大學生和民眾僅僅是鄧小平弄權陰謀的棋子，趙紫陽的陪綁，恐怕還需要更認真仔細的梳理和論證。

趙紫陽和鮑彤兩人因為反對戒嚴令，反對動用武力鎮壓抗議示威的學生和民眾，遭到長期政治迫害。鮑彤在六四之前的1989年5月28日即遭秘密綁架，並被長期監禁。趙紫陽遭剝奪政治權力和權利，被軟禁家中十五年，但他直至逝世也沒有改變自己反對鎮壓的立場。他們的道德勇氣值得我們銘記。下面的討論對他們一些說法、觀點提出異議，對趙紫陽從政時某些作為有負面評判，都是出於探求歷史的一份努力。具體觀點並不影響我對他們兩人失勢後道德品格的敬仰，這是必須事先說明的。

2、悼胡及其政治意涵

　　對鮑彤「六四政變說」來講，最重要的日期還是 4 月 18 日。因為據他說，這一天決定了鄧小平的警覺和政變決心，證據就是在這同一天，鄧小平推翻了趙紫陽主持做出的若干決定。總之，看上去就好像是趙紫陽在單槍匹馬地為胡耀邦爭取公道、恢復名譽，學生市民等等不過是當時的背景而已。果真如此嗎？暫且不提趙紫陽 1987 年曾積極支持鄧小平迫使胡耀邦辭職的往事，就說他 4 月 18 日提出的「不能不允許學生悼念」，鮑彤視為關鍵，但其實這在當時的中共高官中，根本談不上獨特。畢竟，民眾悼胡已經連續進行了三四天，並沒有受到任何官方阻礙，反倒聲勢見長。

　　從 4 月 15 日胡耀邦逝世當天開始，學生和市民就在校園張貼各種大小字報，並向天安門廣場和人民英雄紀念碑獻呈花圈和輓聯。到第三天，4 月 17 日下午，政法大學 500 多人陪伴一輛三輪車步行四個小時，將悼胡期間首個直徑兩米的大型花圈送達廣場。他們繞場遊行一周後才將花圈放在紀念碑底座，隨車播放的哀樂和《國際歌》、《國歌》吸引了上萬人追隨，十多名外國和港臺記者採訪，就連共青團中央正在召開的北京各高校團委書記會議得到消息後，也以現場觀察的名義停會，讓情緒興奮的與會者前往廣場。17 日深夜，約 6000 北大學生走出校園，同樣是步行四個小時，在 4 月 18 日凌晨 4 時到達廣場。這是悼胡過程中第一次大規模遊行（以上見吳仁華《六四事件全程實錄》）。官方媒體雖然沒有報道這些內容，但人民日報 4 月 17 日在頭版刊發一張民眾向紀念碑獻上悼胡花圈的照片，已經引起廣泛關注（也引起李鵬對黨媒導向的不滿，見《李鵬六四日記》）。北大在胡耀邦逝世第二天，4 月 16 日，已經通過官方學生會和研究生會在校內設立靈堂，組織學生悼念，力圖將學生反響局限在校內也局限在「悼念」這個單一內容上（據香港大公報 4 月 17 日報道）。這些都發生在 4 月 18 日上午的常委會之前。

　　其實，問題不在悼胡，而在悼胡引發的政治不滿。胡耀邦的逝世提醒所有人，他兩年多以前被迫辭職的直接原因，是 1987 年元旦前後，從合肥、上海等各地城市蔓延到北京的要求民主和政治改革的學潮。當時宣佈胡耀邦辭職和趙紫陽代理總書記之後，官方高調開除方勵之、劉

賓雁、王若望三人黨籍並將三人調離工作的決定，連續刊登在 1987 年 1 月份的人民日報上，繼之以批判文章為「反對資產階級自由化」開路（到 3 月份前後被趙紫陽有意擱置）。因此，稍有政治意識的人都會想到，悼胡將會帶有強烈政治色彩。事實正是如此，4 月 15 日當天各校園出現的大小字報已經充滿政治內容。當天晚間在北大三角地貼出的詩文裡，包括「該死的沒有死，不該死的卻死了」（資料顯示，這句話出現在當天中新社轉發冰心悼胡耀邦文章，冰心在文中解釋「該死的」就是她自己），被香港等境外媒體廣泛報道，也被新華社等機構記錄。當時幾乎所有看到的人都意會到，後半句是在指涉鄧小平。各地悼胡張貼裡，都有為胡耀邦鳴不平和對現實政治不滿的言論。香港媒體從 4 月 16 日開始發佈胡耀邦逝世消息，報道了校園反響和天安門的花圈。香港《快報》當日就使用了「'天安門事件'會重演？」的通欄標題。英文《南華早報》那天也是以「學生在校內抗議」為主要內容報道胡的逝世。4 月 18 日，大部分香港中英文章都刊發了天安門背景前一個巨大花圈和擁擠人群的照片，同時報道了北京、上海、南京等地的學生抗議。這些應該都會及時回饋到中共高官那裡（傅高義《鄧小平時代》說鄧每天早上必讀 15 份報章，其中顯然包括港媒）。到鮑彤所說的那次常委會之前，最重要的一個發展是，前面提到的那 6000 北大學生在 4 月 18 日凌晨到廣場後，提出了後來成為學運重要基礎的請願七條（據不同回憶，從路上到廣場，參與議定的學生包括王丹、張伯笠、邵江、郭海峰、張智勇等人），並在早上 8 時左右向人民大會堂裡全國人大信訪官員遞交了悼胡以來的第一份請願書。這七條裡的第一條就是重新評價胡耀邦，澄清他 1987 年辭職一事。至此，學生悼胡的政治內涵正式亮相，不再遮遮掩掩！

中共高層內部很多人都對悼胡引發的政治不滿有所戒備。最早向趙紫陽彙報各地情況並提出要注意悼胡引起政治影響的，是胡啟立和芮杏文，時間是在 4 月 15 日胡耀邦逝世當晚。這兩位都被視為是支持趙紫陽、支持改革的重要人士。他們建議中央就此向全國發個通知，但趙紫陽認為沒有必要（吳仁華《實錄》）。李鵬 4 月 16 日晚訪日歸國，姚依林接機時談論起來，也認為事態嚴重。李鵬後來還接觸楊尚昆等其他

人徵詢意見，表達擔心，並在 4 月 18 日上午的常委會上正式向趙紫陽提出要有應對準備（李鵬《日記》）。北京市對事態也保持警惕，4 月 18 日上午，向國務院簽發了第一份關於學生動態的報告（吳仁華《實錄》）。在高層領導人中，趙紫陽似乎是唯一的一位，拒絕談論悼胡的政治意涵，每逢別人提起，他的回答都是說「不能不允許」，把面臨的情況表述成一個「允許不允許」悼念的問題，只說學生和民眾悼胡是出於「感情深厚」，極力回避胡耀邦生前處境不公和八六學潮（包括 1987 年元旦）這些政治上必然會出現的題中應有之義。他對自己在追悼會後的判斷是這樣解釋的：「當時我覺得學生不管是什麼動機，總而言之是借悼念胡耀邦這個題目。追悼會已經結束了，你們也參加了，就沒有什麼題目了，應當復課。」（趙紫陽《改革歷程》）這聽上去近乎天真幼稚，對追悼會期間廣場上的學生反應毫無掌握。而且和他一貫務實的形象相反，這似乎也成了他概念先行地描述學生追悼會後趨向緩和的根據。鮑彤提出「六四政變說」時，仍然沿用了趙紫陽這個「允許不允許」悼胡的表述，他還進一步把這個表述強加給鄧小平，邏輯上似乎是說，鄧當時期待常委會做出不允許學生悼胡的決定。無論是從學生、民眾、知識分子方面，還是從中央高層、北京市委方面來看，都未免和當時情況相差太遠了。

3、關於「激化矛盾」的假設

鮑彤向李南央解釋 4 月 18 日都發生了什麼的時候，提到三項趙紫陽提出但被鄧小平否決的舉措，即：1、於 21 日在人民大會堂舉行十萬人向胡耀邦遺體告別的儀式；2、在悼詞中稱胡耀邦為「偉大的馬克思主義者」；3、針對胡耀邦是「開會時被氣死」的謠傳，組織寫作發表一篇胡耀邦從發病到逝世一周時間裡接受搶救和治療的報道。其中前兩項關係到胡耀邦治喪工作中的規格，第三項是試圖直接影響新聞受眾。我們先來看看這最後一項。

據張萬舒記載（其他記載略有出入），這篇文章的起因，是新華社於 4 月 16 日注意到社會謠傳和外媒猜疑，主動提出撰文以平息民情，得到分管宣傳的中央常委胡啟立和辦公廳主任溫家寶同意，兩天內完

成，4月18日當晚已獲包括趙紫陽在內的主要領導簽發，並已列入向各分社發出的要聞目錄，但深夜經溫家寶傳達而停發待命一個多小時，最終在午夜過後傳來指示撤稿。從撰寫目的來看，也許應該考察的是，這篇文章在預定的4月19日早上發出或不發出，對當時事態發展會起到什麼作用。撤稿會引起矛盾進一步激化嗎？發稿會不會激起更多群眾對悼胡的好奇和參與熱情？我們必須回到現場細節，避免想當然地沿用兩天前（16日）決定撰文時的環境條件。事實是，除了上文說到4月18日早上，學潮事態有一個決定性的轉折，轉向明確的政治要求以外，十幾個小時之後的那天深夜，這個轉折更加擴張，已經沒有回頭路了。

據吳仁華《實錄》和 Eddie Cheng《天安門對峙》，4月18日早上8時王丹等三人把請願書遞交到人民大會堂全國人大信訪人員那裡時，坐在下面等待的學生只剩下三百來人。但王丹他們離去後，這些學生並未全部離去。中午之後，大批學生和市民絡繹不斷地到廣場，帶來各種輓聯花圈，還有不少人在自發演講，群聚一度高達數萬人。大會堂前靜坐的學生也吸引了很多原本聚集在紀念碑那邊的學生和圍觀群眾。於是18日傍晚，又有北大法律系研究生李進進站出來，代表學生再次向人民大會堂遞交相同七條要求的請願書。這一次，由於他的堅持，官方派出了劉延東等三名人大代表，於晚間8時左右走出大會堂，到門前臺階的中部平臺上接受了請願書。雖然李進進事先徵求了學生同意，確認大家都同意說，在遞交請願書後大聲宣佈階段目標已經達成，這天的請願就到此結束並解散，但事後台階下的學生並沒有全部離開。很快，他們轉移到紀念碑基座，在那裡演講介紹請願七條和當天的請願經過。人們開始爭論為什麼要向全國人大這個著名的橡皮圖章請願。人群中出現「向政府請願」的聲音，並由一直在場（而且早上和王丹一起充當過學生代表）的北大學生郭海峰帶頭，繞廣場遊行一周後來到長安街，向國務院所在地的中南海移動。這開啓了連續兩夜在中南海正門新華門前的請願。人們很快就持續喊出「李鵬，出來！」的口號。

這一連串事件，都發生在張萬舒記錄的18日深夜最後撤稿之前，而且有公安部現場錄像（趙紫陽在回憶中提到，他曾在事後調看錄像）。鄧小平是否一直在追蹤這些發展變化，我們無法確認。不過，從全國

人大一天內相隔 12 小時兩次接受學生內容相同的請願書一事來推測，從「單純」悼胡向政治請願轉變這件事，應當在深夜撤稿之前已經為鄧小平所知。按照鮑彤說法，鄧決定撤稿是因為判斷學生會堅持說胡耀邦是「開會時被氣死的」，並因此會情緒更加激烈地為胡耀邦爭取公道。按這個邏輯，鄧想借此激化學生行動，以便讓趙紫陽承擔責任，然後就可以指責趙本人是「自由派」並實現將其撤職的政變目標。但從上述事實來看，在 18 日深夜的情勢下，為胡耀邦「被氣死」辟謠的重要性對於學生來說已經明顯減弱。事實證明，撤稿這篇文章，對學潮發展基本沒有發生什麼作用，更談不上「激化」。下一步的轉折，即將因為 4 月 20 日凌晨所謂的「新華門慘案」（又稱「4.20 慘案」）和 4 月 22 日胡耀邦追悼會時學生們感受到的輕蔑而激化。趙紫陽似乎完全沒有注意到這些動態。

4、為什麼是「李鵬，出來！」

　　這裡暫且偏離關於「六四政變說」的討論，借此機會探討一下這個近 30 年來經常被問到的問題。

　　　　從各種收集出版的相關資料可以看出，胡耀邦逝世後最初幾天，北京、上海、天津、西安等地大專院校出現的大小字報，不但有指責鄧小平和李鵬的，也不乏指責趙紫陽和其他被看作「改革派」高官的。《陳一諮回憶錄》裡特別提到 1989 年時的國家體改委試點局局長周少華，父親周榮鑫曾任國務院秘書長、教育部長，因受「四人幫」迫害死於 1976 年。她原本支持學生悼胡，但在 4 月 18 日看到中國人民大學貼出的一張「關係圖」，「幾乎把所有上層領導人都點了，罵了」，不禁非常生氣，認為學生是在不負責任地胡鬧。這類「關係圖」當時非常流行，事後台灣出版的《天安門一九八九》還收錄過一份。既然如此，為什麼當學生從廣場轉移到新華門時，是李鵬而不是其他人成為請願和抗議的靶子？最早為八九六四立傳的陳小雅在 1996 年於台灣出版的《天安門之變：八九民運史》中，引用她和上海《世界經濟導報》駐京記者張偉國當晚在新華門前親筆記錄的現場實況之後分析說：

　　「為什麼要李鵬出來呢？胡耀邦的評價問題是黨的事，而不是政

府的事。如果單為這一點，應該找趙紫陽，而不應該找李鵬。從個人來看，李鵬的工作能力的確有一個學習的問題，他還不是一個很壞的人。但是，在政府中，李鵬是'老人政治'的傀儡和代表。而胡耀邦顯然是為老人政治所犧牲的。點李鵬，就是指向他的後台，學生的這一行動看似不好理解，但卻是絕不冤枉的。」

這是一種解釋。當然李鵬本人絕對不會作如是想。他在18日到20日新華門衝突期間的日記裡並沒有提到自己被點名的事，只說學生點了領導人的名。但在4月22日胡耀邦追悼會後，「李鵬」再次成為焦點時，他終於按耐不住，提出了和陳小雅一樣的問題，並暗示出陰謀論。需要注意的是，4月18日晚學生首次點名李鵬時，仍然沒有任何組織名目。幾位領頭的學生，王丹是因為此前組織「民主沙龍」半年多而為人所知，李進進曾任北大研究生會會長，此外當天參與確定「七條」的張伯笠、郭海峰、張智勇，都是自己站出來，就自然成為了學生代表。當天中午，王丹和張伯笠已經回校；傍晚，李進進也已離開返校。陰謀論在這個事件中無法建立相關鏈條。對比各種記錄，我以為目前對這一情節最有說服力的是 Eddie Cheng《天安門對峙》裡的敘述，其中的轉折點在於李進進遞交請願書後，仍未離去的學生在紀念碑那裡引起更多討論，終於將「請願」和「政府」聯繫在一起。當時在現場起到一定作用的可能還有一幅十米長兩米寬的白綢布輓幛。17日半夜北大學生在校園內躁動不安，提出遊行時，毗鄰三角地的28樓樓上垂下這條白練，上款處是「永遠懷念耀邦同志」字樣，中間豎書「中國魂」三個大字，下署「北京大學部分師生與校友」（據吳仁華《實錄》這是由北大畢業的政法大學青年教師劉蘇裡等人製作）。幾千學生隨著這幅輓幛走到天安門後，郭海峰和張智勇將其拉上紀念碑底座，從上面垂掛下來，很是壯觀。Eddie Cheng《天安門對峙》稱，18日中午請願人數減少時，學生們把這幅輓幛移到了大會堂前，以壯聲勢，確實也吸引來更多參加請願的人。晚間李進進離開後，據吳仁華《實錄》，一直在場的郭海峰還帶頭拉起這條白練，帶領一兩千學生繞廣場遊行一周，之後才帶著「中國魂」一起前往新華門。這似乎顯示出，已進入「請願」角色的那部分學生與這個條幅之間出現了某種暫時的身份關聯，並且不願立即放棄「請願」使命。

在新華門前，學生們還曾要求門內官員接收這個輓幛。在最後推擠和清場的混亂中，這副「中國魂」竟然不知去向了。

不過，轉戰新華門的關鍵，應該還是決定拋棄人大、改向「政府」請願，從這裡延伸，「總理」成為政府的當然代表。李鵬比較缺少社會尊重，容易成為靶子，應該是在這些前提下出現的。至於說為什麼沒有向黨請願，這個問題，本來也可以針對學生向全國人大請願的情況提出，但是好像人們都沒有這樣想過問過。這個問題的答案，我以為，也許可以從學生們在學校環境裡成長，接受「黨」、「群」概念規訓所形成的特定政治文化上看出端倪。每一個中國人都知道，黨領導一切，黨決定一切。雖然黨不會隨時隨地都在管你，但是在它想要管你的時候，你是無法不讓它管的。但同樣重要的是，在個人生活範圍裡，這個黨不僅以政權代表的方式出現，而且以組織的形式出現，其組織成員未必都是班級或單位或街道村鎮的主管。中共建政幾十年了，黨組織活動仍然帶有地下和秘密的色彩。以前，黨員開會，非黨員（尤其是年輕的非黨非團人員）只能悻悻然走開。雖然很多年輕黨員並不會刻意隱瞞，但假如你本人不是黨員，你可能就需要猜測或者是到處八卦一下，才能確認周圍哪些人是黨員。八十年代這些風氣有所鬆弛，但人們與「黨」的關係仍然曖昧不明，遠未達到普通社會成員都能理直氣壯地向「黨」直接提要求施加壓力的程度。學潮初期聚集起來的同校學生，未必來自同班級、同系科，不存在黨組織活動的基礎，當時首先想到向全國人大請願，已經是最為合乎情理也合乎規範的管道了。實際上，這個解釋也可以從官方態度得到佐證。例如，5 月 3 日學生組織「北京高校學生自治聯會」正式向當局遞交請願書時，學生代表先後前往人民大會堂全國人大辦公廳和永定門外的國務院信訪局，再如，絕食開始後，最先被中共派來和學生交涉的，是中央統戰部部長閻明復。統戰部是歷史上與國民黨和其他民主黨派或少數民族打交道的機構，作為學生，我們當時就覺得很有點怪怪的。其實，學運期間唯一一次高級官員和對華團的對話，也是在統戰部舉行的。這些應該同屬一個邏輯。

5、聚焦喪禮規格和級別

　　回到鮑彤的「六四政變說」，從鄧小平的角度去看，「不能不允許學生悼念」很可能更像是一個假問題。實際上，鮑彤在訪談中提到的另外兩件事，也許更容易引起鄧對趙紫陽的警覺。這就是「十萬人遺體告別」和稱胡耀邦為「偉大的馬克思主義者」。治喪是儀式性活動，中共又是一個非常重視儀式的統治者。追悼會的規模和程式和悼詞裡出現的贊語稱呼，都不能任意而為。這就好像帝制時期官員服喪的規定，或者王公大臣死後的謚號，因為涉及到級別和規格，有各種細微之處的講究。「十萬人遺體告別」和「偉大的馬克思主義者」稱號這兩件事，發生的具體時間和延續的時段並不相同，稍有重合，但二者的軌跡卻非常相似。兩件事都沒有出現在決定治喪規格的最初時刻；各自出現不久之後，分別遭遇顯然的阻力；這時可以看到常委以外的某種公共輿論加持，然後有家屬提出相關要求；最後或家屬撤回，或遭到直接否決，無疾而終。下面我們先來做一點略嫌枯燥但並非窮盡所有資料的事實考證，然後再考慮這兩件事與「六四政變說」的關係。

　　胡耀邦 4 月 15 日早上 8 時左右逝世，上午趙紫陽就主持常委會研究治喪事宜。雖然事屬突然，開這個會基本上還是毛澤東謝世以來的一貫做法，即，及時確認死者級別和治喪規格，建立相關工作班子。這次會上確定由常委喬石和胡啓立負責，設立了治喪委員會並任命了主要下屬機構負責人。胡耀邦 1987 年 1 月辭去中央總書記職務，同時失去常委席位，保留了政治局委員。但是，中央經喬石提議決定，治喪將比照葉劍英的級別規格，不按胡去世時的實際職位辦理。葉劍英曾任中共副主席，於 1985 年因病請辭之前任職全國人大委員長、政治局常委、中央軍委副主席，排名僅次於當時的第一把手胡耀邦。葉離職翌年病逝時為離休狀態，但因屬於「長期擔任黨和國家重要職務領導人」，仍給予相當於最高規格的待遇。喬石建議的這個安排考慮到了胡耀邦曾擔任黨主席和總書記的過往。會議下午 1 時前後結束時，決定由溫家寶負責起草訃告。列席會議的黨媒負責人會後向下屬傳達了這些內容，電視台和中央人民廣播電台都進入待命狀態，待訃告送達即可播出。中共中央訃告和有關治喪安排的公告，一直到晚間新聞節目開始才有定稿。公告

明確提到，「將在北京人民大會堂舉行隆重追悼大會，並同時向遺體告別」，並提到追悼會當天主要公共場所和國家機關將下半旗致哀。第二天有港媒報道，「據說」訃告曾四易其稿。（以上內容見吳仁華、張萬舒、吳牟人等人著作，和香港編《八九中國民運報章頭版專輯》）

可以看出，胡耀邦逝世當天，沒有人對喬石的提議表達異議，相應地，對追悼會的基本安排也有共識，直接付諸文字公之於眾。但是訃告文字卻有一點問題。對照閱讀可以發現，副題中加給胡耀邦的榮稱是：「久經考驗的忠誠的共產主義戰士、偉大的無產階級革命家、政治家，我軍傑出的政治工作者、長期擔任黨的重要領導職務的卓越領導人」。比葉劍英訃告的副題少了「堅定的馬克思主義者」一條。前面提到的兩件事暫時都沒有出現。不過，「十萬人」是完全沒有跡象，而「馬克思主義者」已經略現端倪。下麵對兩條線索分別略做事實梳理。

a.「馬克思主義者」稱號

按中共套話格式要求，作為榮譽稱號的「馬克思主義者」前面必須加一個褒義定語。可以想像，是否稱胡耀邦為「（堅定的／偉大的）馬克思主義者」，直接關係到是否承認他在 1986-87 年間犯了支持「資產階級自由化」的錯誤並因此下臺，關係到是否要挑戰鄧小平兩年多以前的決定。鄧小平對此的「警覺」，按理應該比他對「不能不允許學生悼念」的警覺要高的多。訃告定稿看來對此做了技術處理——既然會引起政治疑問，不如乾脆刪去。如果「四易其稿」是真，那有可能是在照抄葉劍英榮稱時某些人發現了這個問題，甚至有可能相關人員在定稿前曾直接請示鄧小平。但「四易其稿」的說法一旦傳開，同樣有可能引起圈外嗅覺敏感人士的好奇，他們就會注意到這個和葉劍英榮稱的不同之處，意識到這是一個「節點」，有人還會試圖加以利用。那麼訃告之後，這個榮稱是如何重新變成一個問題的呢？

鮑彤說，4 月 18 日政治局常委討論追悼會悼詞時，趙紫陽提出要稱胡耀邦為「偉大的馬克思主義者」，但是第二天就被鄧小平否決了。趙紫陽本人在《改革歷程》中，並沒有提到這件事。《李鵬六四日記》在 4 月 18 日提到常委碰頭研究學生上街和治喪事宜，沒有提到討論悼

詞;之後在 4 月 20 日和 21 日分別兩次提到常委開會討論悼詞草稿,20 日那次,趙紫陽和李鵬兩人都試圖從不同方面提高對胡耀邦的評價,但沒有涉及「偉大的馬克思主義者」的提法;21 日那次,說明文字(此書每天日記分為簡要的黑體字部分和比較詳細的說明兩部分,說明部分應該是 2004 年前後為出版而整理時補寫的)裡提到,「根據小平同志意見,沒有給予耀邦同志『偉大的馬克思主義者』的稱號。」鄧的意見,明顯是針對悼詞草稿中的已有文字,對照鮑彤說法,應該是此前根據趙紫陽意見寫入。22 日將舉行追悼會,21 日這次討論,應該是最後確認定稿了。

在此期間,4 月 19 日上午,北京《新觀察》雜誌社和上海《世界經濟導報》在京共同召開有五十人參加的悼念胡耀邦座談會,很多黨內高級知識分子出席,也有曾與胡耀邦共事的老幹部。陳小雅《天安門之變》說,好幾位有高幹職位的發言人刻意使用了帶有不同定語的「馬克思主義者」稱呼胡耀邦,這個稱號儼然成為當時黨內高層政治表態的一個標識。而比較年輕的與會者,卻對此表現得沒有多大興趣,他們的發言都著重在其他問題上。一天之後,4 月 20 日下午 6 時,因為每天接待數千弔唁者過於疲憊,胡耀邦家人關閉家中靈堂。應該是根據家人意見,吳仁華《實錄》在這一條下說,此時喪事準備仍有未解決問題,其後列出的第一項即是能否在評價時加上「偉大的馬克思主義者」一條。這一項在 4 月 15 日、4 月 17 日家人兩次和趙紫陽談話,以及 4 月 18 日李鵬前去弔唁時都沒有出現在家屬要求中。那幾天的表述是,中央應該給胡耀邦擔任總書記的工作做一個正式結論。看來,這個稱呼在 20 日晚間已經成為家屬要求對胡耀邦工作做出結論的一個具體目標。

4 月 22 日追悼會,趙紫陽宣讀悼詞,沒有稱胡耀邦為「偉大的馬克思主義者」,但是有一處使用了「作為一個馬克思主義者」的字樣,令人好奇,這是不是沒有經過鄧小平同意,趙紫陽自己臨時加進去的。追悼會之後,再次提到這個稱呼問題是在 4 月 25 日(趙紫陽已於 23 日赴朝鮮訪問)。張萬舒記載說,這天上午楊尚昆和李鵬去見鄧小平,下午由胡啟立向官媒轉述了鄧小平對這兩位說的話,其中關於稱呼問題是這樣說的:「胡耀邦的追悼會規格夠高的了。人死了,評價可高一些。

他是有錯誤的，反資產階級自由化時表現軟弱退讓……有人說他是偉大的馬克思主義者，我看不夠格，我也不夠格，我連《資本論》也沒讀完。我死了，也不要這樣提。」這大概是最後一次提及這個稱號。當晚，電台廣播了第二天將刊發的人民日報社論《必須旗幟鮮明地反對動亂》。這個「4.26 社論」激起強烈反彈，形勢急轉直下，胡耀邦究竟是不是一位馬克思主義者，在後來的爭端中已經不再是一個有意義的問題。

B、「十萬人遺體告別」

「十萬人遺體告別」提出的時間，鮑彤記錯了，不是在 4 月 18 日的常委會上。據張萬舒《歷史的大爆炸》和陸超祺《六四內部日記》，此事發生在胡耀邦逝世第三天的 4 月 17 日下午 5 時半之前，是喬石主持治喪委員會開會決定的，新華社和人民日報都有負責人出席。張萬舒記載傳達內容時，明確說是「根據趙紫陽提議」，具體內容是：「（1）21 日在人民大會堂，舉行 10 萬人向耀邦遺體告別儀式；（2）22 日在人民大會堂，召開 4 千人的追悼大會；……」（下略）但到晚上 9 時半左右就接到通知取消。吳牟人等編《八九中國民運紀實》在 4 月 17 日條目下（對照張和陸兩人記載，事出 17 日下午，此條應屬摘自「4 月 17 日電」，實際刊發有可能是 4 月 18 日）列有文字：「此外，連日來，中顧委、中紀委、團中央等部門均強烈要求瞻仰胡耀邦遺容，中共中央已作出決定，胡耀邦追悼會後，將胡耀邦的治喪活動增加兩天，讓中央機關和部分民眾瞻仰胡耀邦遺容。」這條消息，與張、陸兩人提到的 21 日開放十萬人瞻仰遺容、22 日開追悼會，出現顯著不同。首先，開放安排被表述為呼應中央機關和民眾的「強烈要求」，而不是出於某一領導人；其次，開放瞻仰放在追悼會之後，時間改為兩天；最後，開放以天數限定，沒有提具體人數，整體上更具可行性和可控性。這應該是在 4 月 17 日晚 9 時半決定取消之前傳出去的消息，或為治喪委員會傍晚前後繼續開會研究的結果。

《李鵬六四日記》當天沒有提及此事，但又在第二天 4 月 18 日的說明部分提到他晚間到胡耀邦家裡自設小靈堂弔唁時，耀邦夫人李昭提出開放民眾瞻仰遺體兩天，不開追悼會。李鵬雖然同意向中央轉達家

屬要求，但覺得這要求奇怪，遂對李昭解釋說，中共中央公告（4月15日當晚廣播，16日登報）已經宣佈在「人民大會堂舉行隆重追悼會，並同時向遺體告別」，現在取消追悼會恐怕不妥。4月19日，溫家寶轉告李鵬，李昭撤回開放民眾向遺體告別的要求。李鵬不是治喪委員會成員，有可能確實對4月17日關於遺體告別的決定變化不知情，但也可能是在日記說明部分有意從側面指涉。港媒當時報道李鵬前往胡耀邦家中弔唁時，沒有提及這個內容，只說家屬再次表示，耀邦生前最後希望是中央能對其工作作出結論。關於開放瞻仰遺體，李鵬日記提到的李昭說法是用「兩天」的時間來限定，而不是「十萬」的人數表述，和上引港媒報道一致，有可能是在頭一天晚上取消決定後，主張者再次從家屬方面努力，希望能夠改變決定，這是與稱胡為「偉大的馬克思主義者」那件事軌跡相似之處。

查趙紫陽《改革歷程》一書，從未提及此事。4月16日香港文彙報報道提及，胡耀邦之子胡德平向趙紫陽表示家人希望喪事從簡，趙則回說一定要隆重，報道並說，胡德平代表家人要求對胡耀邦1987年辭職一事做澄清。這和李鵬兩天後前往弔唁時的家屬說法類似。如果開放公眾瞻仰遺容（以及當天提出的其他若干決定），就會超出葉劍英喪事的規格。事實上，毛澤東死後開放公眾瞻仰遺容（長達8天，每天超過10萬人），是中共建國以來這樣做的唯一一例。假如胡耀邦喪事包括這個內容，在級別規格上隱含的政治資訊將是非常強烈的，鄧小平對此不可能沒有「警覺」，而且，他對此的警覺絕對會比「不能不允許學生悼念」要高的多。

6、鄧小平針對誰發動「政變」

以上就鮑彤的「六四政變說」考察了四個線索，分別是「不能不允許學生悼念」，撤稿辟謠胡耀邦病情搶救的文章，「偉大的馬克思主義者」和「十萬人遺體告別」。這四個線索雖然並不都是如鮑彤所說發生在4月18日，但確實都發生在胡耀邦追悼會之前。以上考察證明，前兩個線索沒有在現實中發生鮑彤所說的預期影響；後兩個線索則有比鮑彤在訪談中表述的要重要得多的政治內涵。

鮑彤承認，稱胡為「偉大的馬克思主義者」是趙紫陽提出的。據張萬舒說，「十萬人遺體告別」也出自趙紫陽提議。同時，這兩個提議，都沒有在胡耀邦逝世當天的常委會和決定訃告與治喪公告時提出，而是在第三天（「十萬人」）或第四天（「馬克思主義者」；按李鵬日記，甚至更晚）出現。事後十幾年裡，趙紫陽對這兩個提議都是閉口不談。再看鮑彤，他當時對這兩個提議不應毫不知情，但二十九年後，他和李南央提及此事時，卻沒有說「十萬人」是趙紫陽的提議。蹊蹺的是，他反倒強調自己六四之前已經被抓，對很多事都不瞭解，只是近年來看到張萬舒和陸超祺在香港出版的書，才相信是有證據了。可是鮑彤被抓發生在 5 月 28 日，比這兩個提議出籠的時間，晚了一個多月。為什麼不把自己瞭解的情況全盤托出？不能排除，趙紫陽提出這兩個提議，特別是「十萬人」那個提議，直接受到學生悼胡事態發展的影響。不過，學生事態並不必然會讓同情胡耀邦的高層領導提出變化跨度這麼大且僅次於毛的治喪安排。趙紫陽這兩個明顯刺激鄧小平的提議背後曾經有過什麼具體考量，令人疑惑。

　　在討論開始的時候，我說過暫且不提趙紫陽在 1987 年 1 月曾支持鄧小平移除胡耀邦的決定。事實是，他不但支持了那個決定，還成為那個決定的直接受益者，接替了胡耀邦總書記的職位。他在《改革歷程》裡同情學生悼胡，但在講到胡耀邦被迫辭職一事時，卻忍不住強調鄧小平從 1985 年開始就對胡耀邦不滿，趙說自己還提醒過胡，但胡仍然自行其是。鄧在 1986 年秋十二屆六中全會之後開始對其他老人明言自己的不滿，給胡耀邦造成非常惡劣的日常工作環境，但趙表示，他看到胡仍然是面色如常，並沒有表現出煩惱憂慮。1987 年 1 月初在鄧小平家裡開那個決定接受胡耀邦辭職的會，是 1989 年學生悼胡抗議的重要目標，因為那代表著「老人政治」和「非程式化」的統治術，借用鮑彤的話，就是一次針對胡耀邦的「政變」。悼胡的人們希望通過民主化政治改革，改變這些不合理的事物。有些評論者認為，毛澤東死後，有四次權力易手，從「四人幫」、華國鋒、胡耀邦，到趙紫陽，鄧小平就是靠政變一路上來的。這種看法，至少可以顯示出，趙紫陽被鄧小平「政變」，並不能充分解釋六四屠城的根本原因和性質。

為什麼鄧小平會動用數十萬正規軍，對和平抗議的民眾大開殺戒？全面考察這個問題，超出本文範圍，這裡僅提出幾點，提請讀者注意。第一，觀察者和學者一般都同意，宣佈戒嚴令前後部署大批正規軍，主要是威懾黨內反對派。在這一點上，鮑彤的針對趙紫陽「政變」的說法有一定道理。第二，鄧小平及其追隨者在事件全程中，有過幾次出乎他們意料的情況，包括胡耀邦追悼會前學生佔領廣場、「4.27」大遊行、5.20 全民堵軍車等等，每次都出於學生和民眾超乎尋常的熱情和決心。第三，由於第二點，鄧小平對於黨內反對者和民眾的聯合格外忌憚，對於民眾抵制清場的決心有一定預期，因而更強化了他最後動武的決心。也就是說，民眾的抗爭在鄧小平造成六四屠城的決定中，同樣起到非常重要的作用。第四，趙紫陽於 5 月 17 日失勢、戒嚴令於 5 月 19 日頒布，之後又過了兩個星期之久，才發生 6 月 3 日夜到 6 月 4 日早上的清場。這兩個星期裡關係到最後清場的政治博弈（不是狹義的學生在廣場上撤與不撤等等爭議），同樣需要重視。作者安魂曲（筆名）的文章《人大——鄧小平心腹之患》（收入陳小雅主編《沈重的回首》一書）通過梳理「血腥鎮壓決策形成的脈絡」，認為全國人大成為鄧小平下令清場前必須面對的最後障礙，將問題指向六四衝突背後，涉及中共政治統治正當性的深層問題，非常值得進一步探討。

　　鮑彤在訪談中提到，有一種看法說，鄧小平六四的動機和目的是「保黨」。這種「保黨」說，完全不是一個可以通過考察史料來切磋討論的問題，因為它避而不談為了「保黨」打擊了誰，丟掉了誰，令屠殺沒有了對象。為實現「保黨」而犯下的罪惡決不能輕飄飄地用「殺二十萬人」之類的說法含糊過去——千千萬萬被犧牲的人並不是冷冰冰的抽象數字，而是實在的生命，他們本應是中國這個政治共同體裡具有平等公民身份的成員。如果說六四是一場政變的話，那麼，鄧小平在六四時為「保黨」發動的屠殺，實質上是針對人民的政變。他用軍火徹底堵塞了「人民」－「公民」（八九年有著大規模借助憲法的全國性抗議）自下而上賦予「國家」政權合法性的政治管道，貽害至今。

　　——2018 年 8 月 17 日 於美國洛杉磯

第四輯

心路歷程

1989年5月4日，官方調動的軍警竭力阻攔抗拒禁令上街遊行的學生隊伍。（網刊《華夏文摘》「中國'89紀念館」）

1. 向香港人民說幾句話

　　今天能有機會在這裡向香港同胞、和世界各地一切關心愛護我，為我的自由與安全憂心的人們報告我已經自由的消息，我心情非常激動，特別是想到我的祖國人民，我日夜難忘的北京人民也將聽到我的消息，我可以在這裡向他們講幾句話，我更無法使自己平靜下來。這是我盼望已久的事情。

　　今天是 4 月 15 日。一年前的今天，中國共產黨前總書記胡耀邦的去世，引發了震驚世界的八九中國民運。在我的心目中，這個日子是一個標誌，正如大陸著名作家劉賓雁所說，89 年的 4 月改變了中國的命運。這個 4 月之後，中國人民不再是從前的中國人民了，中國共產黨在大陸人民心目中也不復為從前那個執政黨了。對於我，這個日子海標誌著我個人命運的改變。在去年 4 月裡，當我本著一個普通老百姓關心國家命運的良心參加學運時，做夢也沒想到過自己會成為政府的通緝對象。我過去的生活和北京市千百萬普通職工的生活毫無區別。在我參加學運的兩個月中，北京人民時時鼓舞激勵著我。在 6.4 屠城後，我更是在許許多多素昧平生的人民冒著生命危險的幫助下，才躲過了政府的追捕，獲得了今天的自由。

　　6 月 3 日傍晚，我因病沒返回廣場，在軍隊向市民和學生開槍時，我沒有和人民站在一起，這使我一年來時時感到內疚，感到無法原諒自己。89 年 12 月 28 日清晨，我從大陸中央人民廣播電台的新聞聯播節目中，聽到我父親王瑤去世的消息。震驚和極度悲痛之餘，我無法表達自己當時複雜的心情。一方面，我不能不想到在學運期間，他還身體狀況良好，每天騎車在北大校園內往返，只是一提到我，一見到我，就禁不住淚流滿面。他是因我而傷心過度，猝然離世的；另一方面，我又情不自禁地感到減輕了一些良心負擔，我想告訴在 6.4 中失去親人的人民，告訴受到各種身心創傷的親愛的同胞們，我因為參加民運，也已經家破人亡。

雖然如此，我並不因此認為我就有了對民運指手畫腳、對人民發號施令的權力和資格。我知道我始終是一名普通的中國人，我的根在中國大陸。我內心深處最重要的願望，就是對大陸人民說一聲，我的同胞們，我愛你們，我希望和你們站在一起，與你們認同，永遠不被你們拋棄。

　　我想，這也將是我今後參加海外民運的一個基本出發點。

　　——1990 年 4 月 15 日

2. 思緒離離

一、

　　到美國以後，第一個強烈的感覺就是：自由了！我要充分地享受這份自由——自己出去坐公共汽車，找工作，找住處，自己處理自己的一切問題。

　　洛杉磯的公共交通相當差勁。對於一個沒有華人朋友在身邊的初來者，這些都不是容易事，但我確實有一種享受的愉快，在那時認識了我的人都會有這個印象。面前似乎是全新的生活，過去的一切都隱退了。

　　但這不是真的。

　　六四不是我心上的一個傷口。它是插在心上的一把劍。劍柄的每一次顫動，都會引起創痛，都會滴下新的血。

二、

　　六四改變了許多人的命運，改變了許多普通人家的生活，也改變了我。我究竟是有了多重大多深刻的變化，或僅僅是暫時調整一下人生道路？

　　在開初的幾個月裡，我常常以為是後者，常常設想著雖然不得不走另一條路了，但我還是我，我這個人沒有變。

　　但這不是真的。

　　父親去世了。我猛然醒悟到，我不再是過去的我，原先的那個王超華已經不在了。

三、

　　一個小半導體收音機伴隨著我度過了漫長的幾個月。最愛聽的是中央台的「今晚八點半」和長篇連播。但每天的新聞是必須聽的，從早上 6:30，直到晚上 10:00。

12月28日那天，就是在早上6:30的新聞聯播中聽到父親追悼會的消息的。當時有什麼反應已無法辨清記住。我想，「不敢相信自己的耳朵」、「晴天霹靂」、「呆若木雞」之類的形容都不會過分。7:15分我又調到另一台，等待這個消息的再次播出，但剛播一句就不再聽了。不必核實了。這肯定是真的！

　　眼淚是什麼時候開始流下的？記住的，只是哭得頭也暈了。絕望攫住了我的心。我還在這裡幹什麼？我究竟為了什麼要躲起來，又要繼續躲下去？這些愛你的人因為你而辭世，你卻仍然躲在這裡，你的躲藏你的保存生命，究竟意義何在呢？！

　　周圍沒有一個人。要到中午才會有人來。在這個小小的房間裡，甚至沒有來回兜圈子的餘地。努力壓抑了三四個小時的最強烈的衝動不是回家，不是去看望母親和家人，而是去公安局投案。

　　這麼多學生死了，這麼多和你一樣的北京人死了。連你的親人也因為不堪為你憂慮的重負而死，你又為什麼還要躲藏，不能勇敢地面對你的命運？

　　但是我不能不辭而別，我不能讓保護我的朋友忽然處於情況不明的狀況。這都是些善良的，沒有秘密工作經驗，也沒有任何文學研究背景的人。我的不辭而別，很可能使他們貿然和我家聯繫，而成為公安人員的目標。

　　我想去投案，並不是想自首。我只是試圖「直面慘淡的人生」。但我怎樣能給朋友們一個保證，使他們確信，即使我被永久關押，他們也不會被出賣？他們以前並不認識我。

　　也許我應當自殺以謝世人，以謝先父，以謝六四亡靈。但朋友終於來了——

　　你不堪父親因你只能偷生而死，你就願母親因你死而死嗎？你一天沒被抓住，就是北京人民沒有白犧牲的又一個新證明。

　　——是的，我不再是我自己。我和六四不能再分開，我和北京人不能再分開。

四、

　　我不再是我自己。

　　來到美國，有朋友告訴我，在父親追悼會時，當局和朋友們都以為我會回家奔喪，我才驚訝地意識到，當時自己想去公安局的願望遠遠超過了想回家。

　　六四後兩種矛盾的強烈願望不斷衝擊我，使我徬徨於其間，常常茫然不知所往。

　　一是，還我普通中國人的本來面目，還我普通北京人的日常生活。

　　另一是，我已經死了。我應當是已經死在了那個恐怖之夜。生者自應繼續他們的生命，但我不屬於生者。我本應站在捐軀者的行列中。歷史殘酷的惡作劇使我活了下來。

五、

　　本應更多地談談父親。

　　去年五一上午民盟中央紀念五四座談會，閻明復也去了。父親回來後興奮地說：我也替你們學生說話了。我發言相當尖銳呢！

　　5 月 23 日，在廣場度過十天後終於又見到了父親。他不顧老淚縱橫，大呼媽媽的名字：快出來！快出來！她回來了！……不等媽媽出來，又顫抖著從不離手的煙斗對我說：你要是被捕了，我就去自首，我就是你背後的黑手！

　　這樣的小事能幫助外人瞭解他嗎？

　　他已經 75 歲，但我相信所有認識他的人都不會預料到他的突然辭世——尤其是在那個春天之前。他不是一個垂垂老矣、只能等死的人。

　　他很看重自己的學術研究，老來從不攪和青年們的政治活動，常常謝絕可能與群眾接觸並可能提高社會知名度的各種邀請，甚至謝絕為群眾性報刊寫宣傳性的文字。

　　他願意自承為我的黑手。這是他對我的最高評價——他確信我是一個普通真誠而願不斷追求的中國人。他在用他 75 年的生命，用他的人格為我擔保。

爸爸，謝謝。我們有過許多次激烈的衝突，以至雙方都不能不承認"代溝"的存在。但有您這句話在，對於我的父輩，此生此世夫復何求！

六、

各人眼中的歷史不盡相同。何止歷史，即使一個人，在各人眼裡看過去也自會有不同的映射。

原諒我，爸爸，沒有為您寫更多的文字。在我，這還是一個太過沈重的任務。也許，做這件事，朋友們比我更合適。

但我知道，你是因我而去。

你已去了半年。我不能不提起笨拙的筆，哪怕只能寫下這些不足以表達內心創痛的話。

永別了。

——1990.6.9.

【註】王瑤（1914-1989），1989年12月13日於上海去世，終年75歲。生前為北京大學中文系教授，中國現代文學研究會會長，中國民主同盟中央委員，中國人民政治協商會議委員。

3. 因為你年輕

　　王丹，已經成為一個舉世皆知的名字，已經成為中國八九民運的一個象徵——無論是在中國政府眼中，還是在全世界人民的心中。

　　但是，浮現在我面前的，卻依然是那個看上去很聰明，又免不了一點調皮，有時更像一個孩子的普通的北京大學生。我們都是普通的中國人，經由各自不同的路走入了 1989 年北京的春天。這個春天使我們相識，使我們為了同一件事興奮、激動、焦急、憂慮，一時稱兄道弟，一時又指著鼻子爭吵，……

　　我還記得那個女學生帶著幾分天真的神態：我們就愛聽王丹說話，他說話可有意思啦！——你能想像到宿舍裡幾個女孩子嘰嘰咯咯掩嘴笑個不停的情景嗎？

　　我還記得王丹像運動員臨入場時一樣躍躍欲試的神態。那是在去國務院信訪局遞交請願書的路上，王丹和鄭旭光安慰我這個比他們年長十餘歲卻毫無臨場經驗的領隊，胸有成竹地表示，應對的事他們會幫我；那是在 5 月 4 日北大南校門外遊行隊伍出發時那個瘦弱的指揮；那是 5 月 13 日下午宣佈絕食又主持記者招待會的小夥子。每逢這種時候，我常常會生出一絲自慚形穢，覺得自己也許確實是歲數太大了些，跟不上這些年輕人了。

　　但我也還記得這個大孩子那無奈而略帶慌張的神色。當閻明復 5 月 14 日上午表示戈爾巴喬夫的歡迎儀式根本不會再在廣場舉行，絕食學生是否撤或是否轉移，現在完全是學生自己的事了——閻先生把球踢回給學生了。無法討論，只是交換了幾個句子，幾個眼神，我們幾人都同意暫時轉移。但如何實施呢？看著這孩子，我不由得感到歷史無情地壓在了一副還嫌柔嫩的肩膀上，也就不由得要試著承擔更多一些的責任，即使不為別的，只為比他年長十餘歲。

　　和許多他的同學比起來，我與王丹的交往並不多。但我能感覺到，他正是這一代大學生的代表——成長在開放的年代，有機會接受吸收各

種不同的新思想，這種機會同時又刺激著他的求知慾，使他對外界的各種資訊格外敏感。和王丹交談，你能感覺到他的穎悟，他的聰明，以及他的年輕。當他投身於中國民主運動——一個特殊國度的特殊歷史進程，他很可能沒有如魏京生、王希哲那樣較為充分的思想準備，沒有如遇羅克、張志新那樣多的憂憤之心和悲劇意識；他在學習歷史，但是他那時很可能還沒有意識到歷史這個東西是多麼沈重、怠惰、自說自話，他生活於其中的這個渴望新生的民族又是掙紮於一個多麼古老的傳統中。……

可是，這難道是這一代中國青年的弱點嗎？難道他們不應當更熱情更開放更自信更受到鼓勵，相信自己會創造更美好的生活嗎？莫非中國的青年人就應當永遠生活在憂憤情懷中？我們已經在這情懷中生活了一百多年，憂患意識熬白了幾代年青人的黑髮，這絕不是一個民族正常的精神狀態！

我為歷史悲哀，我為中國悲哀。特別是當中國要開庭審判這些天真的孩子時，我為我的祖國感到羞恥！

王丹，我們沒有忘記你，我們不會忘記你，我們共同等待著重逢的日子。

——1990 年深秋寫於舊金山，中國官方即將審判王丹等人之時

4. 重讀魯迅與我的靜坐

一、

想到這個題目，覺得「正合吾意」。但接著就想到這個題目一定不會吸引人。

經過多年大張旗鼓的神化式宣傳，現在已經沒有幾個人還對魯迅感興趣了。

可是，正是在八九年之後，我開始體會到魯迅內在的深刻。這體會不是來自學術研究，而是來自人生，來自自身的經驗，來自自身的心路歷程。

二、

有些體驗實在並不宜公之於眾，尤其是當你還沒有真正孤獨的勇氣時。我只好希望朋友們看我的文字時不要太認真，只當它是隨筆。

三、

我所體驗的，七十年前魯迅早已體驗過。我所要說的，七十年前魯迅早已表達過。我沒有更多的才能，於是便去翻魯迅。

剛剛躲起來的時候，朋友怕我寂寞，問我要看什麼書。我想到的，一是魯迅的《「死地」》，一是季米特洛夫的《痛斥法西斯》。那時的憤激遠多於悲涼。

聽到通緝令之後的感覺，我曾先後幾次寫過。沒想到的是，來到美國後，悲涼感會重新抬頭。先是眾多朋友都來安慰父親的過世，使我在創痛之餘，不期然想到了魏連殳（《孤獨者》）。此後這念頭就不肯離開我。但我無話，我不能說。我不如魏連殳徹底，我並不真的是一匹來自北方的孤獨的狼。

誰能想到，其後便是涓生的心態——無從悔起的《傷逝》。是的，

我確信這是一篇有傷無悔的自白，猶如我的心境。我無法承受任何悔意。一切都是應運而生，我只能繼續前行。只是要將人生的路走下去而已，也並不能和魯迅這樣「真的猛士」相比。我只是嘆服，他老先生如何能將如此深刻細膩的感覺以那樣簡潔的筆觸在那種年代裡表述出來。

四、

我決定去領館門前靜坐。

我從來沒見過陳子明。和王軍濤只見過一次。那是一個五月之夜，我們坐在校園草地上開會，沒聽到他講一句話，甚至連他長什麼樣都沒看清楚。

我和王丹，說來慚愧，——在那短短的五十天中，我們才相識。然而卻曾互相指著鼻子爭吵過，我對他個人也一直有些意見。

我決定去領館門前靜坐。這個決定有點突兀其來。在我想清楚其緣由之前，我已經感到「非如此不可」。到那裡之後，出乎意料之外地發表了演講，才好像整理出點頭緒。

我的一個基本出發點在於，我堅決反對任何指八九民運為有組織、有計劃、有預謀、有一小撮人起骨幹作用的說法，因此也堅決反對任何有涉「黑手」的提法。那是一場有深刻社會文化背景的民眾運動，這幾個人不出頭，也會有那幾個人出頭。至於說王軍濤、任畹町這樣的所謂「幾朝元老」，我相信（我在廣場上和任畹町談過話），他們當時即使想當「黑手」也會有難於插手的苦惱。我這樣的人，不是什麼學生領袖，只是群眾代表。也就是說，我們個人不幹了，還會出來別的類似的代表，因為那是在民眾運動的高潮中。

因此，每一個個體都應該承擔起自己的責任。如果你八九年上過街，遊過行，抗議過，你現在就應該有勇氣站出來，說一聲，我當時是自覺自願出來的，與王軍濤、陳子明等人無幹。比如我，我絕不承認我是受到王丹的煽動組織才站出來當北高聯常委的。因此我要靜坐，我要抗議中國政府對我個人意志的這種侮辱。

五、

　　「異化」這個詞非常深奧，非常形而上，非要有了親身體會才能理解。

　　任何內心深處的感覺，一旦外化為言辭，為手勢，為表情，傳達給他人的同時，已經就離你而去，不再是原來的那一份感覺了。人，永遠處於被放逐狀態，被自己的言行放逐。

　　我不能不忽略這些「小資情調」，把「秀」做到底。因為從實際情況來分析，我們——無論相通到何種程度，仍然共同在做的人——有可能取得一定效果。

　　但同時我又在不由自主地想魯迅。

　　我突然發現我並不是個真正典型的、合格的、能代表我原始動機的人，因為我自己的名字也在通緝令上，我也屬於「黑手」或「策劃組織者」一流。也許我在證明自己的自主意識的同時，也就證明瞭我本來就應該上通緝令。

　　不寒而慄。我克制不住地想到了人血饅頭（《藥》）和《示眾》。

　　我非常理解國內人受到的壓力，他們還很難做到像索爾仁尼琴號召的那樣向謊言告別。我在逃亡時享受過那種有話不能說而壓出來的無奈的幽默。

　　現在我到了海外，我惶惑地發現自己仍站在一塊孤獨漂浮的草皮上。這是為什麼？

　　我很想向所有海外的朋友們證明，我不是秋瑾，我只是一個普通的人，我和大家一樣，也許還不如出國多年的人自主意識更強。可是為什麼他們不願站出來證明這一點，而要造成受我們脅迫的假像？魯迅曾希望速朽，為什麼我們一定要用自己的行動去反覆證明他的不朽，使我這不配作革命先驅者的人也在他那裡找到了共鳴？只因為我們還是那同一個民族嗎？

六、

　　我去靜坐了，還參加了抗議集會，對記者們講了不少的話。

一個由表達內心情感出發的行動，結束在追求實際效果的步驟上。我不能不思考，這二者之間是否矛盾。但如果沒有實際效果，又如何證明你對自己八九年的言行確實負起責來了呢？

　　我沒有想到的是，當我尊重每個人的自由意志，覺得沒有權利要求每個人都採取與我同樣的行動時，我的這個行動卻正在破壞我苦心經營半年多的普通人的位置和感覺。發現那一條無形的溝，一堵無形的牆漸漸凸現於我和朋友們之間，劃出我這個「搞政治的」與他們「正直的自由知識分子」的不同，使我既痛苦又迷惑。

　　我不如魯迅勇敢，也不如魯迅徹底，我卻開始更深地理解他的散文與雜文，他的如入無人之陣與無物之陣而不得反響的苦悶，他的許多今天看來近於無謂的爭辯。

　　我不能和朋友們論戰。我做不出來。

　　重讀魯迅的同時，也在反覆讀索爾仁尼琴的《向謊言告別》。我非常想輕輕地問一聲，立志作正直的自由知識分子的朋友們，你們是否準備像北京的「倒爺」那樣，自己做事自己當？你們是否願意證明你們並不想幫助謊言？

　　或者，是我錯了。你們去年的上街遊行確是因為不瞭解北京的「真相」，是受了我這類「搞政治」者的矇騙和煽動。那麼，請原諒，能否只把我上面的隨筆當作隨筆？

　　去年聽到通緝令時，曾有過類似的感覺，卻連與無物之陣作戰的可能性都不存在。今天，畢竟我已經有了寫隨筆的自由。何其幸哉！

　　——1990.12 寫於舊金山

　　時為與吾爾開希等為抗議中共當局審判陳子明、王軍濤、王丹等人，在舊金山中國領事館門前靜坐之後

5. 一個普通人的自白

　　一九八九年發生在中國北京的社會運動對很多人來說都是生命中的一個轉折點，對我也不例外。對我個人的心路歷程而言，這一事件最深刻地顯示了我的懦弱、渺小和無能，使我從此無法再認真對待任何貌似光輝的自我形象。

　　在事件發生當時，我並沒有體會到這一點。在學運的最後一個月裡，我雖曾持續地處於無能為力的感覺中，但總是不能放棄採取些類似垂死掙扎的行動。而且，實事求是地說，當我的名字經常出現在廣播中，為數十萬群眾所知，當我被市民在地鐵車上認出來是與李鵬對話的學生代表，當報告部隊進城的市民抓著我就像抓著了救命稻草一樣時，我確實覺得我還有相當大的能量。也因此，我私下裡禁不住常常檢討自己，懷疑自己是否低估了群眾的力量和「大好」的形勢；同時，也就鼓勵了自己繼續堅持下去。事實上，在最後幾天，不僅是我，甚至激進的李彔、封從德等人都已明白，我們所有的忙忙碌碌已失去了任何實際意義，只是在虛應故事，當時廣場存在的唯一意義就是等待鎮壓了（一天清晨，我碰到這兩位副總指揮到廣場邊上的水龍頭去洗臉。簡單問候中，封從德聲稱：現在就是等著他們來把我們拉出去，死豬不怕開水燙了）。

　　當然，道義約束也是一個重要原因，使我不能想像自己在這種時候脫離運動。

　　但是，六四開槍了。而且，六四鎮壓時我不在現場。當我在六四清晨意識到鎮壓已是事實時，我沒有想到任何有組織或無組織的抵抗。抵抗的無效對於我似乎是毫無疑義的。這使我後來見到曾試圖抵抗的朋友時倍感慚愧。同時，在原有的社會秩序中，自己無名小卒的地位似乎也是毫無疑義的。我心中暗存的對原有秩序的敬畏，使我不能相信這麼一場民眾運動已經提高了我的社會地位。一方面，我幻想著時局穩定後就可以回家；另一方面，我對被捕入獄的後果又不抱任何幻想，認定一旦被捕自己就會像一粒塵埃消失在黑洞中一樣悄無聲息地失蹤——這種事

在共產黨統治下並不新鮮。因此，我的第一選擇只能是躲避或逃亡。這使我後來想到坦然入獄的朋友亦十分慚愧。

事實上，我深深捲入的這一抗議運動以失敗告終時，我個人生活的價值觀念就發生了危機：作為一個獨立自主的個體，我應當對這一失敗承擔責任嗎？我能對這一失敗承擔責任嗎？對這些問題，我不敢簡單地給以肯定或否定的回答，只能不斷地掙紮著避免回答。這一掙紮也許將伴隨我的一生。我不能不承認自己的懦弱。說實在的，我是羨慕那些坦然入獄的人的，我覺得那是表示承擔責任的一個最好的方式。我卻不能不承認自己的懦弱。我缺乏勇氣。在通緝令發佈之後，我仍繼續逃亡。

八九年六月十三日，全國通緝令發佈，我也榜上有名。幫助我逃亡成了極重大的事件，我才瞭解到，如果我和我的幫助者同時入獄，我會得到比他們好得多的待遇。我確實不再是以前的那個小人物了。這時，我開始體會到作為一個政治符號而生存的痛苦。在那半年多裡，對每個可能接觸我的人來說，附著於我的政治標籤的意義都遠遠大於我作為一個個體的任何其他意義。這種每日生活中的切身體會幫我更清醒地看到自己在整個政治漩渦中的實際地位。既看到中國政府處置我們這種個體時的隨意性（只從政治需要出發，毫無個體的意義可言），也看到在我自以為有所作為時實際上的被動狀態。我確實生活在幫助者中間。他們確實同情我，努力幫助我，即使只是從政治標籤的含義出發。他們都是陌生人，我不能要求更好的了。我衷心地感謝他們，特別是他們的道德勇氣。我想說的是，這段生活教會我更細緻地分辨我的外在形象和內在價值。

如果我六四後即刻逃到海外，迎頭撞上海外高漲的抗議浪潮和對我英雄般的歡迎，我的反應很可能會完全不同。

前面提到的自慚的心情和這種符號化身份的體會，使我決心盡一切可能恢復我普通人的面目，並為此開始了三年多來堅持不懈的努力。在逃亡中，在中共龐大的宣傳攻勢下，這一努力有著一個非常實際的功利性目標，就是希冀我能被北京市民作為同類接受，抵抗政府將我異化成另一符號的企圖。在這一意義上，我以為，我是相當生動地體會到了五七年的右派和文化革命時走資派的心情。我在這種心情下開始寫作我

有關運動的回憶，儘可能地發掘當時與北京人息息相通的一點一滴的感覺。我相信我比別的學生更接近北京市民。我覺得如果我不向這個方向努力，過不了幾年，北京老百姓就會像忘了所有從前的民主鬥士一樣，把他們自己的這段經歷和我們這些人一起排除出「正常人」的生活。我自己就做過這種事。

無論如何，這一寫作可以被視為一件非常值得做的事，可以成為對歷史的一種貢獻，可以使我的生活有意義。但除此之外呢？為什麼在最危機的時刻我沒有和那些死去的人在一起？從哪一點看，我比他們更有生的權利？得知我父親去世的消息後，這種對自我生存價值的懷疑達到了一個極點。其結果是，我不得不面對生與死的選擇，並且解釋為什麼自己不能選擇死。沒有理由。沒有任何冠冕堂皇、道義上站得住腳的理由。我只能面對自己的醜陋和無能。

我以為，支撐我堅持到逃亡成功的最主要因素就是我的求生本能。因此，在海外每當面對歡呼或花環之類的場面，我就有小丑做戲的自慚。這一點，加上我對符號式生存的恐懼，使我得以繼續自己對普通人生活的追求。我當然無法忘記「六四」。但我也懷疑我真的能為國內的人們做什麼。加上「六四」帶給我的害怕承擔責任的後遺症，我選擇了和其他許多流亡學生領袖不同的生活方式——政治活動靠攏組織，個人生活堅持獨立。抵達洛杉磯剛一星期，我就開始到餐館幹活，至今一直靠打工維持生活。和民陣支部聯繫上之後，我就表示，自己不瞭解情況，如果大家覺得我可以在紀念「六四」時起個標語牌的作用，我一定積極配合，你們覺得我戳哪兒合適我就戳哪兒。於是，作為天安門逃出的通緝犯，我曾到處露面。這兩方面看似無關，其實都和不願承擔責任的心理有聯繫。這也是我漸漸辭去各種民運團體職務的原因之一。

然而，「六四」留下的痕跡畢竟無法輕易抹去。目前的讀書生活雖然單純，卻並不能保證心情永遠平靜。因此，我又總要參與一些社會活動，藉此安慰自己，以為自己還是在本著良心做一些「力所能及」的事情。至於「力所能及」的衡量標準，則依賴於我是否相信自己能對自己的言行負責任。即使這樣，也時常會發生意料之外的情形：開始很自信地去做的事，最後發現自己其實是在不知情的狀況下按照別人的意圖表

達。這真是令人沮喪。

　　但我也還在積習不改地活躍著，只是在縮小了的範圍裡。就目前情形而言，我想，我會繼續這樣生活下去。

　　——1992 年 12 月 30 日於美國洛杉磯

　　應香港支聯會之邀，為其編輯出版的《民運百人心路歷程》一書而作

6. 讓所有異議人士有尊嚴地回家

　　六四二十週年即將到來，八九年的星星點點仍鮮活地保存在記憶中。每次重放當年的錄像，總是極為激動，難以自己。千百萬人聚集在北京街頭和天安門廣場，滿懷興奮、緊張、驕傲、試探、焦慮：有旗幟飛揚，也有被單大褂上潑墨而就的口號；有卡車上的鑼鼓，也有個體戶組織的摩托車隊。在這些五花八門的表達裡，湧動著不可遏制的渴望和創造活力。而激發出那種渴望和活力的，是當時幾乎觸手可得的作為政治公民的個體尊嚴。

　　當時廣場上最流行的歌曲既有《國際歌》、《國歌》，也有《幾度風雨》和《血染的風采》，人們唱起來都充滿著作為共和國公民的驕傲和自豪，甚至常常在自信中帶著些調侃。另一方面，戒嚴令剛下來，學生還都集中在廣場，二環路外居民區裡的男女老少已經互相招呼著，成群結隊地跑出家門攔截軍車。大北窯，安貞裡，六裡橋，……，除了部隊大院密集的五棵松方向，到處都是攔阻軍車的洶湧人潮。其中，學生的直接參與極為有限。這些既是北京市民嚮往公民參政和個體尊嚴的明證，也是八九民運在中國現代史上的獨特風采之一。

　　二十世紀後半期的中國沒少見識大規模的群眾集會，但絕大多數都是同樣的旗幟，同樣的口號，整齊的列隊，整齊的步伐，即使是歡呼奔跑，也是面朝指定的方向。類似表演曾重現於 2008 年北京奧運會開幕式，令人恍惚中似乎返回到幾十年前的大型團體操表演。公民參政並不必然扼殺個體的創造精神。強調服從和整齊劃一的大一統，也並不是真正的公民參政。參政議政的前提，正是承認社會群體有不同的利益，要通過不同的政治意見和立場來表達，也要借助爭辯討論相關政策議題來保護伸張。八九民運的高潮發生在中共高層意見分歧的時刻。在統治集團沒有採取任何措施的那幾天裡，中國人特別是城市居民，品嘗到某種「政治成熟」的體驗，政治熱情和政治自律同時並存；對民主的要求和如何實踐民主的疑慮，也始終伴隨著運動的全過程。公民尊嚴和公民個

體的政治責任，同時落在參與者肩上。

在這個意義上，八九民運為中國經濟增長後的政治改革和社會變遷提供了最可寶貴的實踐經驗與方向——還公民以政治權利，讓政治異議成為社會生活的常態，為不同社會利益集團提供公開透明的博弈空間，以追求社會公正與公平為基礎原則，建立成熟的政治體制遏止貪腐，通過堅持原則的實踐，重建社會對正義的信心。甘陽討論韋伯的政治思想時，曾特別強調了現代社會裡，利益多元分殊是政治制度必須走向民主的歷史條件。時至今日，中國社會的利益多元分殊已極為強烈，承認並容納不同政見已經刻不容緩。

建設一種能夠容納不同政見、甚至鼓勵不同政見相互交鋒的社會氛圍，有待持續不懈的多年努力。但萬裡之行，始於足下。讓所有異議人士都能有尊嚴地回家，不但切實可行，也是奠定原則基礎的第一步。「公民」首先是一種政治身份，「公民」的尊嚴在於充分使用自己的獨立意志來參政議政。沒有參政權的市民和農民，談不上尊嚴。他們的尊嚴隨時可能被專橫跋扈濫用職權的官員踩在腳下。類似的事例，在今日中國難道還少見嗎？

在八十年代思想解放的氛圍中，曾經反覆辯論過取消「反革命罪」的問題。最終，這項罪名被今天的「煽動顛覆國家政權罪」所取代。在這種種以法律名義實施的暴力專政下，成千上萬僅僅是表達了不同意見，或試圖維護自己合法權益的普通公民，身陷囹圄，很多人從此不見蹤影，「人間蒸發」。六四鎮壓中，全國各地數以千計的人受到傷害、迫害、牽連。在強大的政治壓力下，僅僅那些敢於向丁子霖教授公開表明身份的受難者家屬，到 1994 年已有大約 200 人。考慮到絕大多數受難者家屬其實都選擇了保持沈默，我們可以說，六四不但奪取了很多人寶貴的生命，奪取了更多人生命中極為寶貴的時光，而且嚴重摧殘了中國社會裡艱難萌芽的現代公民意識。

六四鎮壓後，很多人因為支持民運而先後入獄，有些人沒有能活著離開那裡，曾和孫立勇一起坐牢的路洪澤是一位；我在廣場上結識的溫傑是另一位。當時聽到他因獄中延誤治療不幸去世的消息，非常難受，好像又看到他在廣場上，非常焦慮地試圖說服我，希望能採取措施，減

少諸如樹立民主女神像這類容易刺激政府的動作。我們意見或有不同，但專政機器一旦開動起來，就只剩下敵我之分，主奴之分。只要沒有和統治者站在一起，你就無法再享有公民的尊嚴。溫傑這樣的人，有何具體的想法和願望，早已被完全忽略。

我本人屬於幸運的少數，成功逃亡到海外，重新進入和平生活並恢復學業。在無視公民尊嚴的中共當權者眼裡，奴僕也是分等級的。我的家庭背景幸而有過短暫的特權，大多數親屬先後輾轉出國。但我也有過這樣的經歷：為了無辜受牽連的親人，下決心入籍為美國公民，但在赴香港和親屬見面時，仍然受到阻撓。為了十五年來第一次難得的機會，出於不忍，也是出於妥協，我同意了對方的條件，不參與任何公開活動，更不必說政治活動了。在香港的那幾天裡，有沒有人跟蹤？有沒有人監視？不得而知。可以確認的是，我到了一個中國轄區，沒有受到直接的迫害，但是，是在我主動放棄現代公民正當權利的前提下。這是沒有尊嚴的回家。

可以想像，丁子霖這樣的「天安門母親」，李海這樣曾經入獄的八九學生，六四以來一直致力於尋找受難者真相，他們生活中的尊嚴受到過多少欺淩侮辱。事實上，二十年來，六四前後的政治犯陸續獲得釋放，但他們返回社會的道路充滿荊棘，政警部門在國家稅收支持下，持續不斷地威脅恐嚇所有曾因政治原因受到迫害的普通公民。

與此同時，越來越多的公民又陸續因為參與各種維權活動而成為新的受害者。自從互聯網進入中國，類似的消息幾乎天天出現。很多普通公民，僅僅因為網絡寫作，僅僅因為不滿地方豪強，僅僅因為通過正常管道依法申請遊行，就曾被捕坐牢或強迫勞教。即使他們被拘押的時間比起五十年前來，相對要短得多，但他們被釋放後，仍然被官方視為潛在威脅。在員警和國保的持續騷擾下，他們的日常生活又會是什麼樣子？對他們來說，回家的尊嚴又在哪裡？

讓百姓在日常生活中有尊嚴，首先要讓那些敢於爭取自己公民尊嚴的人受到法律的保護。沒有主權在民，沒有還權於民，所有反貪腐的言談，都不過是口水和泡沫，是中共政權為了保護自己的政經利益而反社會反人民的煙幕彈。真正對中國負責，對歷史負責，就要讓所有的政治

犯都能有尊嚴地回家。

　　——2009年為「我要回家」運動著文，收入香港支聯會出版《回家》
一書

自撰簡歷

　　「文化大革命」上山下鄉鍛鍊五年，體質較好，不怕絕食。其後成為大陸特產「工農兵學員」，學習土木工程。1977 年畢業分配至山東青島，1979 年經多方設法調入北京工作，從事土木工程設計六年。之後轉往《光明日報》屬下《博覽群書》雜誌社任編輯兩年有餘。1987 年，企圖將自己從「萬金油」提煉成某種專門藥，考入中國社會科學院研究生院文學系碩士班。1989 年因參與學生運動遭中共政府通緝，被學校除名。逃亡、逃亡……。其間經多位隱姓埋名者相助，沒齒難忘。

　　後得與香港支聯會聯繫，在司徒華先生領導、朱耀明牧師主持、陳達鉦先生經辦的「黃雀行動」協助下逃離中國，於 1990 年 3 月抵美。

　　此後，幸有原北京魯迅博物館副館長王得後先生、中國社會科學院研究生院文學系教授及本人碩士導師張恩和先生，於當年清算氛圍嚴酷中多方設法寄送寶貴之推薦信，又蒙時任美國洛杉磯加州大學（UCLA）東亞系教授李歐梵先生力薦，得以在並無成績單可資參考情況下，獲特批入學，先試讀後轉正，於洛杉磯加大獲碩士博士學位，聊報自六四屠城後、各位施救貴人再造之恩。

　　現為居美獨立學者。

渠成文化　　對話中國文庫 001
　　　　　　　從來就沒有救世主

作　　　者　王超華
圖書授權　　對話中國
圖書策畫　　匠心文創
發 行 人　　莊宗仁
出版總監　　柯延婷
專案主編　　王丹
專案企劃　　謝政均
校對整理　　汪政緯
美術設計　　顏柯夫
內頁設計　　顏柯夫
E-mail　　　cxwc0801@gmail.com
網　　址　　https://www.facebook.com/CXWC0801
總 代 理　　旭昇圖書有限公司
出版日期　　2019 年 6 月　初版一刷
總代理旭昇圖書有限公司
地址新北市中和區中山路二段 352 號 2 樓
電話 02-2245-1480（代表號）
印　　製　　安隆印刷
定　　價　　新台幣 300 元
ISBN 978-986-97513-2-2

國家圖書館出版品預行編目 (CIP) 資料

從來就沒有救世主：六四 30 週年祭 / 王超華著 . -- 初版 .
-- 臺北市：匠心文化創意行銷，2019.05
面 ；公分 . -- (對話中國文庫 ；1)
ISBN 978-986-97513-2-2(平裝)

1. 天安門事件
628.766　　108006786